BIASED

BIASED

偏見的力量

破解內隱偏見，消弭歧視心態

史丹佛社會心理學家
珍妮佛・艾柏哈特
Jennifer Eberhardt___ 著

丁凡 ___譯

《大眾心理學叢書》

出版緣起

王榮文

一九八四年，在當時一般讀者眼中，心理學還不是一個日常生活的閱讀類型，它還只是學院門牆內一個神祕的學科，就在歐威爾立下預言的一九八四年，我們大膽推出《大眾心理學全集》的系列叢書，企圖雄大地編輯各種心理學普及讀物，迄今已出版達三百多種。

《大眾心理學全集》的出版，立刻就在臺灣、香港得到旋風式的歡迎，翌年，論者更以「大眾心理學現象」為名，對這個社會反應多所論列。這個閱讀現象，一方面使遠流出版公司後來與大眾心理學有著密不可分的聯結印象，一方面也解釋了臺灣社會在群體生活日趨複雜的背景下，人們如何透過心理學知識掌握發展的自我改良動機。

但十年過去，時代變了，出版任務也變了。儘管心理學的閱讀需求持續不衰，我們仍要虛心探問：今日中文世界讀者所要的心理學書籍，有沒有另一層次的發展？

在我們的想法裡，「大眾心理學」一詞其實包含了兩個內容：一是「心理學」，指出叢書的範圍，但我們採取了更寬廣的解釋，不僅包括西方學術主流的各種心理科學，也包括規範性的東方心性之學。二是「大眾」，我們用它來描述這個叢書的「閱讀介面」，大眾，是一種語調，也是一種承諾（一種想為「共通讀者」服務的承諾）。

經過三十多年和三百多種書，我們發現這兩個概念經得起考驗，甚至看來加倍清晰。但叢書要打交道的讀者組成變了，叢書內容取擇的理念也變了。

從讀者面來說，如今我們面對的讀者更加廣大、也更加精細（sophisticated）；這個叢書同時要了解高度都市化的香港、日趨多元的臺灣，以及面臨巨大社會衝擊的中國沿海城市，顯然編輯工作是需要梳理更多更細微的層次，以滿足不同的社會情境。

從內容面來說，過去《大眾心理學全集》強調建立「自助諮詢系統」，並揭櫫「每冊都解決一個或幾個你面臨的問題」。如今「實用」這個概念必須有新的態度，一切知識終極都是實用的，而一切實用的卻都是有限的。這個叢書將在未來，使「實用的」能夠與時俱進（update），卻要容納更多「知識的」，使讀者可以在自身得到解決問題的力量。新的承諾因而改寫為「每冊都包含你可以面對一切問題的根本知識」。

在自助諮詢系統的建立，在編輯組織與學界連繫，我們更將求深、求廣，不改初衷。

這些想法，不一定明顯地表現在「新叢書」的外在，但它是編輯人與出版人的內在更新，叢書的精神也因而有了階段性的反省與更新，從更長的時間裡，請看我們的努力。

推薦文

偏見與執法

謝文彥

在學習的過程中，知覺系統幫助我們對人事物做分類，大腦過濾掉某些我們自認為較無相關的訊息，以便能做更快速的決策判斷；但此種分類機制常使我們在缺乏充分事實依據之下便下定論，造成對某特定團體成員持有某種否定性的偏見與刻板印象，且透過學習毫不質疑讓偏見世代相傳。

珍妮佛．艾柏哈特（Jennifer L. Eberhardt）這本《偏見的力量》中指出，種族偏見的心理暗示在日常生活裡也隨時可見，即便受過專業訓練，國中小學老師仍然傾向將黑人學生打上「愛找麻煩」的標籤；當他們與白人學生犯了一樣的錯，老師對黑人學生的處罰會偏重。

而本書所論述「種族偏見是如何影響執法人員」的內容最吸引我的興趣，任教於警察大學逾三十五年的經驗，讓我深感公正執法是最重要的警察倫理議題，警察人員（其實應包括所有刑事司法體系的相關人員，包括警察、檢察、法官與犯罪矯正人員）不僅應該思考其執勤如何不受黨派、政治及其他不當干預的影響，更應經常檢視自己內在是否對其對象存有性別、年齡、社經地位、外表打扮等持有各種內在偏見，以致造成執法不公或侵犯人權之現象。

在犯罪問題的研究上，種族一直是重要的研究變項，例如，渥夫幹（Marvin Wolfgang）與其同僚在一九七二年的「世代少年偏差行為」研究中發現，在二九〇二位非白人之研究對象中，有百分之五〇・二四曾有與警察接觸的紀錄，相對地，在七〇四三位白人之研究對象中，卻只有百分之二八・六四與警察有過接觸。該項研究第一項結論指出，種族（尤其是黑人）是影響少年偏差行為最重要的變項，甚至是決定其犯罪生涯最主要的因素。然而這項研究結果不但無法釐清其間的因果關係，反而讓人們對黑人與犯罪二者間產生更緊密的連結。正如艾柏哈特在本書中所述：「只要想到暴力犯罪，我們就會把視線從白人面孔挪到黑人面孔上」。這種對黑人與犯罪高關聯的刻板印象，很可能影響到執法人員的認知與判斷。艾柏哈特曾檢視警察在交通盤查中與民眾所使用的語言是否有種族對待的差異，結果顯示，當警察與黑人駕駛說話時，較缺乏尊重、較不禮貌、較不友善。此外，黑人比白人更容易被警察搜身，警察也比較容易對黑人使用肢體力量，這種偏見也易讓警察誤判嫌疑犯的行為，誤認嫌疑犯持有槍枝，並讓警察易對嫌疑犯開槍。

臺灣八萬多個警察人員經常面臨超荷負擔的工作壓力，除了維持交通秩序外，其在對抗犯罪時，常疲於奔命卻不易得到支持，也可能因而容易感到挫折與憤怒，形成過度使用身體力量之情形。警察人員必須隨時提高警覺，以便能應付各種危急，這也容易產生身心疲憊與緊急事件之情況誤判。其所處理的各種犯罪案件與悲慘情境也讓他們容易產生憤世嫉俗的心態，讓他們的視野越來越狹窄。

我很認同艾柏哈特所述，糾正這些偏見的方法之一，不僅是利用偏見訓練或其他方式，更要試圖了解哪些做法或政策可能會加劇這種不平等，例如如何減少目擊者的錯誤識別。艾柏哈特在本書中也提醒警察人員需常做偏見的自我檢視（看看鏡子），才能看到自己的內在偏見及這些偏見如何影響我們的判斷與決策。

而在臺灣的警察人員與各種刑事司法人員雖未能直接獲得其訓練，卻可透過閱讀本書，在辨識、理解與面對內在的各種可能的偏見上獲得啟示。因此，我樂於推薦本書給各司法、警察教育機構及現職執法人員閱讀，藉此來提高執法人員的服務品質，並改善其與社區之間的關係。

謝文彥

現　　任：中央警察大學犯罪防治學系專任副教授
　　　　　犯罪學學會副理事長
　　　　　警察學學會理事
曾　　任：中央警察大學犯罪防治學系主任暨犯罪防治研究所所長
　　　　　中央警察大學推廣教育訓練中心主任
學　　歷：中央警察大學犯罪防治研究所博士
學術專長：暴力犯罪（尤其殺人犯罪研究）、犯罪心理學、
　　　　　少年犯罪與輔導、各犯罪類型研究

「不知覺常常是偏見發出的錯誤行為。」

——Miru，一本書店

「一個理性的社會，應該避免以一個人『先天』的性質作為分類標準。試著修正自己的偏見，才能看到完整的世界。」

——張正，燦爛時光東南亞書店創辦人

「當今最偉大的思想家之一，也是最重要的觀點之一……我相信此書將改變社會談論種族的對話——甚至改變整個社會。」

——卡蘿．杜維克（Carol Dweck），《心態致勝：全新成功心理學》（*Mindset: The New Psychology of Success*）作者

「此書帶我們從科學觀點理解種族偏見如何在我們內心及整個社會產生作用，珍妮佛．艾柏哈特讓我們看到偏見的現實機制，本書寫得是再好不過。」

——卡瑪拉．哈里斯（Kamala D. Harris），美國律師與政治人物

「時代的先驅……強有力地探索偏見議題。」

——布魯斯．魏斯登（Bruce Western），《美國之刑罰與不平等》（*Punishment and Inequality in America*）作者

「她提出的現實令人不舒服，然而所有現實的背後無不有理有據……（此書）極具原創價值，充滿啟發，寫來嚴謹。我認為她改變了你我的思考方式。」

——蘇珊．菲斯克（Susan Fiske），心理學家與普林斯頓大學（Princeton University）心理學系教授

Contents 目錄

主編的話

破解內隱偏見，消弭歧視心態

陳莉苓
遠流出版四部副總編輯

克爾卻事件震驚了美國，也驚動全世界。

有個早晨，大家都在討論剛剛出現在媒體上的影片，奧克拉荷馬州土沙鎮（Tulsa），一位沒有武裝的黑人被警方射死。影片中，托倫斯．克爾卻（Terence Curtcher）高舉雙手，慢慢走著，後面跟著一群警察。一會兒之後，有人開槍，克爾卻倒在地上。二〇一六年，美國幾乎有一千人被警方殺死。其他個案也激起民眾憤怒，但是，一切似乎都沒有改變。

書中一樁樁令人不敢置信的誤殺或誤判案例，很多都是因「內隱偏見」所致。我們如何才能不受潛意識的偏見或刻板印象所控制呢？此書作者艾柏哈特博士除了提供因偏見所引起的案例和故事外，也述說了其親身體驗。他說明要如何檢視內隱偏見、發覺自己潛意識的偏見、偏見如何產生，如何影響我們的生活，我們又應怎麼面對。

種族的差異也一度造成跨越種族指認的難度。二〇一四年，在奧克蘭黑人青少年喜歡在街上遊蕩，搶奪中年亞洲女性的皮包，因犯罪率著實過高，因而引起警方的特別注意。他們發現一般的亞洲女性，根本無法指認搶他們皮包的黑人青少年。這段期間，讓奧克蘭中國城瀰漫著恐懼的氣氛。這自然也造成了亞洲女性將黑人青少年與犯罪的緊密連結。

目前我們需要的不只是靠著個人之間的連結，打破制式的偏見，提倡平等，讓大家都能茁壯成長。於此，教育可以扮演重要的角色。艾柏哈特博士經常到監獄去講課，在她的課堂上，囚犯可自由發言，毫不在意種族界限。她說：「每次上課都提醒了我，教育的力量可以讓我們**超越偏見**，也提醒著學生，偏見的力量塑造了他們的人生。」

對於執法的警察人員、老師或職場經理人更需經常自我檢視，察覺自己的內隱偏見，也才能不讓這些偏見影響日常的判斷與決策。而我們對於偏見的教育也要從家長做起。成人影響兒童觀點的力量主要落在父母身上。一點也不意外地，**研究確認有偏見的父母會養出有偏見的孩子**。一項研究中，研究者在美國中西部小城裡，針對一群大部分是白人的父母測量偏見程度。研究者在學校電腦教室讓這些孩子完成內隱連結測驗（implicit association test, IAT）。在這個研究裡，研究者發現，家長在填寫問卷時，對黑人越有偏見，比較認同父母的孩子在做內隱連結測驗時，對黑人的偏見就越強。**結果顯示，他們的父母不但和孩子分享時間、愛和資源，也分享父母大腦裡的偏見**。

偏見的力量強大到讓我們不容忽視，希望讀者藉由此書認識偏見，發現自己的內隱偏見，從而面對它，用教育的力量形塑更公平正義的世界。

前言

我走了進來，穿過一整片藍色制服。大廳裡塞滿了人，一百三十二位奧克蘭（Oakland）警官動都不動地坐著，姿勢完全正確：背部挺直，雙臂交叉。我經過通道，走向舞臺。我無法看到他們的臉，但我已經知道他們在想些什麼。

通往這次演講的路特別漫長。警方剛剛才發生重大醜聞，社區長期充滿了不信任感。一切正在慢慢復原之中。我正在幫一份長達兩年的報告收尾，即將公開發表——奧克蘭警方廣泛違背公民人權，中央政府介入調查，而我的報告是中央政府要求的必要程序中的最後一步了——我不希望我們的研究結果讓警方覺得受到突襲。社區裡有許多人要求廢除種族剖析（racial profiling）。他們要求公平的對待。他們要求正義。很多警官覺得，自己每天都在執行正義——有時犧牲還很大。我想要協助警官了解，即便他們擁有高尚的動機，也刻意做了努力，內隱偏見還是能夠不知不覺地影響一個人的決定。

記者對我施加壓力，要我在公布報告之前，談論我們的調查結果，但是我不能這樣做。需要考慮的事情太多了。我希望警方能夠先有準備，願意和我們的團隊合作，對於我們的報告提出的任何問題，先研究出對策再說。

我非常累——精疲力竭——好幾個月來，我忽視了我的教學、我的丈夫和我們的三個兒子，無休無止地做這項研究。當我經過走道時，可以感覺到大廳中的寒意。

我走到了舞臺。雖然不像我平常在史丹佛大學教書用的設備那麼現代或高科技——木板牆面，一排一排鋪了紅色坐墊的的金屬椅子——但是這個大廳看起來很熟悉。我望向臺下聽眾，試圖從他們臉上找到一絲連結。我發現每一張臉都面無表情，眼神保持距離。每一位警官都穿著燙得筆挺的乾淨制服，裡面還穿了防彈背心。腰間的寬腰帶上掛著他們的重要工具：手銬、電擊棒、胡椒噴霧、手槍。警官們看起來隨時待命，但是好像完全不想跟我有任何接觸。

這是我在工作上，第一次面對一群有敵意的人。沒有人發出噓聲或喊叫，沒有任何抱怨——就只是一片頑強而嚴厲的靜默，比任何話語更為有力。我試著說幾句笑話，沒有任何反應。我帶著他們玩「要不要開槍」的互動遊戲，通常，觀眾都非常喜歡這個遊戲。這次，沒有人有任何反應。我播放了幾段通常會引起觀眾爆笑的影片，仍然沒有反應。

最後，我注意到了大隊長里羅・阿姆斯壯（LeRonne Armstrong）。我以前跟他合作過，我們一起訓練警官，以改善警方和社區的關係。我知道他理解這個演講想要對警方傳達的訊息有多麼重要。看到他的臉，讓我感到放心，但是後來我發現他的表情是在為我擔心。他環顧四周，露出我在舞臺上試圖掩飾的擔憂。我看到他在椅子裡不自在地動來動去。我心想，**如果我沒有把握好好完成第一場演講，我接下來要如何對其他警方單位再發表十次演講？**

最後，我停了下來，不再照著講稿進行，不再播放任何數據、影像、笑話和電影片段。我決定放棄講稿，分享一個我個人的故事。

我談到數年前，我的兒子艾佛瑞特（Everett）和我在飛機上的故事。他那時五歲，睜大眼睛，好奇地看著一切。他轉頭看到一位黑人。他說：「嘿，那個人看起來像爹地。」我看著那個人。其實一點也不像爹地——完全不像。我四處張望，想看到艾佛瑞特說的是誰，但是飛機上只有這一位乘客是黑人。

實在是很諷刺：一位研究種族的專家，必須對她自己的黑小孩解釋，不是所有的黑人都長一個樣。我停頓了一下，想到了孩子看世界的方式和成人不同，或許艾佛瑞特看到了什麼被我忽視的元素。我決定再仔細看一下。

身高，不像，他比我丈夫矮了十公分左右。我研究他的臉，五官都不一樣。我看他的膚色，也不像。然後我看他的頭髮，這個人有著一頭長長的辮子，艾佛瑞特的爸爸是禿頭。

我轉頭看我的兒子，正打算跟他說教，就像我在班上教訓缺乏觀察力的學生一樣。我還沒開口呢，艾佛瑞特抬頭看我，說：「我希望他不會劫機。」或許我聽錯了。「你剛剛說什麼？」我問他，一心希望我聽錯了。他又說了一遍。這個大眼睛男孩試圖理解世界，用著他無辜、甜美的聲音說：「我希望他不會劫機。」

我快要生氣了。「你為什麼這麼說？」我試著用最溫和的聲音說：「你知道爹地不會劫機啊。」

他說：「是啊，我知道。」

「那你為什麼那樣說？」這次，我的聲音降了八度，變得嚴厲了。艾佛瑞特抬頭看我，面容哀傷，嚴肅地說：「我不知道我為什麼那樣說。我不知道我為什麼那樣**想**。」

光是回想這個故事，我就感覺到當時我有多麼痛苦。我深深吸了一口氣，看著大廳裡的觀眾，我看到大家的表情都變了，眼神變溫和了。他們不再是穿著制服的警官，我也不再是大學的專家。我們都是家長，無法保護我們的孩子，讓他們不要接觸這個瘋狂而可怕的世界。世界深刻地、隱微地、無意識地影響著孩子們，他們——以及我們——不知道為什麼我們會這樣或那樣想。

我的心情沉重，繼續說：「我們生活在如此嚴重的種族歧視之中，即便是一個五歲男孩都可以告訴我們，他擔心接下來會發生什麼事情。即便沒有敵意——沒有仇恨——黑人與犯罪的聯想都滲入了我五歲大的兒子心中，滲入了所有的孩子以及我們所有人的心中。」

我結束演講，邀請大家提出問題，或分享他們自己的故事。事前就有人告訴我，不會有人開口的。果然。但是等到大家都離開之後，有一位警官留了下來。他走近舞臺，我也走下舞臺迎向他。警官跟我說：「你跟你的兒子在飛機上的故事，讓我想到我在街上的一個經驗。我已經很久沒有想起這件事了。」

「那一天，我便衣出巡。我遠遠看到一個人，看起來不太對勁。這個人看起來很像我——你知道的嘛，黑人，一樣的身材，一樣的身高。他鬍子很亂，頭髮也很亂，衣服有破洞，看起來就是一副要做壞事的樣子。他開始往我這裡走來，當他越來越接近時，我覺得他身上有槍。我心想，**這傢伙不對勁，這傢伙有事**。

這傢伙正在走下山坡，靠近一棟很棒的辦公大樓，有整面玻璃牆的那種辦公大樓。他走過來的時候，我一直覺得他身上有槍，而且很危險。

我走近大樓時，有一瞬間看不到他。我開始驚惶。忽然，我又看到他了，但是這時他在大樓**裡面**。我可以透過玻璃，清楚地看到他。他在建築裡面走著——跟我一樣的方向、一樣的步伐速度。

不對勁。我加快腳步，可以看到他也加快了腳步。最後，我決定突然停下來，轉身面對這傢伙。

「他也停了下來，我面對面看著他。」警官對我說：「我看著他的眼睛，非常驚訝。我這才明白，我其實正在凝視著自己。我害怕的那個人竟然是我自己。我在鏡面牆上看到的是我自己。整個過程裡，我都是在跟蹤自己。我在剖析自己。」

故事一個一個地冒出來。**每次演講，總是有人來告訴我一個故事**——這些故事不但讓我更了解警方與社區的關係，也更了解人類的困境。

這本書就是要檢視「內隱偏見」（implicit bias）——我們有何偏見、偏見如何產生、如何影響我們、我們能夠如何面對。「內隱偏見」不是要用一種新的方式說某個人是種族歧視者。事實上，你根本不需要有種族歧視，就會受到內隱偏見的影響了。內隱偏見是一種曲光鏡，由我們大腦的結構與社會的不平等造成。

對於種族，我們都有自己的想法，即便是思想最開放的人也是。這些想法能夠影響我們的認知、注意力、記憶和行為——我們有意識的覺知或刻意的動機都無法改變這項事實。我們對於種族的想法受到刻板印象的影響，我們每天都會接觸到這些刻板印象。美國社會最強的刻板印象之一，就是黑人與犯罪之間的連結。

根據刻板印象形成的聯想非常強而有力。只要有黑人臉孔在場，即便只是出現了一下下，我們其實根本沒有注意到這張臉，都會讓我們更快地看到武器，或是想像現場並不存在的武器。只要想到暴力犯罪，我們就會把視線從白人面孔挪到黑人面孔上。雖然膚色黝黑本身不是一種罪過，但是當黑人犯罪時，如果他的臉孔有比較強烈的黑人特徵，陪審團會比較容易做出死刑的決定，尤其當受害者是白人的時候。

從幼兒園退學，到公司領導地位，處處可見偏見可能導致種族不平等。種族不平等則反過來再度加深偏見。例如，知道絕大多數的暴力犯罪者都是年輕黑人男子，會加深對黑人整個種族的偏見。這個偏見將在各個層面上影響我們對黑人的看法——無論是坐在教室或是咖啡廳裡，無論是是領導一間大公司或是努力撲滅加州野火，都有刻板印象的陰影。

本書裡，我會讓各位看到，在我們的生活中，種族偏見如何以各種令人驚訝的方式影響我們的決定，不管是購屋、僱用員工、對待鄰居都是。偏見不限於生活的某個層面。偏見不限於某種專業、某個種族、某個國家，也不限於某一種刻板印象的聯想。本書內容主要是我對「黑人與犯罪的聯想」的研究，但這不是唯一值得深究的聯想，黑人也不是唯一受到影響的族群。在犯罪司法的範疇裡，無論我們屬於哪個社會族群，或是我們對哪個族群有偏見，研究內在偏見都可以更寬廣地教導我們，我們是誰、我們的經驗真相、我們能夠成為怎樣的人。

人們可以在各種特質上帶有偏見——膚色、年紀、體重、族裔、口音、殘障、身高、性別。我談論的主要是種族偏見，尤其是黑人和白人的族群，因為這個主題在研究偏見的學術圈裡研究得最多，也因為黑人和白人之間的種族互動非常戲劇性，對社會有強大的影響力，並且已經存在很久了。在美國，幾世紀以來，黑白之間的緊張甚至影響了我們如何看待其他族裔。

我們需要看看鏡子，才能面對內在偏見。要了解內在種族偏見對我們的影響，我們必須看著鏡子裡自己的眼睛——就像那位便衣警察發現自己一直在跟蹤自己時，看著他自己的眼睛那樣——才能真正看到刻板印象和潛意識的聯想如何形塑我們的現實。一旦承認了恐懼與偏見的曲光鏡的存在，我們就更能看清楚彼此。我們將能更進一步，清楚看到偏見帶給社會的傷害與破壞。

我們的演化歷程和當前文化，致使我們無法擺脫偏見的控制。改變需要我們用開放的心胸注意這個議題，這是我們都做得到的。無論是我們想要改變自己，或是改變生活、工作和學習的環境，我們都可以從很多成功的做法中學習，也可以藉由一些新的思維建構新的態度。

本書呈現的是我的旅程——我發現的現象、我聽過的故事、我遇到的掙扎、我獲得的鼓勵以及成功。我邀請各位一起來經歷這個過程。

> 旅程之所以為旅程，是因為你無法預先知道，你會如何處理你找到的東西，或是你找到的東西會對你怎樣。
>
> ——詹姆斯・鮑德溫（James Baldwin，美國文學家）

Part 1

眼睛所見

第一章

看見彼此

十二歲以前，我一直住在俄亥俄州（Ohio）的克里夫蘭（Cleveland），周圍全是黑人。我的家人、鄰居、老師、同學、朋友——和我有任何有意義的接觸的人，全都是黑人。當我父母宣布我們要搬到全是白人的比奇伍德（Beachwood）時，我很興奮。我們即將住在更大的房子裡了，但是我也很擔心國中新認識的同學將會如何看待我。

我擔心他們會笑我——咖啡色的皮膚、捲髮、大大的黑眼睛。我擔心我說話的方式——我的音調、我的遣詞用字、我的聲音。

然而，秋天入學後，白人學生熱烈歡迎我。他們對我介紹自己、邀我坐在一起吃午飯、帶我參觀學校、介紹各種我可以參與的活動。完全符合我父母的理想。我可以參加合唱團或是表演話劇。我可以學手語或體操。我可以參加排球隊徵選，或競選學生會代表。

我的同學似乎真心想要協助我適應新環境。我很感激，但是交新朋友還是很困難。我會叫錯名字，在走廊上與同學擦身而過卻沒有交談。我不記得前一天在餐廳坐在同一桌的女生。他們似乎沒有因此對我不高興。他們了解我每天都會認識很多人，不容易全都記起來。但是我知道問題不止於此。每一天，我都遇到一大堆白人，我完全無法分辨哪個人是哪個人。我不知道如何分辨白人的臉孔，甚至不知道從何開始。

我從來沒有練習過如何辨識白人臉孔，他們看起來全是一個樣子。我可以詳細描述我在購物中心擦身而過的黑人女子的臉部特徵，但是我無法在一群人當中，找出每天英文課坐在我旁邊的女孩。

我發現自己總是想用最簡單的方式分類別人。我會設法記住穿紅毛衣的女孩說了什麼，灰毛衣的女孩說了什麼，這樣就可以跟她們對話了。可是第二天，她們換了衣服，我就認不出人了。

我試著訓練自己，注意我以前在黑人社區從來不需要注意的臉部特徵——眼珠顏色、各種深淺的金髮、雀斑。我試著記住每一個遇到的人身上最特殊的特徵。但是到了最後，在我腦子裡，所有的臉都糊在一起了。

隨著時間過去，我很擔心新朋友會開始離我遠去。如果需要每天一直提醒我，我正在跟誰說話的話，誰會想要跟我交朋友啊？

因為缺乏辨識的最基本社交技巧，我在新的社區成為跟以前很不一樣的人——尷尬、不確定、猶豫、退縮。我害怕犯錯、害怕丟臉。我越來越喜歡他們，害怕傷害了他們的情感。

到了春天，每當我看到女生們交頭接耳，我就懷疑她們的耐性是不是終於用完了。**她們是在講我嗎？**我靠過去，試圖參與對話，但是我一出現，她們就安靜下來。

某個週末，有一位很受歡迎的女生約我去餐廳吃午餐，我很開心。我走進去，她和一群我不認識的女生坐在一起。然後她們一起大喊：「生日快樂！」我掃視她們的臉，發現她們就是在走廊耳語的同學。她們當時是在為我這個還記不住她們名字的新同學計畫生日驚喜派對。

她們帶來對她們人生意義重大的禮物，包括我從未聽過名字的歌手的唱片：布魯斯．史普林斯汀（Bruce Springsteen）和比利．喬（Billy Joel）。我感動得說不出話來。

從來沒有人為我辦過生日驚喜派對。當我們吃完蛋糕，擁抱道別，各自離開之後，我還是沒有信心自己能夠分辨那些臉孔。

那一年的學校生活充滿諷刺，我總是為此感到不安。我擔心被大家排斥，因為我不是她們的一分子。我才是被種族差異搞得七葷八素的人。她們想要與我建立連結，我也想。但是我忽然有了社交障礙，她們根本沒有注意到，而我自己則是無法理解。

幾十年後，我才明白，我不是唯一有這個問題的人。

辨認人臉的科學

幾乎五十年了，科學家一直觀察到，人們比較會辨識自己種族的臉孔，不易辨識其他種族的臉孔。這個現象被稱為「他族效應」（other-race effect）。

這是普世現象，美國以及世界上的各個族裔都有此現象。他族效應很早出現，隨著時間越來越強。嬰兒三個月大時，大腦對同種族的臉孔反應比較強，對不同種族的臉孔反應比較弱。當兒童進入青春期，根據種族產生的反應只會越來越強。因此，他族效應部分來自我們的生活環境。

我們學會了什麼比較重要——每天看到的臉——隨著時間過去，我們的大腦會偏愛類似的臉，與此同時，辨認比較不重要的臉孔的技巧受到忽視。辨識臉部的技巧根據經驗而演化，改變了大腦，使得大腦功能更有效率。

科學家認為，他族效應代表認知力量會受到視覺經驗的影響。長久以來，人們一直認為，虛偽的種族歧視者最擅長皺著眉頭說：「他們看起來都一個樣子！」但是這確實是生物與經驗造成的。我們的大腦比較會辨識熟悉的臉。

國中時，我掙扎著辨識白人同學的臉，因為在我搬到白人郊區之前的十二年中，我一向只接觸到黑人臉孔。我的青春期大腦花了一些時間，才趕上我的新世界，我很快地學會了在這個世界生存所需要的新技巧。

種族不是一條清楚的分隔線。被不同種族的人領養的孩子，就沒有典型的他族效應。例如，比利時研究者發現，白人兒童比較會辨識白人臉孔，比較不會辨識亞洲臉孔。但是被白人家庭領養的中國孩子和越南孩子，則同樣擅長於辨識白人臉孔和亞洲臉孔。

年紀以及和不同年齡層的熟悉度可能也是因素。在英國，針對國小老師的研究發現，他們比較會辨識任何八歲到十一歲兒童，而比較不會辨識大學生。義大利科學家發現，婦產科護士比別的專業人士更能夠依照臉部差異分辨嬰兒——研究者認為，這個能力讓她們比較不會「在育嬰室弄錯嬰兒」。

我們在世界上的經驗會逐漸影響大腦，而我們毫無所覺地讓這些經驗重新塑造我們的心智功能。

種族影像

中學時，我不可能知道我的大腦發育是社交連結困難的原因，但是我確實相信，我的膚色在我感覺到的錯置中扮演了某種角色。這個想法讓我最後選擇了社會心理學。社會心理學提供了我需要的觀點，解釋我青春期的基本問題：**種族如何塑造我們？我們如何體驗世界？**這個問題是一個起點，通往更大的問題，關於形成我們的國家以及幾世紀以來造成世界紛擾不斷的認同、權力與特權的問題。

今天，我是史丹佛大學的教授和研究者。校園位於矽谷（Silicon Valley），這個創投經濟的核心，吸引了聰明、有活力的年輕人前來，渴望運用科技資源找到解決社會問題的科學解答。我來到史丹佛大學時，深受神經科學研究的工具吸引，開始探索種族可能如何影響基本大腦功能。

大腦不是固線的機器，大腦是可以塑造的器官，會對我們所處的環境和面對的挑戰產生反應。對於大腦的這種看法，和我們在科學課堂上所學到的正好相反。事實上，神經可塑性（neuroplasticity）的概念和幾世紀以來科學家相信的真相恰好相反。最近在神經科學上的進展讓我們得以窺看大腦內部，追蹤大腦隨著時間的適應改變。慢慢地，我們開始了解大腦可經由諸多方式被經驗改變。

例如，過去的幾十年，我們發現，當一個人失明後，平時處理視覺刺激的大腦枕葉（occipital lobe）會產生變化，開始處理別種刺激，包括聲音和觸摸。當一個人中風，即便處理語言的顳葉（temporal lobe）受到很大的傷害，仍然可以重新學會說話。我們還不知道這種神經可塑性的程度有多大。某些最有意思的資訊來自對於受傷大腦的研究，也來自觀察大腦功能正常的人如何獲得新技巧。

研究顯示，像是開計程車這麼簡單的事情都可提供資訊，讓我們了解到，**基本練習和重複練習可以重新訓練我們的大腦，改變大腦功能**。二〇〇〇年，我到史丹佛不久，由艾琳娜．麥奎爾（Eleanor Maguire）教授領導的團隊發表了一篇報告，引起神經科學界的注目。他們掃描了倫敦計程車司機的大腦，檢視海馬迴（hippocampus）——顳葉內側的馬蹄形結構——如何因為每天在倫敦街上開計程車的經驗而變得更大了。

麥奎爾團隊發現，由於計程車司機必須記住倫敦兩萬五千條街道的結構圖，大腦的海馬迴明顯與一般人不同。大腦的海馬迴負責空間記憶和導航技術。計程車司機的導航技術和灰質（gray matter）增加有關。和不開計程車的控制組相比，計程車司機的海馬迴後側區域較大。事實上，司機開計程車越久、經驗越豐富，海馬迴的後側就越大。

我覺得這個發現非常驚人，不但是我們的經驗如此有影響力，能夠澈底改變我們的大腦，而且改變還可以如此迅速發生。以計程車司機為例，他們發展出對於環境深刻的結構知識，造成大腦產生驚人的結構變化。這個改變並不用幾千年或幾萬年，而是一個人生命裡的幾年之間就能發生。顯然，個人專業可以在他的神經上造成銘刻。

出於科學上的好奇以及個人青春期的記憶，我對這個發現提出了另一個問題：**既然我們在世界上的經驗會反映在我們的大腦，我們擅長辨認同種族的臉孔而無法辨識其他種族的臉孔，這項才華是否也有神經銘刻？**

神經科學家一開始覺得很懷疑，臉部辨識是如此基本、古老、重要的神經特質，種族能夠影響它嗎？辨識臉孔的能力既重要又複雜，或許這也說明了為什麼辨識臉孔的能力會分布在顳枕區域的好幾個地方，跨過了四個主要腦葉的其中兩個。顳上溝（superior temporal sulcus）——顳葉裡的溝狀結構，對社會能力的發展很重要——協助我們閱讀對方臉上可能忽然出現的許多不同表情，指示要我們靠過去、微笑、分享、逃走或是快速地武裝自己。有一個區域叫做紡錘臉孔腦區（fusiform face area, FFA，或稱梭狀臉孔腦區），深深埋藏在靠近腦幹的底端，協助我們分辨熟悉和不熟悉的臉孔，以及是朋友或是敵人。

紡錘臉孔腦區一般認為對於人類物種的生存有很原始、很基本的功能。關係是人類的基本需求。如果我們沒有能力辨識四周人的身分，我們會孤單一人，變得脆弱、毫無防備。

科學家已經廣泛研究過紡錘臉孔腦區，但是幾十年的研究都忽視了種族是否會影響這區域的功能。從腦部科學的狹窄觀點來看，紡錘臉孔腦區的主要功能就是辨識臉孔，大部分科學家會覺得種族與此無關。

在這種背景之下，我開始和史丹佛的神經科學家團隊一起合作。他們的專長就是人類記憶。我們一起召募了幾十位白人和黑人志願者，幫他們做功能性核磁共振造影（fMRI）掃描，追蹤腦部血液流動的改變，據此觀察腦部神經活動。

我們實驗的參與者頭上綁著巨大的線圈來傳輸影像。我們將他們送進一個管狀的掃描器（事實上是一個巨大的磁場）裡，給他們看陌生黑人和白人的臉。我們從一旁的控制室監督整個過程，每給他們看一張臉，就拍下一張全腦影像。他們對一張臉孔的反應越強烈，就有越多氧氣進入腦部辨識臉部的特定部位，照片上的這個部位就顯得越明亮。

我們展示了許多陌生人的臉部影像給受測者看，並追蹤紡錘臉孔腦區的活化情況，發現如果受測者看到的是與他同樣種族的臉，他的紡錘臉孔腦區反應會比較強。黑人或白人受測者都觀察到同樣的情形。我們也發現，如果紡錘臉孔腦區對某張臉的反應特別強烈時，受測者離開掃描器之後，給受測者看這張臉，他比較會辨認得出來。

我們的研究是第一個神經造影研究，顯示在臉部辨認上，神經確實比較容易辨識同一個種族的臉。這項研究結果支持越來越多人的看法：腦部會根據生活經驗不斷修改自己。我們也學到，在這個修改過程中，種族可以是一項有力的詮釋工具。我們證明了種族可以影響腦部最基本的功能。經由紡錘臉孔腦區在掃描造影上顯示的明亮顏色，我們清楚地看到，腦部接收到的各種特徵——根據我們和四周世界的關係而不斷進出的資訊——會在我們腦部深處銘刻下來。

搶皮包的人

你可以稱之為科學進展或是街頭知識。我花了幾十年的時間，才學到種族在臉部辨識中扮演的角色，結果竟然和一群奧克蘭年輕男人找機會犯罪的街頭常識相同。

時間是二〇一四年，我剛開始分析奧克蘭警局中的種族不平等。故事開始流傳：雖然全市的犯罪率大幅下降，中國城商業區的搶劫案卻驚人上升。很明顯，黑人青少年喜歡在街上遊蕩，搶奪中年亞洲女性手上的皮包。

警方找到一些線索，抓了一些人，甚至找回了一些被偷走的財物。但是案件都在被提起公訴之前就不成立了，因為即使當搶匪抓了皮包就跑的時候，受害者看到了搶匪的面孔，但是這些女性都無法從一排黑人之中，指認加害者是哪一個。

警局的大隊長阿姆斯壯說：「我們還特意在輪到嫌疑犯的時候停下來，但是受害者都無法指認。沒有指認就無法提出控訴，要起訴根本不可能。」

這些年輕人開始發現，亞洲女性無法分辨他們，這簡直就是拿到搶劫的許可證了。多年後，阿姆斯壯這樣解釋給我聽。那時，警方破解了某些案子，把某些搶犯送進監獄，他們承認了犯案細節。「我們問：『你為什麼挑這位女士行搶？』他們坦誠地說：『亞洲人不會指認我們，他們就是無法分辨我們這些兄弟。』他們說：『就像是我們的夢想成真，所以我們去搶。』」

這些年輕人的搶劫模式很清楚，要搶誰、去哪裡搶、如何搶。他們專門挑擁擠的社區，街上都是來買東西的中年女性華人。他們從後面接近，抓住皮包，立刻跑走。受害者沒有時間研究他們的臉。阿姆斯壯說，根據奧克蘭警方紀錄，類似搶案中，幾乎八成的亞洲受害者無法指認搶匪。另一方面，黑人女性受害者則可以指認黑人搶匪，即使只是瞄到一眼而已。

不只是警方，科學家也很熟悉跨種族指認的挑戰。研究和真實生活經驗都顯示，如果嫌疑犯和受害者是不同種族的話，誤認——指認其實不是犯罪者的人——的機率大幅提高。

奧克蘭警方努力把誤認的機率降到最低。他們跟據科學標準手冊，組織和執行指認活動，毫不馬虎地照章行事。他們甚至試圖訓練受害者，引導他們「專注於任何獨特的跡象」，阿姆斯壯這麼說。**他的膚色是深是淺？他有沒有金牙？他的頭髮是髮髻還是髮辮？**「我們需要他們描述的不只是很籠統的『黑人男性』。」但是大部分時候，亞洲女性無法跨越這種描述。即使接受了訓練，她們還是無法分辨黑人青少年的臉孔。

最後，真正對打擊犯罪有幫助的是科技。中國城的街上都裝了監視器，搶匪被抓到的風險忽然增加了。監視器可以拍到受害者無法分辨的搶匪臉部。男孩們知道，好戲結束了。

阿姆斯壯隊長的描述，讓我想到自己青春期剛搬到比奇伍德的時候。當時我也嘗試過「記住特徵」的策略。我失敗了，亞洲女人也失敗了，雖然我們都很想成功做到。這些女性無法記得黑人男性的臉，後果可不只是像我那樣尷尬和面對悄悄話時缺乏安全感。裝了監視器之前，有好幾個月，因為她們無法記得這些臉，不但妨礙了警察辦案，也讓中國城社區瀰漫著恐懼。即使在大白天，這些青少年也可以隨意搶劫。他們不需要戴面具，他們的臉就是面具。

第二章

培養偏見

亞洲女性是很好的搶劫目標，搶匪認為她們都不會反抗：中年、身體脆弱、不會說英語、無法指認搶她們皮包的黑人青少年。以種類而言，亞洲女性是很理想的犯罪受害者。對於這些女性，搶匪也成為一個種類了。她們不知道自己是被麥可搶了，還是被傑米搶了，她們只知道一群年輕黑人搶了她們。對這群女性而言，搶劫不止讓她們失去了皮包裡的財物，或是失去了在奧克蘭中國城走動的安全感而已。每一次遇到年輕黑人的恐懼經驗，都會加深她以前可能忽視的刻板印象：黑人男性很危險。有毒的連結就此誕生了。

這種分類看起來很合理，但是會一竿子打翻一船人。不只是個人經驗與社會訊息使然，也是人類演化的結果。分類——把相似的東西歸類在一起——不是人腦的討厭特質，也不是有人有、有人沒有的特質。它是大腦的普世功能，讓我們組織、管理不斷湧入的過多刺激。分類系統帶給紛亂的世界一致性，協助我們的大腦更快、更有效地做出判斷，因為我們會本能地仰賴似乎可預測的模式。

但是分類也可能讓我們無法擁抱並理解與我們不同的人。分類讓我們可以越來越精準地辨識長得像我們的人，卻對長得不像我們的人不夠敏感。

在研究實驗室裡，以及在我們的日常生活裡，我們對種族分類的覺知都將決定我們看到了什麼。我的大學同學瑪莎是美國黑人，她妹妹皮膚很白，年輕時常常被當成白人。有時候，妹妹會擔心，如果瑪莎也在場，會毀了她的偽裝。她不希望朋友或同事知道她是黑人，當別人看到她和瑪莎在一起的時候，她從來不提她們兩個是姐妹。沒有人知道實情。每次有同事看到她們站在彼此附近的時候，瑪莎總是覺得妹妹臉上慌張的表情很可笑，但是瑪莎從來沒有戳穿她。她了解讓妹妹選擇這麼做的社會動力。同事都認為瑪莎是黑人，妹妹是白人，因此都沒有注意到兩人有許多相似之處——眼睛、額頭、鼻子都長得一樣。老實說，若非我早就知道她們是姐妹，我不知道我是否看得出來。一旦我們決定了類別，我們認知的現實就會自動調整，符合我們選擇的標籤了。

這個影響之大，我們可以看著同一張面孔，卻能根據此人是否是我們的同類而產生不同的反應。在艾爾帕索（El Paso）的德州大學（University of Texas），研究者進行了一項研究，給拉丁裔的受試者看一套電腦繪製的人臉。研究者用一種臉部合成的軟體，刻意將臉孔畫得看不出種族。研究者給受試者看同樣的臉，但是髮型分別為典型的黑人髮型和拉丁裔髮型。之後問受試著能夠認得哪一張臉，受試者比較認得拉丁裔髮型的臉——因為和他們是同樣的種族。只不過讓受試者覺得是同樣種族，受試者就更能夠記住這些臉。同樣的臉，如果是黑人風格的髮型，受試者就比較記不住。

分類對我們的影響之大，會在神經系統留下紀錄。例如，我和史丹佛的布蘭特·休斯（Brent Hughs）、尼

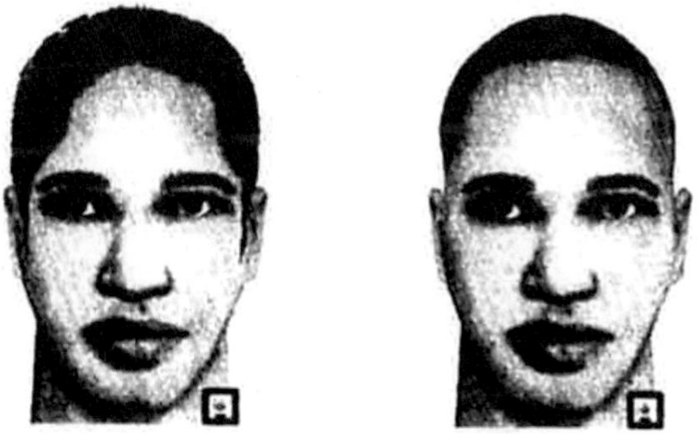

可拉斯．坎普（Nicholas Camp）及其他同仁合作進行過一項研究。我們發現，白人受試者看到黑人臉孔時，腦部負責辨識臉孔的區域比較不活躍，看到白人臉孔時比較活躍。我很驚訝看到受試者對黑人臉孔的微弱反應，因為這意味著他們將這些黑人臉孔置入一個分類項目了。

當受試者看到一連串不同的白人臉孔，神經馬上激動起來，對每一張臉產生激烈反應。只有在受試著一再一再地看到白人臉孔的時候，神經反應才開始減弱。因為大腦面對同樣的刺激時，開始懶得反應了。好像大腦在跟我們說，我們已經看過了，不需要專心注意了。神經科學家把這種對反覆接觸而減弱反應的現象稱為重複壓抑（repetition suppression）。

驚人的是，當我們給受試著看他們從未看過的黑人臉孔時，我們也觀察到重複壓抑的現象。雖然我們給受試者一次一張地看不同的黑人臉孔，白人受試者似乎把這些臉當成同一類的臉，好像都是同樣的刺激。他們的大腦對同一種類型的刺激做出回應——一張黑人的臉，又一張黑人的臉，又一張……同樣的東西一再一再地出現——而不是看到每張臉的個人特徵和獨特特徵。一旦臉孔被歸類為非我族類，大腦就不再深入處理或仔細注意了。我們把寶貴的認知資源留給和自己「一樣」的人。

分類是人性的一部分。在決定腦子裡形成什麼類別、我們在每個類別放入什麼資訊、如何下標籤時，我們的文化扮演了一部分的角色。皮膚偏白的人，在巴西可能被視為白人，但是在美國可能被視為黑人。在美國，日本人和中國人都被視為亞州人，但是在別處，可能會被視為非常不同的人。某些國家的人認為，宗教或社會階級是更重要的分類，而不是種族。即使是在美國，誰屬於哪個社會類別也會隨著時間改變。

在美國，種族類別非常重要。例如，我們認為一個人是黑人或白人，會影響我們如何辨識他的臉部特徵。幾年前，我的同事和我不但對分類感興趣，也對大家用來解釋其他人的非專業分類理論感興趣。根據卡蘿．杜維克（Carol Dweck）及其他人幾十年的研究，我們知道，有些人認為人類特質是固定的（聰明或笨、負責或不負責、邪惡或善良），其他人則認為這些特質是可塑的（隨著時間，邪惡的人可以變得善良）。我的同事和我想知道，大家用來解釋其他人的理論是否會影響他們的認知，不只是對於個性的認知，也包括對於生理特徵的認知。

你看著一張種族不明確的臉——可能是黑人也可能是白人的臉——如果知道這個人是黑人，會不會改變你如何看這張臉？你對別人的理論可能如何影響你看到什麼？

為了回答這些問題，我們請史丹佛白人大學生完成一份問卷，看他們認為人的特徵是固定的（例如，你無法教老狗新把戲）或是可以改變的（例如，人們可以改變最基本的素質）。之後在學期中，我們邀請這些學生到我們的實驗室，個別參與一項研究。每個學生都看一張電腦合成、種族不明確的臉。我們告訴一半的學生，這個人是黑人，告訴另一半的學生，這個人是白人，然後請他們花四分鐘畫出這張臉。與此同時，這張臉一直顯示在電腦銀幕上，隨時可以參考。

我們發現，認為人類特質是固定的參與者，畫臉的時候會把種族標籤也畫進去。如果被告知螢幕上

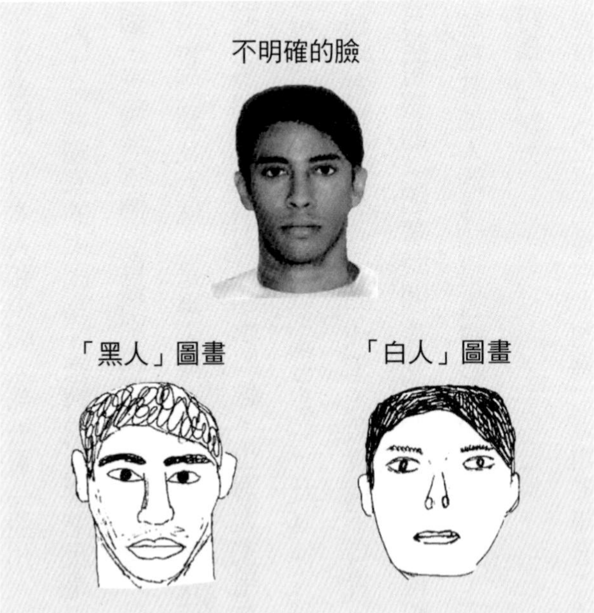

是黑人的臉，他們會畫得比電腦螢幕上更像黑人的臉。如果被告知螢幕上是白人，參與者則會畫得更像白人，而且所有的參與者看到這張畫，都會認為真的是白人。他們的觀看角度隨著指定的標籤而改變了。

但是在認為人類特質可以改變的人之中，結果剛好相反。被告知是黑人的人，畫的臉比較像白人。如果被告知是白人，畫出來的臉反倒比較像黑人。這些人的反應與標籤的刻板印象背道而馳。我們的研究結果顯示，我們看到什麼，不但受到標籤影響，也受到我們自己對僵化分類的態度影響。雖然我們認為我們可以客觀、直接地看事情，但是我們如何看、看到什麼，卻受到我們自己心態的強烈影響。

事實上，從分類而產生的社會批判，力量之強，不但影響我們如何看待別人，也影響我們如何看待自己。這是我最喜歡的小說主題。一九四五年，有名的劇作家亞瑟．米勒（Arthur Miller）寫了《焦點》（*Focus*）一書。這是他的第一本小說，也是書市裡最早出現專門探討美國反猶現象的書籍之一。當時才剛經歷了納粹政權有系統地殺害歐洲的猶太人。故事地點設在紐約市，第二次世界大戰快要結束了。主角紐曼是白人基督徒男性，他被指控刻意不僱用假冒基督徒的猶太人。他保護公司不受到猶太人的汙染，並對此感到驕傲。事實上，他是企業界最擅長這麼做的人之一。

然後他的眼力開始衰退，無法有效地將人們分類。他的老板鼓勵他去配眼鏡，然後他立刻回去工作。眼鏡為紐曼造成了更大的問題：對於周圍的人而言，他忽然看起來就像是他想要保護他們不受其汙染的猶太人了。他的鄰居、同事、街頭上的路人全都開始懷疑，他其實是一個猶太人。他一想到這一點就嚇壞了，他開始用各種方式讓大家知道，他絕對不是猶太人，一點都不是。但是懷疑還是持續著。無論他說什麼，大家都無法改變成見。

事實上，當他第一次在浴室鏡子裡看到自己戴著眼鏡的樣子時，他也看到一張猶太人的臉孔。他嚇壞了，把眼鏡拿掉，但是已經無法改變大家的觀感了。謠言到處傳播，大家都把他當成猶太人，沒有人能夠改變這個成見。

紐曼的生活開始崩潰。他被迫離職，即便在家也成為反猶的目標，鄰居和經過的路人把垃圾丟在他家草地上，在他家牆上塗寫反猶的字眼。最後，別人對待他的方式開始影響他看待自己的眼光。他對猶太人的憎惡變成自我厭惡。他成為了他以前很驕傲地排斥的那種人。

小說呈現了別人眼光的力量，能夠定義你在世人眼中的樣子，能夠塑造你的生活樣貌，影響你如何看待自己。但是故事也述說了個人連結如何打破分類偏見的救贖力量。在小說最後，紐曼的經驗迫使他發展出對猶太身分認同的理解與欣賞。第一次，他不帶著刻板印象和歧視態度看到了猶太人，因此擺脫了大家對他下定義的狹隘負面印象，從中得到自由。

十五年前，我讀了這本小說。直到今天，這本小說仍然影響著我對各種刻板印象和成見的思考。偏見的力量與影響太大了，不能任其存在而不謹慎檢視。偏見可以用很驚人的方式影響我們。

偏見的機制

我們用來分類人類的社會類別充滿了信念和感覺，可能會指揮我們的行為。這是紐曼學到的事。一旦他被歸類為猶太人，大家便對他做出假設，他們逃避他，開始根據這些假設和感覺對待他。紐曼的故事核心讓我們看到，分類可以是偏見的前身。

但是於此同時，在設計上，我們大腦本來就是把分類當成一種功能性的工具。分類的過程不但被用在人的身上，也包括所有的事物。就像我們將人分類，我們也將其他動物分類。我們將食物分類，我們將家具分類。我們在每個類別裡加入各種資訊以及情感，引導我們對它採取何種的行動。

例如「蘋果」，這個類別包括我們對蘋果怎麼成長、長在哪裡、有些什麼不同品種、有些什麼顏色、會長多大、感覺起來如何、吃起來如何、我們何時該吃、要不要煮過或是直接生吃、蘋果對我們的健康如何有益等等知識。我們也可能根據自身經驗，或別人說了些什麼關於蘋果的事，而決定自己喜歡或不喜歡蘋果。這個好惡的感覺，以及我們對於蘋果的信念，將決定我們是否會吃別人給我們的蘋果，是否會在市場買蘋果或從樹上摘蘋果。光是看到一顆蘋果都會讓我們想到關於這整個類別的感覺和思緒。事實上，連結越強，感覺與思緒就出現得越快。

我們對於社會類別的分類也很相似。在這個例子中，我們對社會族群的信念叫做「刻板印象」，我們的態度則是「偏見」。無論是好還是壞、有原因或沒有原因，我們的信念和態度與類別的連結都非常強烈，以至於會自動被激化，影響我們的行為和決定。所以，光是看到一個黑人就能夠自動讓你想到一堆我們從社會吸收進來的聯想：這個人運動很強、成績不好、窮困、很會跳舞、住在黑人社區、我們應該要害怕他。這些聯想的過程就叫做偏見。偏見可以自動發生，可以無意識地發生，可以毫不費力地發生，在幾毫秒之內發生。這些連結可以控制我們，無論我們的價值觀是什麼、意識中的信念是什麼、我們希望自己是怎樣的人。

早在柏拉圖時代就有刻板印象的概念了，他的對話探索了一個人的觀點是否與事情真相相符。「刻板印象」（stereotype）這個詞彙，則是一直到了一九二〇年代才出現在大眾眼前，而且不是由科學家引進，而是一位記者。他很關心一個現象：重要議題的新聞報導，經過了記者及大眾「先入為主的觀念」過濾，變得偏頗不實。直到今日，這個問題還是存在。

沃爾特．李普曼（Walter Lippmann）是二十世紀最有影響力的記者之一。他花了五十多年的時間，在紐約和華府幫報紙寫專欄，主題包括戰爭、政治、社會動盪和社會人口改變。

他用「刻板印象」一詞描述「我們腦中的圖像」，我們經由主觀角度得到的印象，卻取代了客觀現實。這個詞來自以前的印刷過程，金屬板上刻了文字，一再重複地印刷出來，就像想法未經檢驗就一再傳播，我們只是假設這些想法是真的。結果，這些想法主宰了我們如何詮釋自己看到的事物。

當那位奧克蘭便衣警察誤將自己的影像當成帶著武器的危險人物，就是刻板印象影響我們的過程。為了執行便衣勤務，警察必須看起來和他追緝的罪犯風格相似，穿著破爛的衣服，不修邊幅。這個形象不符合他的自我形象——秩序與安全的象徵——當他在鏡面牆上看到自己的時候，他一時無法理解其中的衝突矛盾。他腦中的圖像無法符合他看到的影像。

李普曼了解刻板印象的角色和影響。他在一九二二年出版的《公眾輿論》（*Public Opinion*）一書中說：「大部分的時候，我們都不是先看到，再下定義。我們都是先下定義，再看到。」以及「在外界吵雜的混亂中，我們選出文化已經幫我們下了定義的事物，然後我們會用社會的刻板印象來理解一切。」

他的工作讓他很擔憂，如果人們看到的資訊不符合他們已經相信的事物，刻板印象讓他們盲目，就可能做出衝動、非邏輯的公民選擇和政治選擇。這正是現在正在發生的事。

今日的心理學家將此現象稱為「確認偏誤」（confirmation bias，或稱確認偏差）。大家會找出並注意合乎他們信念的資訊。即使我們已經看到有信用、看起來無可否認的相反事實時，我們還是比較信賴符合我們成見的資訊，對這些資訊的態度比較不嚴格。我們一旦發展出事情如何運作的理論，就很難打破框架。

確認偏誤是允許不正確信念傳播與存在的機制。現代社會有各種管道，為你相信的任何信念提供確認。在二十一世紀，我們能夠經由網路取得比以往更多的資訊。這些資訊有各種不同的角度，提供給有共同信念的人看。資訊的隔離讓人看不到令人不舒服、不方便、不適合的資訊，只看到與我們已經相信的信念一致的資訊，因此我們都可能接收到支持我們先入為主的觀念的「假新聞」。

在李普曼的時代，問題不是資訊來源過多，而是資訊來源過少，導致人們無知。他在《公眾輿論》一開始就說了一個故事：一九一四年，一位英國人、一位法國人和一位德國人和平地一起住在小島上。他們不知道他們的國家正在彼此打仗。他們其實算是敵人，但是他們一起生活，過得很舒適，因為他們大腦所認知的圖像尚未與外界的現實狀況連上線。世界已經大大地改變了，遺世獨立的這三個人，只能根據自己對世界的認知，繼續過生活。

李普曼不在乎刻板印象是不是偏見的前身，也不在乎是否合理。事實上，他在種族議題上的態度，在今天看來，根本就是執迷不悟。他似乎受到他自己刻板印象思考的控制：一九一九年，他貶抑往上奮鬥、想要融入白人世界的黑人，說他們受害於「不久前才被壓迫的人的奇特壓迫」。在日本人轟炸珍珠港之後，他主張「大舉清空、大舉監禁」住在加州的日裔美國人。他對掙扎著對抗反猶的其他猶太人的建議是：低調、融入、不要以「精明的交易和明顯的粗俗」引起注意。他自己是德國猶太移民的兒子，從哈佛優等生榮譽學會畢業，卻贊成一項限制猶太人入學的計畫。他表示「太多猶太人在一起」會「對猶太移民不利，也對哈佛不利」。

即便如此，他清楚明白刻板印象的實際功能以及刻板印象的力量，能夠汙名化某些族群，以維持社會既得利益者的現狀。

他寫道：「刻板印象有經濟意涵在內。如果一天到晚要用新鮮的、充滿細節的方式檢視一切，而不是用種類和概括性的觀念，我們會累死……我們無法處理這麼多的微小細節……我們必須用簡單一點的模式重建經驗，才有辦法處理。」

簡單模式的元素往往建立在「我們」和「他們」的概念上，受到文化、政治、經濟的力量驅動，好讓我們維持現狀。李普曼觀察到，刻板印象至少可以提供我們「有秩序、多多少少有一致性的世界圖像」的幻想，以協助維持現有社會秩序。刻板印象的世界可能不是真正的世界，但是我們感到自在。

我們太自在了，最終，我們適應了，並擁抱刻板印象，把它放在腦子深處，毫不質疑地傳給下一代，延續幾十年、幾百年。無需經過我們的允許，甚至不知不覺地，刻板印象引導著我們看到的一切。因此，刻板印象似乎獲得默許，以致更強大、更普遍、更抗拒改變。

刻板印象代表的「虛幻和象徵」是我們的思考路線，導致隱含偏見的各種言論表達。是的，正如李普曼所說的，我們持續「抓住刻板印象，其實我們可以追求更公正的視野」，因為刻板印象已經成為「我們個人傳統的核心，保衛著我們在社會上的位置」。

就像分類一樣，形成刻板印象的過程是普世的。我們全都習慣運用刻板印象來協助我們理解別人。但是，刻板印象的內容來自文化，因此只適用於特定文化。在美國，黑人和威脅與攻擊性有強烈的連結，這個連結甚至可以影響我們正確讀取黑人臉部表情的能力。例如，我們可能將興奮的黑人解讀為憤怒，恐懼可以被解讀為生氣，沉默可以被解讀為好鬥。

兩位社會心理學家蓋倫．波頓哈遜（Galen Bodenhausen）和寇特．胡根博格（Kurt Hugenberg）為了探索聯想的力量，請白人參與者坐在電腦螢幕前，評價黑人臉上的表情。同樣的臉有好幾張照片，表情漸漸地從憤怒變成友善。對種族的態度會影響參與者的觀感。當螢幕上是黑人的臉，他們發現種族偏見高的參與者會比種族偏見較低的參與者，看到憤怒表情延續得更久。即使黑人臉上的表情已經變成中性，不再憤怒了，偏見強的人仍會將表情視為有威脅性。如果螢幕上換成種族不明顯的臉，但是告訴參與者那是黑人，結果也是一樣。「黑人」的標籤已經足夠影響參與者的觀點，以符合刻板印象。

我認為是恐懼

刻板印象無需解釋，就可以被理解或複製。一次感恩節，我才六歲的大兒子艾比（Ebbie）提醒了我這一點。我忙著準備烤火雞，正在塗抹醬汁和香料，而他坐在廚房的餐桌旁。忽然，他毫無預警地說：「媽咪，你覺得大家認為黑人和白人不一樣嗎？」我嚇了一跳，問他為什麼會問我這個。「喔，我也不知道。我就是覺得好像不同。」我鼓勵他繼續說：「你的意思是什麼？」他皺著眉頭，好像在努力思考。最後他說：「我不知道。我就是覺得不一樣。好像大家看黑人的時候，比較特別。」

我請他舉例。他安靜坐著，陷入思考。他想起最近去購物中心的一件事：「你記得那天我們在超市嗎？」他的音調從沒把握和遲疑變成熱心和有自信：「我記得有一個黑人走進來，好像他四周有一層隱形的力量。」兒子那時正在迷《星際大戰》，「他走進來的時候，大家會離他遠一點，好像不想太靠近他。我記得他排隊的時候，好長一段時間，那條隊伍都是最短的。」

那時，我們住在聖馬蒂歐（San Mateo），在舊金山和史丹佛的中間地帶，居民大部分是白人，很少有黑人居住。我的兒子才五歲，卻能夠看出來，社區裡的人把這個黑人當成外人。我決定繼續問。

我問：「你覺得是怎麼一回事？」我希望我的聲音足夠平穩沉靜。我鼓起勇氣，準備迎接即將聽到的話。他又皺眉了，他的自信似乎消失了。但是他繼續思考。幾分鐘之後，他的眼睛變大，轉頭看我。我正在把火雞放進烤箱，他用之前從未出現過的低沉嗓音說：「我覺得是恐懼。」我嚇了一大跳，我的手一震，被烤箱架子燙傷了。

小學一年級的孩子怎麼會懂？我們從未討論過這種事。我不覺得他在電視上聽過或看過。對話讓我更加相信，孩子真的非常擅長解讀日常生活中世界給他們的諸多訊息，包括在家裡、學校、遊樂場和超市。

這就是孩子的工作，產生連結，看到關聯：什麼和什麼有關？他們從看似隨機的資訊中找出意義，然後找大人協助他們搞清楚。他們會觀察我們如何在世界中移動，決定我們對彼此感覺如何、我們如何看待自己的社會地位、我們如何評估別人。

手上的燒傷疤痕留了一年多。我每次看到疤痕，就會想到我兒子對我說的話，想著他學到了什麼教訓。我無法知道。那次的對話在我心裡比燒傷的痕跡保留得更久。

偏見的傳遞

即便學前兒童也能很快地注意到成人如何看待別人。華盛頓大學（University of Washington）的研究者給西雅圖的學前兒童看影片。影片中，一位成人和另外兩位成人打招呼，一起說話。她微笑著跟其中一位女性打招呼，身體傾向她，音調溫暖，快樂地分享一個彩色玩具。她跟另一位成人打招呼時，皺著眉頭，身體後傾，音調冷淡，不甘願地把彩色玩具遞給他。

看完影片之後，研究者請兒童指出他們比較喜歡誰。百分之七十五的兒童會指向被好好對待的人，他們比較喜歡她。如果問兒童，他們會比較願意把玩具給誰，百分之六十九的兒童會選擇被好好對待的人。這些兒童的思考很簡單：如果別人對你很壞，你就是壞人。只不過是看了三十秒的負面互動，學前兒童就已經看到足夠資訊，認為偏見的受害者應該負責，而不是有偏見的人了。這些兒童不但對被錯待的人表達了負面意見，也比較不願意看到這個人獲得資源。

成人影響兒童觀點的力量主要落在父母身上。一點也不意外地，研究確認有偏見的父母會養出有偏見的孩子。一項研究中，研究者在美國中西部小城裡，針對一群大部分是白人的父母測量偏見程度。參與者回答一份問卷，看看他們是否同意「對大部分美國人而言，非裔美國人都具有肢體威脅」或「非裔美國人從這個國家獲得太多了，他們不值得」。然後要求參與者正在念小學四五年級的孩子完成另一份問卷，看他們是否認同父母的觀點。最後，研究者在學校電腦教室讓這些孩子完成內隱連結測驗（implicit association test, IAT）。

內隱連結測驗比標準化問卷更為深入，也比較敏銳，可以測量我們不自覺的聯想。研究者請每個孩子坐在電腦螢幕前，螢幕上呈現一系列的臉孔或文字。臉孔有黑人和白人，文字有意義好的（例如喜悅、和平）和不好的（例如惡劣、邪惡）。內隱連結測驗測量孩子能夠多快地將黑人或白人臉孔分類，以及將好或不好的文字分類，以測量他的偏見。

有時候，研究者會告訴兒童，如果看到黑人臉孔或不好的文字，就按電腦鍵盤上的某個按鍵，如果看到白人或好的字就按另一個按鍵。其他時候，研究者會告訴兒童，如果看到黑人臉孔或好的文字，就按電腦鍵盤上的某個按鍵，如果看到白人或不好的字就按另一個按鍵。研究者會記錄他們的反應時間。典型的結果是，如果參與者用同一個按鍵表示黑人和不好的字，分類臉孔和文字的反應就會相當快。但是如果他們用同一個按鍵表示黑人和好的字，腦子就似乎打結了。他們需要更多的努力，才能將黑人和「好」連結在一起，因為在我們腦子裡，黑人和「壞」的連結更強。反應時間可以表現出聯想的強弱。

在這個研究裡，研究者發現，家長在填寫問卷時，對黑人越有偏見，孩子在做內隱連結測驗時，對黑人的偏見就越強。但是這個結果只適用於比較認同父母的兒童——他們表示自己經常服從父母的指令、長大想要像自己的父母一樣、希望父母為他們感到驕傲、喜歡花時間和父母相處。結果顯示，他們的父母不但和孩子分享時間、愛和資源，也分享父母腦子裡的偏見。

即使是狗，也會密切注意主人的行為和情緒。狗被視為人類最好的朋友，因為牠們非常擅長與人類產生連結。牠們會注意主人的反應，了解自己身處的社交環境。法國的犬類研究者也印證了這一點，他們發現狗會注意到主人很微細的動作，以決定對走過來的陌生人做何反應。研究者指示主人，看到陌生人時，往前走三步，或往後退三步，或待在原地不動。研究者發現，當主人往後退時，狗會比較表現出保護行為：牠們更快地打量陌生人、更加圍繞在主人身邊、比較不願意接觸陌生人。才不過是三步，主人已經傳遞給狗訊息了：小心。

懷著善意的成人也可能受到別人非語言行為的影響。以媒體為例吧。大家都認為，如果電視上和電影裡，讓黑人演員飾演強有力、正向的角色，就能改善偏見。但是研究者發現，即使受歡迎的電視節目僱用黑人演員扮演這一類的角色，在螢幕上，白人演員還是會對黑人演員展現比對白人演員更多的負面反應。這個偏見經由細微的非肢體行為呈現——瞇眼睛、微微地做鬼臉、稍稍轉身——但是仍然有影響力。這些行為讓看節目的觀眾也呈現更多的偏見。

研究者麥克斯．威斯布希（Max Weisbuch）、克里斯汀．泡克（Kristin Pauker）和娜麗妮．安巴蒂（Nalini Ambady）選了十一個很受歡迎的電視節目，裡面都有正向的黑人角色，例如《犯罪現場》（*CSI*）和《實習醫生》（*Grey's Anatomy*），這些黑人角色包括醫生、警官和科學家。

他們讓參與研究的人看十秒鐘的影片，裡面是同一位黑人角色與許多不同的白人角色互動。聲音被設成靜音，黑人角色也經過剪輯，在畫面上看不見。研究者請不熟悉這些節目的參與者看好幾段影片，為每個看不見的角色評分，看他是否令人喜歡，以及螢幕上的白人角色是否好好對待他。看不見的角色有時候是黑人，有時候是白人。

當研究者整理評分之後，一致的模式出現了：這些電視節目中，與白人角色相比，參與者認為看不見的黑人角色比較不受歡迎，也比較沒有被好好對待。看完影片之後，參與者還要做內隱連結測驗。研究發現，參與者會進一步受到影響：當其他演員對看不見的黑人角色的非語言行為越負面，參與者的偏見就越強。此項證據顯示，偏見傳染確實存在。當研究者直接要求參與者指出對白人或黑人角色的一致模式時，他們無法指出。但是即使如此，參與者的反應還是有差異。

這項研究進行時，每週有超過九百萬的美國觀眾收看這些節目。一年內加總起來，這些節目有超過五十億人次的觀賞。我們很容易被故事吸引，對角色產生情感。但是當我們和角色以及他們的人生產生連結時，我們也同時吸收了他們的偏見。在媒體中增加正向的黑人角色確實是一大進步，但是，也可能反映和散播內隱偏見，而不是消除偏見。

正如劇本對話的字裡行間可以露出偏見一樣，我們在日常生活中，每個人都用難以指名或難以評價的方式露出偏見。

當你看到黑人男子時，不自覺地抓緊皮包，這是不是歧視呢？看到拉丁裔的人，就假設他不太會說英語，或是沒受過多少教育呢？當你得知一位年輕黑人女性獲准進入哈佛大學的時候，你懷疑地說：「是麻省的那一家嗎？」這是不是偏見在說話呢？或是你誇讚一位亞裔學生，說她數學成績很棒呢？當你覺得青少年的音樂放得太大聲時，那是偏見嗎？如果你看到護士身上有刺青，要求換一位護士呢？

我們怎麼知道自己不夠敏感或不公平？我們無法覺察或無法控制的事物，在何種程度上影響著我們是誰、我們感覺如何呢？我們有多麼經常展現我們希望自己擁有的包容性和公平性呢？我們要如何學習檢查自己，消除偏見的負面影響呢？

Part 2

我們在何處找到自己

第三章

壞傢伙

幾乎十五年了，我一直在教警察辨認和理解內隱偏見可以如何影響他們和其負責保護與服務的社區互動。我的演講是警方訓練的一部分，該訓練也是我協助展開的。多年來，我們在幕後做了很多努力，最近因為一些令人質疑的警察槍擊案以及因此產生的抗議，才被公眾注意到。

有些警局很歡迎這種訓練，他們認為這正是他們改善警察和社區關係所需要的。其他人則是心不甘情不願地參加，等著這一波進修被其他更令人自在、更熟悉的課程取代。有些警局找我去，是因為中央政府和州警協商，達成協議，或是經由中央政府的法令，將內隱偏見訓練列為必修課程了。但是即使我知道某個警局為何請我去演講，我也不知道警察們的個人反應會如何。

二〇一六年九月的這個早晨，我在加州首府薩克拉門托（Sacramento，又作沙加緬度）和其他訓練師正在準備一個兩天的訓練師工作坊。我們即將在加州各地警察局推廣同理心訓練。訓練師來自各地警局、加州司法當局、社區組織以及一位史丹佛的同事。我們是加州司法部長卡瑪拉．哈里斯（Kamala Harris）召集的一群人。我的角色是協助這幾百位訓練師，把訊息帶回各自隸屬的單位：**即使我們沒有意識到，偏見都會造成後果。我們需要了解並減少偏見。我們腦中的刻板印象聯想會影響我們如何看待一切、如何思考以及如何行動。**

這個早晨，大家都在討論剛剛出現在媒體上的影片，奧克拉荷馬州土沙鎮（Tulsa），一位沒有武裝的黑人被警方射死——兩年來已經發生了一連串眾所矚目的射擊案，這是最新的事件。影片中，托倫斯．克爾卻（Terence Curtcher）高舉雙手，慢慢走著，後面跟著一群警察。一會兒之後，有人開槍，克爾卻倒在地上。

我的同事一直談到這段影片：「你看到了嗎？你聽說了嗎？」人們一再地問我。「這對你的研究非常重要。」這是個實例，反映出警察所面臨一個狀況，一次警民的對立可以忽然變得致命，然後迅速發展成種族事件。

但是沒有人催促我談這件事，來自警局的訓練師和受訓學員都完全不想談。我猜，影片讓他們士氣頹喪吧。他們可能同情受害者，但是也擔心後續發展。新聞裡每一次警方開槍都讓警察們更為緊張，在街上巡邏的心理負擔更重。對他們而言，這不只是關於政策、態度或技巧而已。這是他們選擇了這個職業之後，就無法避免的道德危機。

我也對道德危機感到疲憊。我不想再看到任何警方開槍的影片了。源源不斷的悲劇讓我質疑我做的事情有何價值。我試著相信改變是可能的，才能支撐我維持多年的研究、訓練、社區會議。但是每次發生事件，都再次證明了問題有多深。痛苦、令人洩氣，這是我寧可逃避的現實。但是也提醒了我，絕不能停下來。

二〇一六年，美國幾乎有一千人被警方殺死。其他個案也激起民眾憤怒，但是一切似乎都沒有改變。托倫斯．克爾卻死前兩個月，費蘭多．卡斯提爾（Philando Castile）在明尼蘇達州被殺。當時他正在開車，被警察攔了下來。他很有禮貌地告訴警察，他合法持有槍枝，而警察射殺了他。槍擊發生之後，卡斯提爾的女朋友旋即開啟直播，同時她的四歲女兒也目擊了一切。超過三百萬人在社群媒體上看著卡斯提爾坐在駕駛座，流血致死。近距離開了七槍的警察則情緒崩潰。

卡斯提爾被殺的兩年前，十二歲的泰米爾．萊斯（Tamir Rice）在克里夫蘭州的一個公園被射殺，他當時正在玩一把玩具槍。一位菜鳥警察花了兩秒鐘就決定泰米爾有致命威脅，巡邏車都還沒完全停下來，他就開槍了。然後，泰米爾躺在雪地上，無人聞問，槍傷嚴重到腸子都流出來了。開槍的警察回到巡邏車上，照顧自己因為急著開槍而扭到的腳踝。

附近剛好有一位聯邦調查局（FBI）的幹員，聽到槍響趕來，為受傷的男孩提供醫療協助。幹員告訴調查員，一開始，他看不出來泰米爾當時是否還活著。他低頭靠近，泰米爾「看著我，好像要握住我的手」。幹員清理了泰米爾的喉嚨，讓他能夠呼吸，並用力壓住傷口，試圖止血。但是沒一會兒，泰米爾開始失去意識。

幹員知道，若不趕快送到醫院，泰米爾會死掉。「傷成那樣，他需要很亮的燈光和冰冷的手術金屬。」他不知道受傷的「嫌疑犯」還在念小學——直到他聽到泰米爾的姊姊尖叫著說，他才十二歲。救護車離開後，幹員試圖安慰女孩。這時，女孩已經被戴上手銬，坐在巡邏車後座了。十小時之後，她的弟弟在醫院過世。十三個月之後，地方檢察官決定不起訴這位警察，說這個悲劇只是「人類錯誤與無效溝通引起的風暴」。

克里夫蘭事件和幾十個其他事件一樣，都不斷提醒我們，警察擁有無限的權力，可以決定人民的生與死。槍擊事件被路人、巡邏車的行車記錄器，或是警察身上的記錄器錄了下來。影片激起群眾守夜抗議，讓大家再次注意到種族偏見、警方的軍事化風格、不足的警力、不足的訓練。此次事件讓全國有色人種社區要求警察接受內隱偏見訓練。

壓力越來越大，社區領袖和執法人員都開始找我和全國其他專家指導。每次發生了引起公眾注意的槍擊事件，影片釋出後，我都要努力安撫自己的無力感。我擔心（我現在還是擔心）大家過度信賴這些訓練。訓練可以教育警方，但是無法消除那股讓警察容易出事、讓社區緊張的力量。

多年來，我一直在對社區團體演講，我可以感覺到情勢越來越急迫，關於警方槍擊的議題，氛圍正在改變。我現在必須勇敢面對站起身的母親，她們流著淚乞求，問我：「我們能夠做什麼，才能讓我們的兒子安全？」

她們以前知道要告訴兒子：如果警察把你攔下來，你要保持禮貌。手放在駕駛盤上，不要逃。她們相信只要遵守這些原則，孩子就會安全。但是現在，她們不知道要說什麼了。「高舉雙手」，你可能被殺；「態度要好」，你還是可能被殺。如果你有一個黑人兒子，他可能死在政府手上，你完全無法避免。這是真實的恐懼。

警方開槍的殘酷影片不斷播放著，有些人很憤怒，有些人則了解警方面對的挑戰。這些母親不斷看到影片，感到極度的恐懼和驚慌。我們失去了調節的空間，我們只看到極端。大家心裡在想，任何時候，這都可能發生在我身上，我的兒子、我的家人、我的朋友身上。

我從不確定該如何回應大家提出來的問題，我試著用事實和統計數字回答：超過百分之九十九的警方勤務不會用到暴力，更不會用到致命武器。

但是，最終，我還是要以母親的身分回答。我有三個兒子，我也會恐懼。很難告訴別人不要擔心。不成比例地，黑人經常被警察攔下來盤查，也比較容易被暴力對待。我知道社會如何看待我們的兒子，而這將會影響警察如何看待和對待他們。

我知道，我有責任作證，但是在薩克拉門托的那天，我不能動情緒。我依照著原定計畫演講，吃力地講完我準備的內容，完全沒提到才死掉的那個人。

直到一週後，我才有辦法鼓起勇氣在我的電腦上看那一段影片。我一個人在辦公室，看著托倫斯·克爾卻高舉雙手，走向自己的車子。幾位警察聚在他身後，拿著槍和電擊棒，指著前面緩慢走著的背影。空中有直升機盤旋，上面有警察在錄影。我聽到直升機裡有人說：「喔，他現在高舉雙手了。」過一會兒之後：「我有個感覺，知道接下來會發生什麼事了。」然後：「他看起來是個壞傢伙。」

我看到克爾卻把雙手放在車頂，身體前傾。忽然，他的身體倒在地上。女警貝蒂．蕭爾畢（Betty Shelby）大喊：「有人開槍！」她的聲音聽起來很慌張，好像她和開槍的行為沒有關係似的。克爾卻被蕭爾畢的子彈擊中，癱在地上，在自己的車旁，一動也不動。

一群警察包圍著蕭爾畢，安慰她。克爾卻的身影逐漸消失，成為背景的一部分。相機照著這一群人。我的眼睛卻看著警察身後，躺在人行道上、流血致死的克爾卻。沒有一個人理會他。

我知道，對警察而言，無法避免的槍擊也會造成情緒負擔，即使是幾十年後都可能感覺得到。但是，還是很難看著這些警察圍著蕭爾畢，卻讓被射殺的人躺在地上，慢慢死掉。當蕭爾畢一開始接近克爾卻的時候，他看起來並不危險，而是一臉茫然。

這次的槍擊如此嚴重，一週之後，蕭爾畢因為「非法且沒有必要地」射殺克爾卻，以重度殺人罪被提出控訴。在警察槍擊案件中，這是個很少有的結果。起訴書上寫著：「蕭爾畢警官做出不合理的反應，讓情勢加劇。她的恐懼導致不合理的行為。」

下一年的法庭審理中，蕭爾畢作證說，克爾卻的死亡是他自己的錯。她命令克爾卻跪在地上，雙手要露出來。她說，他應該照著做的。她告訴陪審團，她開槍是因為她覺得自己的生命受到威脅。陪審團只爭辯了九小時，就決定無罪的判決。

宣判之後，首席陪審員寫了一封信，傳達他們爭辯時的痛苦。「陪審團裡有人覺得她有其他的選擇，可以讓克爾卻聽話。」他寫到許多陪審團員「永遠無法自在地說貝蒂．蕭爾畢在克爾卻先生的死亡上完全沒有錯」。

一個月後，在明尼蘇達，槍殺卡斯提爾的警察也被判無罪。警官傑若尼莫．亞尼茲（Jeronimo Yanez）作證時，哭著對陪審團說，他覺得生命受到威脅，才會朝卡斯提爾的車子開槍。陪審團花了一個星期爭辯，才同意無罪開釋。一位陪審團員說：「我們都無法接受發生在卡斯提爾身上的事情。」但是他們相信警官「是個誠實的人」。他說：「最後，我們必須靠著他的話做判斷，結果便是如此。」

牽涉到有問題的槍擊案的警察之中，只有極少數被起訴，被判有罪的更是稀少。陪審團很容易同情並認同證人席上的警察，他們相信警察真的是害怕了。他們不願意批判警察為了維持秩序並保持自己安全的日常工作中，所做的生與死的選擇。他們不覺得法律允許他們為了警察受到的訓練而處罰警察。同時，他們也無法避免和某些巡邏警察不自覺地懷著同樣的觀點與態度。

儘管如此，我還是想要更了解，為什麼陪審團的判決往往違背了我們認為我們所看到的一切。我也想知道，這樣的判決如何影響家庭與社區。我聯絡了民權律師班·克朗普（Ben Crump），他的客戶包括全美四十多個因為警察槍擊而失去家人的家庭。

克朗普告訴我，托倫斯·克爾卻有一位雙胞胎妹妹蒂芬妮（Tiffany）。蒂芬妮現在是全家的代言人。蒂芬妮·克爾卻擁有物理醫學博士學位，在阿拉巴馬州鄉間診所執業。那裡的健康照護資源很稀少。她的哥哥之死翻轉了她的人生，讓她重新聚焦。托倫斯被殺一年後，我去蒙哥馬利見蒂芬妮，深入了解她的家庭經歷了什麼。

我想要了解公眾視線之外的個人痛苦。家人被警方殺死的人占據了一個很特殊而痛苦的位置。死去的家人變成嘲諷漫畫的主角、經驗教訓的主人翁、襯衫上的臉孔。受害者肩負了難堪的標籤，人們指責他們，好像他們才應該為悲劇負責：毒瘾、搶案嫌疑犯、好鬥的黑人。但是這些人也是兄弟、父親、堂兄弟、兒子，曾經活著，過著有意義的人生。

和蒂芬妮的晚餐

蒂芬妮和托倫斯的出生差了三分鐘。小時候，他們形影不離。他們的父親是神職人員，母親是戲劇老師。他們還有一個哥哥和一個弟弟。蒂芬妮回憶道：「我們幾乎每天都去教會。」她和托倫斯參加了唱詩班和經常到處演奏的交響樂團，托倫斯演奏大提琴，蒂芬妮演奏小提琴。「他就是一個大泰迪熊娃娃，心很軟，很放鬆、自在，脾氣溫和。」

托倫斯的家人都很有成就：所有的手足都念到大學畢業，父母都是研究所畢業。他擅長唱聖詩，一直希望擁有音樂事業，但是遇到一些困難，讓這條路很不好走。二十出頭的時候，托倫斯遇到搶劫，被揍得很慘，失去了右眼以及右耳的聽力。蒂芬妮說：「他再也不一樣了。他一陣子一陣子地陷入憂鬱，最後開始吸毒。」有時候，毒品讓他進入戒毒中心或是監獄。但是他仍然和福音團一起旅行唱詩，一有機會就工作，照顧他的四個孩子。

二〇一六年夏天，托倫斯找到了新的人生意義。他進入社區大學就讀。他的第一堂課是音樂欣賞，就在他被殺的那一天開始上課。他被槍殺之後，警察搜索他的車，想找到他的槍。他們只找到了他的《聖經》、他收集的福音CD和大學課程的教科書。

德州的一位堂兄通知蒂芬妮，她的哥哥被射殺了。蒂芬妮當時正在蒙哥馬利，她不願意相信。如果是真的，爸爸一定會打電話給她。她在朋友家又等了一小時，一直禱告。然後她的手機響起，看到螢幕上出現「爹地」。

她的父母接到消息時，正在教會裡，帶領音樂會的練習。她的父親從醫院打電話給蒂芬妮時，簡直要瘋了。「他說：『他們殺了我兒子！他們殺了我兒子！他死了！』」她問：「誰殺了他？」「警察！」她的父親說：「我們在醫院，他們不讓我看我兒子。」托倫斯死亡的情境，讓他的屍體無法被正常處理。必須要經過調查，而他的屍體是證據。他可能是嫌疑犯，也可能是受害者。這個解釋完全無法減少家人的痛苦。

每次有家人過世，克爾卻家族都有一個儀式：他們會在屍體旁祈禱，唱經典聖歌〈直到我們再見〉（Till We Meet Again）。但是這一次，「他們不讓我們看我哥哥，不讓我們為他唱聖詩。」蒂芬妮說：「我的父母為此極度傷心。他們對待我們的方式，好像是我們做錯事。」

兩天後，他們受邀和市長及警官們一起，私下看槍擊現場的記錄影片——尚未公開放映過。蒂芬妮的父母拒絕出席，她鼓起勇氣去了，還有幾位堂兄弟一起去支持她。

到場後，警察總長查克·喬丹（Chuck Jordan）對他們致哀，承認影片「讓人難受」。蒂芬妮記得他說：「你的哥哥極為好鬥。」他告訴他們，警方在車上找到一包天使塵（PCP，譯注：一種興奮劑），但是「我們不會告訴報社，不會讓你哥哥顯得很壞」。

光是聽到「壞」這個字，蒂芬妮就要暈了。她準備好了，願意面對托倫斯在街上死去的畫面，但是沒有準備要忍受警方試圖合理化槍擊致死的言行，或是警方拒絕回答她提出來的問題：除了殺死他之外，是否有別的方法？她告訴他們：「我不要坐在這裡，看著我哥哥被謀殺。」她朝著門口走去，聽到市長宣布：「我要站起來，去跟克爾卻醫師坐在一起。」一位白人警官跟著市長一起站起來，跟著他們走出房間。

槍擊之後，杜威·巴特萊特（Dewey F. Bartlett）市長試著成為穩定民心的力量。巴特萊特是白人，前奧克拉荷馬州長的兒子。克爾卻死亡的第二天，他就對市民說話，呼籲土沙人彌補種族之間的鴻溝。他知道種族歧視在土沙鎮歷史中扮演的角色。他擁抱了克爾卻家庭。

巴特萊特離開自己座位，和蒂芬妮坐在一起。蒂芬妮對於他的慈悲動作感到印象深刻。她說：「市長看著我，眼中含著淚水。他說：『我非常尊敬你的父親。』」托倫斯和蒂芬妮的父親，喬伊．克爾卻牧師（Joey Crutcher）是奧克拉荷馬州爵士樂名人堂中的一員，和市長曾經一起演奏過。他告訴蒂芬妮：「我很抱歉。我也有孩子和孫子。我很抱歉。」

她看著他的眼睛，對於未預料到的安慰很是感激。然後她看著坐在他們對面的年輕白人警官。他眼中也有淚水。

科學鏡片

看著影片，聽著蒂芬尼的故事，我感到多年研究內隱偏見的發現更為清晰了，有了新的意義。我檢視了槍擊的情境，很清楚地看到偏見——無論是內隱或外顯——在這個事件中，偏見從頭到尾都扮演了某種角色。每一個重要行為的背後，都有類似的研究報告，從蕭爾畢警官決定接觸托倫斯，到托倫斯躺在地上無人聞問。當然，我們無法知道蕭爾畢警官遇到托倫斯的時候，腦子裡想了什麼。我們也無法知道托倫斯在想什麼。有那麼多元素可能影響了他們兩人，我們不可能說單一元素——種族——是讓他們做出決定的主要動力。

但是科學的價值就是讓我們可以離開單一個案，檢視更大的相關力量。研究者可以精準控制相關條件，讓人們處於整體情況中的一個重要的小小部分。例如，創造兩個情況，除了種族之外都一模一樣，我們可以觀察參與者對種族元素的回應有何差異。這讓我們超越個人因素，超越單一個案，而看到許多個案的平均反應。科學讓我們發現一般性的人類行為，看到潮流和模式。在我們家裡、課堂、街上發生的事情，可以在實驗室裡分析、理解。

關於警方與社區的致命關係、人類的行為，科學家能夠提出什麼更大的問題，以進一步了解呢？

第一幕：看到的男人

首先，我們可以質疑，在美國人腦子裡，黑人和犯罪之間的連結是否強大到可以影響我們看到的以及我們忽視的訊息呢？這個連結是否可以決定我們會注意到什麼呢？一想到暴力犯罪，會在何種程度上，讓我們把注意力轉向黑人臉孔呢？

我和同事進行了一系列關於注意力偏見的研究，核心就是這些問題。在托倫斯．克爾卻一案中，也曾經提出這些問題。托倫斯車子拋錨的那個晚上，是什麼因素吸引了貝蒂．蕭爾畢，讓她接近托倫斯．克爾卻呢？她為什麼放棄一個家暴案的緊急案子，轉而注意托倫斯呢？為什麼最後變成地面上有好幾位警官舉著槍，天上有直升機，有警官用錄影記錄著一切，而蕭爾畢成為了其中的核心呢？

在克爾卻一案之前幾年，我的同事和我就在尋找答案了。我們在地方警局駐點，邀請警察參與研究，每組二到五人。我們讓他們坐在自己的電腦前面，告訴他們，他們即將參與「保持注意力的任務」。我們要求他們眼睛看著電腦螢幕，專注看著螢幕中間的一個專注點。我們告訴他們專注點四周會出現閃光，他們的目標是指出——用一個按鈕，越快越好——電腦螢幕上哪裡出現了閃光。

這個任務其實是一種隱式促發（subliminal priming）。這是心理學用的標準技巧，測量人們無意識間被文字或影像影響的程度。在這個研究中，我們讓一半的參與者看到與犯罪有關的字，例如「拘留」、「逮捕」、「抓住」、「射擊」。這些人屬於研究中的「犯罪組」。每個字都只會閃現七十五毫秒，警察們不會意識到這些文字，但是潛意識仍然會被引發，開始想到犯罪。另外一半警察屬於「控制組」，螢幕上只會閃現亂碼字母。

接下來，我們讓參與者同時看到兩張臉（一個黑人和一個白人）。我們發現，沒有引發犯罪思考的控制組比較會看著白人的臉。正如我們預測的，犯罪組比較會看著黑人的臉。犯罪組心裡想著拘留、逮捕、射擊，使他們的注意力朝向黑人的臉。黑人與犯罪連結的影響力量，並不限於警察。我們對史丹佛的大學生進行了類似的實驗，結果相同。無論是大學生或打擊犯罪的警察，我們的注意力都受到刻板印象聯想的驅動，我們甚至沒有覺察到驅動我們的力量。

「犯罪促發物」（crime prime）會使人在視覺上更注意黑人面孔，正是一九五〇年代拉爾夫·艾里森（Ralph Ellison）寫的經典《隱形人》（*Invisible Man*）裡描述的狀況：「高識別度」（high visibility）。艾里森描述美國黑

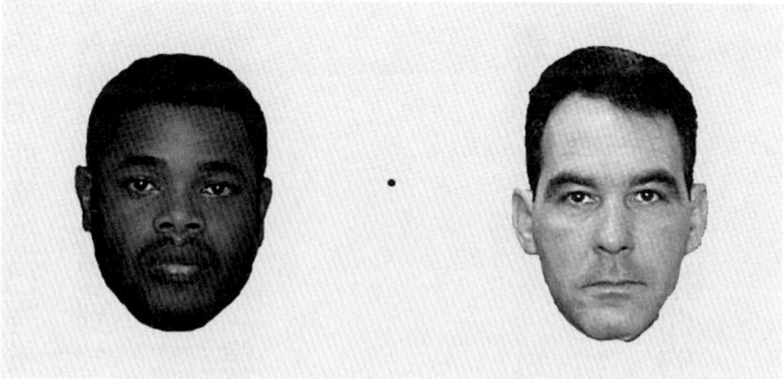

人的命運就是，只有經過文化刻板印象才會被看見，但是看見的影像是扭曲的。這些刻板印象使得黑人被凝視，但卻又使得他們不會真正被看見。這是危險的矛盾：高辨識度伴隨著隱形。把科學應用在艾里森的觀察上，我們的研究顯示，犯罪意識已經被啟動的人會更注意黑人臉孔，別人則不會。既有的刻板印象讓黑人和犯罪被聯想到一起，使得黑人臉孔更讓人警覺、更重要，因此更被看見。

蒂芬妮·克爾卻相信，正是這個原因，使得警察注意到她的哥哥，以為他是「想要逃跑」的罪犯，而不是需要協助的市民。

第二幕：比現實更巨大

那晚，當托倫斯出現，警察認為他好像巨人一般，估計他的體重有三百磅（一百三十六公斤）。事實上，托倫斯只有五呎九吋（一百七十五公分）高，體重二百五十五磅（一百一十五公斤）。種族會扭曲人們對體型的認知嗎？如果如此，這種扭曲的認知在何種程度上影響警方使用武力？

人類演化讓我們會認出威脅。估計別人的體型和力量，可以協助我們決定此人是否造成威脅，我們需要用怎樣的力量降服他。雖然有很多研究顯示，許多人認為黑人具有威脅性，但我們其實並不了解種族如何影響人們對體型的認知。三位研究者約翰．保羅．威爾遜（John Paul Wilson）、寇特．胡根博格和尼可拉斯．魯爾（Nicholas Rule）針對這個議題進行了研究。

他們做了一系列的研究，請參與者根據臉部照片，估計年輕黑人和白人的身高、體重和力量。參與者總是把黑人估計得比白人更高、更重、更強壯。有時候，他們讓參與者只看到年經男性身體的照片，不露出臉部，並刻意將膚色保持模糊。研究者對某些參與者說，照片中的人是黑人，但是用同樣的照片對別的參與者說是白人。當參與者認為照片裡是黑人的身體時，會估計他更高、更重。無論是黑人或白人參與實驗，種族都會產生類似的影響。

研究者也檢視了種族偏見和造成傷害的可能性是否有關。這時，參與者的種族就有關係了。白人參與者認為，和白人身材一樣的黑人更有威脅性。黑人參與者則沒有偏見。然後，研究者給不是黑人的參與者看一連串的臉孔，請他們想像，看到的人「沒有武器，但是對警察表現攻擊性」。在這個狀況下，參與者認為，比起白人而言，警察更有正當理由動用武力降服黑人。

第三幕：動作中的種族

如果大家看到黑人身體會比看到白人身體更受到威脅的話，當他們看到同樣的動作時，是否會認為黑人身體的動作比白人更有威脅性呢？研究顯示確實如此。

一九七六年一項經典研究中，加州大學爾灣分校（University of California, Irvine）的社會心理學家博特．鄧肯（Birt Duncan）在實驗室，測量了九十六位白人大學生對兩個人假裝吵架的反應。這些學生參與「人際行為研究」，看到兩個陌生人在討論一件事情，然後兩人忽然生氣了，一個人推了另一個人。學生不知道吵架內容其實是有劇本的，行為也是預先設計好的。推別人的人有時是黑人，有時是白人。

鄧肯請學生用各種面向評估這兩個人的行為時，發現種族造成極大的差異。推人的是黑人，受害者是白人時，百分之七十五的參與者認為行為「暴力」。如果推人的是白人，受害者是黑人時，只有百分之十七的參與者認為行為「暴力」。事實上，參與者認為百分之四十二推人的白人只是在「胡鬧」而已，卻只有百分之六推了白人的黑人被視為在「胡鬧」。鄧肯發現，學生更容易把黑人的行為貼上暴力的標籤。

四十多年前做的研究，和目前的警方與社區互動有何關係呢？我的同事蕾貝卡．海提（Rebacca Hetey）和我也有這個疑問。我們想知道這些舊資料的重要性，想知道警方如何詮釋有犯罪嫌疑的黑人的身體動作。

我們開始分析紐約警局對「攔下、問話、搜身」政策所收集的數據。紐約警察每次在街頭盤問路人時，都需要填寫一張資料，說明自己為何盤問這個人。多年來，警察可以從十個原因裡選一個，包括服裝符合犯罪所需、衣物上出現有可能是武器的突起。還有一項是他們認為嫌疑人有鬼鬼祟祟的動作，但是沒有解釋什麼動作算是鬼鬼祟祟。

我們的研究檢視了種族和警察對鬼祟動作的認知是否有關。我們檢視了二〇一〇年和二〇一一年的數據，當時紐約警局正在熱切推行「攔下、問話、搜身」的政策。這兩年裡，警察盤查了幾乎一百三十萬人次的街頭路人。我們發現，這些盤查行為有一半是根據「鬼鬼祟祟的動作」，這是警察在紐約街頭盤查路人的最常見理由。其中百分之五十四是黑人，但是紐約市只有百分之二十三人口是黑人。

我們接下來檢視那兩年裡，因為鬼祟動作被盤查的黑人和白人，看看是否有種族不一致的現象。我們發現，黑人比白人更容易被搜身，警察也比較容易對黑人使用肢體力量。然而，黑人比白人更少攜帶槍枝。事實上，因為鬼祟動作而被盤查的人中，只有不到百分之一的人攜帶槍枝。原本的政策希望肅清街上的武器，結果只捕獲幾萬名沒有攜帶武器的黑人，他們唯一的共同點就是行動鬼祟。現在，行動鬼祟已經不再是紐約街頭盤查的合法理由了。或許因為如此（以及其他改革），紐約警方每年的街頭盤查次數大幅降低。

我們退一步，檢視過去二十年裡，全美備受矚目的槍擊案。我們看到，身體動作往往是案件核心。二〇一六年，伸手拿皮夾的動作導致費蘭多．卡斯提爾被射殺，警察以為卡斯提爾要伸手拿槍。二〇〇九年，沒有攜帶武器的奧斯卡．格蘭特（Oscar Grant）在奧克蘭車站被射殺。警察看到格蘭特的手移到腰帶上，於是大喊：「有槍！」二〇一一年，在辛辛那提州，提摩西．湯馬斯（Timothy Thomas）有一些交通罰單沒有付，他想逃脫盤查他的警察。他做了一個很快的動作，「嚇到」警察，於是扣下扳機，射殺了湯馬斯。最惡名昭彰的案子就是一九九九年，紐約警察射了四十一發子彈，殺死阿馬都．狄阿妻（Amadou Diallo）。他沒有攜帶武器，站在他的公寓門前。警察說狄阿妻上下打量著街道，行為可疑，「好像想躲避我們」。他們以為他口袋裡有槍，其實只是他的皮夾。

警察蕭爾畢說，她遇到托倫斯．克爾卻之前，一輩子從未這麼害怕過。克爾卻只是一位高舉雙手、慢慢走開的黑人。雙手高舉是普世的投降姿勢。

第四幕：沒帶武器，但是很危險

他在往哪裡走呢？蕭爾畢害怕克爾卻是要去自己車上拿槍。她需要在槍枝出現、克爾卻對她射擊之前，先保護自己。這又導致另一批問題。一般而言，我們認為刻板印象會影響我們如何看待別人。刻板印象也能影響我們如何看待物件嗎？

早在克爾卻事件之前，我和一群史丹佛的同事合作，想要了解黑人和犯罪的聯想如何影響對武器的認知。在實驗室研究中，我們用隱式促發的程序，讓大學生接觸一系列黑人男性臉孔，或是一系列白人男性臉孔，或是完全沒有臉孔。接下來，我們請參與者進行一系列物件認知測驗。我們讓他們在電腦螢幕上看到一個又一個的物件。每個物件一開始都很模糊，在四十一張同樣的圖框中，逐漸越來越清楚。

我們告訴參與者，他們的目標是（用一個按鍵）指

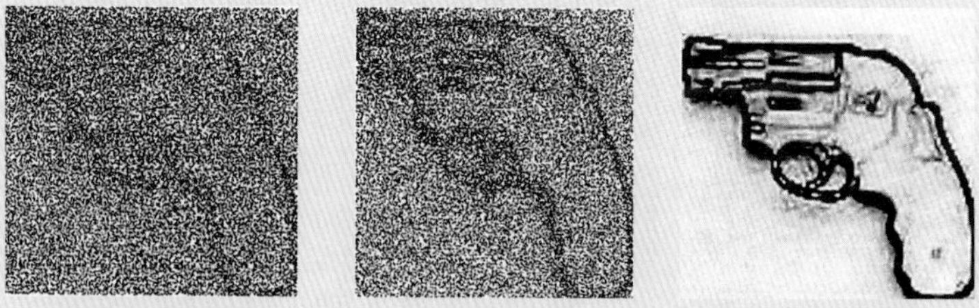

第 1 張　第 20 張　第 41 張

出他們看清物件的時刻。有些物件和犯罪有關（例如槍和刀子），其他則與犯罪完全無關（例如釘書機和相機）。

我們發現，對於與犯罪無關的物件，無論是否經由臉孔產生促發效應，學生辨識物件的結果都一樣。例如，比起看到白人男性臉孔的參與者而言，看到黑人男性臉孔的參與者並不會更擅長，或不擅長，看到釘書機。然而，參與者辨認犯罪物件時，臉孔促發確實有驚人的影響。看到黑人臉孔的參與者，只需要比沒看到臉孔的控制組更少的圖框——他們不需要那麼清晰的圖片——就能看出犯罪物件。看到白人臉孔的參與者明顯需要更多圖框——他們需要更清晰的圖片——才能辨認犯罪物件。

只不過是看到黑人臉孔——而且還是潛意識看到——都可以讓人辨識犯罪物件，而看過白人臉孔則抑制了辨識同樣犯罪物件的能力。正如我們預測的，對於黑人和犯罪的刻板印象聯想，不但影響我們如何看待黑人，也影響我們如何看待槍枝。刻板印象可以決定我們在世界上看到什麼物件、看不到什麼物件。

第五幕：開槍——不開槍

種族偏見只能綁架我們的認知，或是種族也會影響我們的行為，尤其是決定是否

要開槍呢？這個問題最為貼近蕭爾畢的行為和動機了。在位於波德（Boulder）的科羅拉多州立大學（University of Colorado），約書亞．柯瑞爾（Joshua Correll）和團隊設計了一個電腦虛擬測試，叫做「開槍——不開槍」。在電腦螢幕上，參與者會看到一個人握著一把槍或是一個無害的物件。如果參與者看到這個人拿著槍，就要按下「開槍」的按鍵。如果看到這個人拿著無害的物件，就按「不開槍」的按鍵。

他們發現，參與者看到槍而按下「開槍」的按鍵，比看不到槍而按下「不開槍」的按鍵更快。他們也發現了種族影響。如果是黑人拿著槍，參與者會比看到白人拿著槍，更快地按下「開槍」按鍵，他們也更可能誤射沒有拿槍的黑人。也就是說，種族偏見在反應的速度和要不要開槍的決定上，都有影響。大學生和社區居民都有同樣的偏見，白人和黑人參與者也都有同樣的偏見。

研究者後來用一群來自全美各地的警察做同樣的實驗，狀況就更複雜了。警察對拿槍的黑人比對拿槍的白人更快開槍，表示警察就像每個人一樣，將黑人、犯罪和危險聯想在一起。事實上，在大城市工作的警察，面對較多的黑人人口和較高的犯罪率，在反應時間上呈現最大的種族偏見。但是比起誤射沒有槍的白人，警察比較不會更容易誤射沒有槍的黑人。為什麼？**訓練**。警察接受過越多互動式使用武力的訓練時，越能夠分辨對方是否有槍。決定是否開槍時，也比較不容易呈現種族偏見。

這些結果很有啟發性，不僅僅因為讓我們看到對抗偏見的方法，也讓我們看到，有時候，制止偏見的方法並不是試圖快速消除大家一輩子都習慣了的種族聯想，而是接受訓練，讓他們更能發揮專業——經由有目標的、重複的練習，發展出技巧，就能在採取行動時凌駕偏見的影響。

道別

蕭爾畢開槍的決定在克爾卻家庭裡撕開了一大洞。托倫斯死後一年，他的父母、手足、孩子和朋友還在接受心理諮商，還在痛苦之中。他們身邊的社區還在掙扎著面對這個沒有道理的死亡。

父親死後，托倫斯的孩子回到學校，老師知道他們以及同學都需要安全的空間，討論發生了什麼，悼念失去的一切。老師蕾貝卡．李（Rebecca Lee）寫了一篇公開的臉書文章，分享他們的過程與痛苦。

她集合了五年級學生，朗讀一篇關於槍擊案的報導。「這樣我們才能都知道。」她寫道：「我唸的時候，學生忙著用筆標記出印象深刻的字句：致命射擊、雙手高舉、『壞傢伙』、動也不動、永遠的影響。唸完之後，我問他們：『你們的想法如何？』」

「他們用問題回答我：『他們為什麼一定要殺死他？他們為什麼怕他？為什麼他的女兒要一輩子沒有爸爸了？誰要帶她去參加學校裡的父女舞會？他被射殺之後，為什麼都沒有人幫助他？以前也發生過這種事情嗎？我們可以寫卡片給她嗎？我們可以抗議嗎？』」

「問題一個一個出現，眼淚也一直流下。學生說話的時候，默默地哭著，其他人也哭個不停。我看到十歲的孩子遞面紙給彼此、給我、給參加我們討論的校長。一個女孩在結束時說：『我希望白人可以給我們一個機會。我們可以一起，好好相處。』……我告訴他們，我是白人，而且我愛他們。」

當她集合六年級學生時，他們紅著眼睛圍著她，顯得瑟縮。「他們在班上，坐在克爾卻女兒身邊。他們是她的朋友。我們唸報導的時候，幾乎每一個學生都拿著面紙。當我開放討論時，一片靜默。太痛了，沒辦法開口。想了都痛，就是很痛。我努力不讓自己衝動地用我的聲音填滿死氣沉沉的空間。」有幾個人安靜地悄悄說了幾個關於哀傷和不公平的字眼，其他人就只是擦眼淚，擁抱彼此。「我給他們安靜面對的空間。然後我告訴他們：『我們膚色不同。我愛你。你有意義。你值得。你是人。你有價值。』圈子裡，肩膀抖動得更凶了。我明白，這是一整年裡，我第一次說，我愛他們……」

「我與大家分享這個過程，因為克爾卻先生的死亡不但影響我們學校的學生。我分享這個故事，因為我們為所有的黑人學生或其他族裔的學生都製造了一個認同危機。（我有意義嗎？我讓人害怕嗎？我要活在恐懼裡嗎？我是人嗎？）我們正在用血和子彈、到處都看得到的影片塑造他們的世界觀。這是我們希望他們有的感覺嗎？這是我們希望他們思考的方式嗎？」

教師提出的問題，也是精神健康專業人士在問的問題。當警察射殺沒有武裝的黑人嫌犯時，這些死亡造成同一州的黑人的精神健康顯著下降。

使用大型的全國數據，公眾健康研究者雅各．波爾（Jacob Bor）、亞辛達．凡卡塔拉馬尼（Atheendar Venkataramani）、大衛．威廉斯（David Williams）和亞歷山大．蔡（Alexander Tsai）檢視了參與者自己填的問卷，回答關於自己的精神健康的狀態，比較所住的那一州發生警察射殺黑人或白人平民事件的之前和之後。當被射殺的是沒有武裝的黑人時，研究者發現，黑人參與者在事件發生三個月內都覺得更憂鬱、壓力更大。當被射殺的是武裝黑人時，精神健康就沒有變糟。相對地，無論被射殺的人是黑人或白人、有無武裝，白人參與者的精神健康都不受影響。

研究者指出各種因素，在接觸到無武裝黑人被殺的新聞時，驅使黑人精神健康下降的因素，包括「對於有系統的種族歧視和缺乏公正性，有了更高的認知，以及失去社會地位和自我尊重、受害的恐懼加深、更大的致死可能、更高的警戒心、比較不信任社會機構、憤怒反應、活化之前的創傷、社群哀悼」。

＊　＊　＊

幾乎有一千個人出席了托倫斯的喪禮。他的人生每個階段的朋友——從社區大學老師，到幼稚園同學——塞滿了教堂以及其他房間，一直蔓延到馬丁路德大道（Martin Luther King Jr. Boulevard）的人行道上。蒂芬妮回憶說：「大家在街上排隊，好像參加遊行似的。小孩子，白人小孩和黑人小孩，和家人。他們舉著牌子，上面寫著：『我愛你們大家。』」在教堂裡，「滿滿的都是人，大家一起唱詩歌，讚美上帝」。

她說，情緒和精神都「非常美」。失落仍然感覺無法承受，但是大量湧進的愛讓蒂芬妮在接下來的幾個星期和幾個月裡，遇到陌生人威脅她、取笑她的家庭、在社群媒體殘酷地斥責她的哥哥時，能夠更為強壯。「聽話或死亡」是一般人的反應，意思是因為托倫斯沒有聽從警察的命令，他活該被殺。

蒂芬妮為了幫助自己適應，甚至聯絡了一個全是白人的團體，這個團體致力了解和討論種族偏見。她正在尋找新的生活裡，自己能夠扮演的正向角色。她迫切希望理解這一切。「我就直接去了聚會，他們全坐成一圈，他們只是說：『歡迎。』我介紹了自己，告訴他們我是誰，發生了什麼事情。」蒂芬妮決定加入這個團體，好幾個月裡，從健康診所下了班之後，每天開車去參加聚會。

我們會面的時間快結束時，她告訴我：「我哥哥是內隱偏見的受害者。他不是犯罪嫌疑犯，我會一直強調，他不是想要逃跑的罪犯……他的生命中是否有很多掙扎奮鬥，就像其他幾百萬的美國人？是的，他有。他該死嗎？不，他不該死。不，他不該死。」

第四章

男性黑人

我到奧克蘭公立圖書館參加會議，準備面對一大堆抱怨。司法部長才剛剛結束他的講話，第一位發言民眾就立刻走到麥克風前，開始猛烈抨擊。

「大家都受傷了，心碎了。大家都很害怕。」膚色黝黑的奧克蘭本地人說：「大家都害怕那些本來應該保護他們的人。」

觀眾前面有一張長桌，坐著一排人，我跟他們一樣，都是加州司法部長聘請的顧問團的一員，協助定量統計並處理警方的種族剖析。每次顧問團開會都是在公眾空間，社區成員不但可以公開聽到我們的討論，還可以提出他們自己的觀點。我們聽著一位接著一位的發言者分享痛苦和羞辱的故事：在交通停止標誌前乖乖停下車，結果卻惹上麻煩，呼救而被忽視，警察毫無理由地找青少年麻煩，警察誤將受害者當成罪犯粗魯對待。對他們而言，這些都是痛苦的個人經驗。對我們而言，他們再度提醒了我們，警方與社區關係變得多麼緊張了。

《二〇一五年加州種族與身分剖析法》（The Racial and Identity Profiling Act of 2015）要求州內幾乎五百個執法單位，對於每一次的路人盤查和交通盤查都要收集人口數據。全美有十幾個州強制警察收集這種資料，加州是其中之一。加州社會運動者贊成警方公開盤查數據，證明了黑人社區長期以來懷疑的現象：警方過度盤查少數族裔，並且比較不尊重他們。我們有十五位顧問，包括警方高層、律師、社區領袖，我是唯一的學者。我們的角色就是對司法部長提供建議，要收集什麼數據，以及如何收集、儲存和使用。

我們在各地開會，如北加州、南加州、中央山谷（Central Valley），忙碌的城市、窮困的鄉下，每到一處都有一大堆黑人和拉丁裔美國人出席，支持我們的努力。他們相信，這些努力最終將迫使執法當局負責。

我離開會議時，往往疲憊至極。我心裡充滿了情緒。許多人都和我一樣，感到憤怒、恐懼、無望、怨恨。他們覺得挫折，因為他們認為警方根本不在乎，不想和他們建立關係。他們感到挫折，因為他們覺得有需要時也無法向警方呼救，他們擔心自己反而會被上了手銬，關進監獄。他們覺得被拋棄、被輕視、被當成惡魔。

聽著這些故事，讓我痛苦地明白了一件事：為了了解警方和社區的關係，我們不但需要考慮基本事實，例如腦部如何運作，也要考慮我們的歷史和文化。每一次警察和社區成員接觸，都是在更大的社會脈絡之中，形塑了他們的回應方式。他們的行為受到警方和地方社區，甚至和全國的互動歷史的影響。他們的行為，在暴力犯罪和警方對待上，受到更寬廣的種族差別待遇的影響。

奧克蘭會議尤其緊張。公眾的抱怨雖立基於現正發生的狀況，但警方長久以來厚顏無恥的錯誤行為，積累成如今的民怨。奧克蘭當地居民大部分是黑人，警方一向無法無天地對待黑人，任何黑人都可能是警方敵人。

幾十年來，奧克蘭警局充滿醜聞。最惡名昭彰的就是一小群報復心很強的警察，自稱為「騎士」（the Riders）。在一九九〇年到二〇〇〇年之間，他們巡邏奧克蘭街頭，在無辜的人身上栽贓毒品，肢體攻擊他們，然後指控他們有犯罪行為。

受害者包括獲得假釋的人、辛勤工作的單親母親、出門幫父母買東西的高中學生、和爸爸一起打完籃球正騎著腳踏車回家的孩子。通常是便衣警察開車經過公車站、便利商店、街角，假裝要買毒品。他們似乎隨機挑選對象——開巡邏車過去，用手電筒和警棍包圍對方，把毒品塞進對方口袋、車子、皮包裡面，然後在法庭上作偽證，控告對方。被他們逮捕的人之中，很少人有錢或有能力爭辯，即使是假的控訴。有些人坐監幾個月，通常是公設辯護人勸他們接受判刑，因為知道沒有人會相信他們是被警察故意陷害的。

我讀到受害者的故事時，感到非常難受：一位父親帶著年紀很小的孩子去理髮店剪頭髮，結果鼻子被一位警察打斷，牙齒也被打鬆了。一位女性當街被迫脫衣服，一位警察搜身，另一位警察把一塊古柯鹼放進她的後車廂。一位牧師正在離開喪禮，警察盤查搜身，把一個吸毒煙斗塞進他的口袋，然後把他丟進牢裡。一個人在女朋友家外面並排停車，被警察勒頸、用拳頭揍、用手電筒打。他的女朋友試著打電話到警局抱怨，結果警察用拳頭揍她的臉。一位十七歲的籃球員正結束比賽，和爸爸在回家的路上，被警察栽贓，誣陷他口袋裡有一塊用紙巾包著的古柯鹼。不止一次，警察吹噓自己開槍射殺受害者的狗，就為了讓受害者明白，誰是老大。

這些案件的指控——以及另外的一百多個案件——最終都被撤消了。因為一位新進警察看到這些恐怖的作為，不願意合作，才揭發了內幕。

前奧克蘭警察局長拉諾．戴維斯（Ronald Davis）回憶說，奧克蘭是一個和自己打內戰的城市——受到幫派和毒品商人控制，正好是這種殘酷、過度認真的警察形成「騎士」私刑正義的溫床。戴維斯認為，騎士的產生「完全可以預期」。他在警局待了二十年，後來主持歐巴馬（Barack Obama）前總統於二〇一四年發起的二十一世紀警力總統特設專案小組（President's Task Force on 21st Century Policing）。

奧克蘭就像全美其他城市區域一樣，在一九九〇年代有破紀錄的高暴力犯罪率，多半和毒品交易有關。戴維斯說，警局的作戰策略就是「把街上所有的人都抓進監獄去」。送最多人進監獄的警察被視為「國王」。當時的文化以各種不同的方式要求他們：「集合的時候，長官會告訴他們：『不用客氣……有時候你必須自己變通』……他們會說到……你逮捕了多少人，這很重要。」

戴維斯解釋說：「你讓這些事情發生，然後就越來越糟糕了。然後你看著騎士，好像你根本不認識他們，但是他們也是這個文化裡的一部分。他們不是憑空冒出來的……一切都有關係，從領導、到訊息、到策略、到方法、到不負責任。」

四位被控領導恐怖行動的警察遭到解僱，並於二〇〇〇年起訴，罪名包括綁架、攻擊、陰謀、妨礙正義，但是沒有一個人被定罪。首領在被審判之前就逃離美國，其他人的陪審團或是判了他們無罪，或是無法同意判決。

一百一十九位告訴人發起了集體訴訟。除了一個人之外，所有受害者都是黑人。他們為了自己沒有犯過的罪，總共在監獄裡待了一萬四千六百五十五天（幾乎四十年）。

他們在聲明中，描述了自己為此失去工作、住房、家庭、企業、一生的積蓄。他們的痛苦超過了身體和經濟的層次。他們和騎士相遇的結果，是他們得了憂鬱症、焦慮、害怕警察。有些人完全不知道自己是為了什麼原因被捕，直到自己上了法庭才知道。其後果將會在他們的生活中造成長期的影響。婚姻破碎了、孩子不再信任被控販毒的父母、親戚誤以為他們走上了犯罪的歧途而排斥他們。

人權律師約翰．波里斯（John Burris）和吉姆．查寧（Jim Chanin）幫他們打集體訴訟官司，控告政府忽略奧克蘭警局的行為，最後為受害者贏得一千零九十萬美元的和解金。

和解案要求奧克蘭警局收集警察根據種族盤查的數據。奧克蘭警局花了幾乎十年，收集可靠數據，整理出警察盤查了什麼人。二〇一四年春天，我以主題專家的身分加入，協助分析數據，決定是否有明顯的種族不公平，並提出建議，以改善警方與社區的互動。

我很快地召募了一群史丹佛大學的研究者，協助這個計畫。我們一起分析了二〇一三年和二〇一四年的奧克蘭警察盤查紀錄，總共有兩萬八千件。我們發現，大約百分之六十的盤查對象是黑人，雖然黑人只占了奧克蘭人口的百分之二十八。即使我們把盤查地點的犯罪率和人口分布都計算進去，黑人還是不成比例地受到更多盤查。

我們發現，黑人不但比白人更容易被盤查，黑人也更可能被搜身、上手銬、逮捕。事實上，在同樣的十三個月期間，百分之六十五的奧克蘭警察曾經擅自搜查黑人，只有百分之二十三以此類方式搜查白人。百分之七十二的警察曾經在盤查時給黑人上手銬——即使後來沒有逮捕對方——卻只有百分之二十六給沒有被逮捕的白人上手銬。

多年來，全美各地都在收集盤查數據。從洛杉磯到波士頓，從密爾瓦基到紐奧良，研究者都找到類似我們在奧克蘭找到的種族不平等的證據。事實上，研究者根據種族來追蹤國外（包括英國和加拿大）的警察盤查紀錄時，結果也類似美國的研究結果。

黑人社區有很多人希望，這些結果能夠刺激警察承認長久以來的種族歧視，了解社區的擔憂。在一次公聽會裡，一位女性掃視坐在長桌前的警官的臉，說：「你們要知道，這些都是真正的痛苦。」

「我們來這裡，跟你們說話，我們是從內心說出來的。不是因為我們生氣你們是……警察。我們生氣，因為當局什麼都沒有做，我們要看到真正的改變。」

警察回應

若要機構改變，需要比交通盤查數據更多的作為。就像警界的種族不平等數據所顯示的，我們不能說，差異完全來自個別警察的種族偏見。社區裡很多人希望聽到這樣的結論。警局裡有太多文化和程序上的因素，可以影響警察在街上所做的選擇，包括警局政策、執行任務的策略，以及長官直接發出的命令。

事實上，光靠著種族不平等的數據評估警察執法品質，可能是一把兩面刃。社區領袖認為，不平等地對待黑人就是種族歧視的證據。但是警方可能認為，同樣的數據代表誰最容易犯罪。例如在奧克蘭，二〇一四年的暴力犯罪中，有百分之八十三的犯罪者是黑人。全美各地，只要是有多元種族的大城市，犯罪率都呈現種族不平衡的現象。從執法的角度看，警察盤查的種族不平等正好反映了現實中的犯罪率，所以，他們打擊犯罪的策略重點和廣泛的程度都是正確的。

當然，身為研究者，我支持收集數據，以便找出問題。但是以這個例子而言——同樣的數據，卻有兩種彼此對立的不同詮釋——只是收集數據，沒有用其他方法，是無法解決問題的。贊成和反對剖析（profiling）的雙方，其個人經驗會決定他們看到了什麼。雖然社區成員渴望看到我們收集數據，讓他們有辦法提出呼籲，但是他們的呼聲卻可能更加被漠視，因為統計和結論很難和警察每天巡邏街頭時看到的現象競爭。

每天幾百次，奧克蘭警察從警用無線電中聽到很大聲的：「**男性黑人！**」「**男性黑人！**」「**男性黑人！**」「**男性黑人！**」充滿犯罪的街道上一片混亂，當中卻少不了這樣的背景聲音。典型的一天裡，巡邏警察可能聽到三百遍這樣的描述，每週一千兩百遍，每年五萬遍。

我只能想像，不斷聽到這句話所造成的影響。這一定比我在大學校園進行研究時，參與者只有十分鐘的單次經驗要來得更有力量多了。訊息強迫警察在巡邏時，一直將黑的膚色和犯罪活動連在一起。重複的連結很容易就導致黑人與犯罪的聯想，變成自動地、期待中的尋常現象了。

但是即使不管促發過程（priming process）——身為科學家的理解——不斷聽到「男性黑人」也會改變我作為一個普通人的理解。這個標籤感覺很不寬容，把標籤涵蓋下的所有人都掃到同一個狹小空間裡。一九四〇年代，社會學家埃威里特．休斯（Everett Hughes）稱之為主要身分（master status）：一個人被人看見的主要方式。這顯示出個人的該身分被突顯於其他自我身分之上。

確實，當警用無線電提到「男性黑人」，很少會接著描述其他資料。有時候，公眾打電話給警察報案，可能會估計一下嫌疑犯的年紀、身高或體重，或是描述他的衣著。但是巡邏警察收到的描述幾乎只有基本的性別和種族資料：「男性拉丁裔」、「女性白人」、「男性亞裔」。像奧克蘭這樣的城市，最常聽到的就是「男性黑人」。

我們很難相信，如果警察——或任何人——沉浸在重複出現黑人與犯罪連結起來的環境裡，他們的思維、感覺和行為還會不受影響。

＊＊＊

多年之前，我針對內隱偏見進行警察訓練課程。結束之後，一位年輕白人警察走過來，分享他的故事。他在德國長大，搬到美國，加入警界，在一個中型城市的市中心執勤，這裡的犯罪率太高。他當警察才幾年而已，但是他的經驗已經改變了他看世界的方式。

每一天，他的警用無線電不斷播放「男性黑人」的描述，指出他應該往哪裡看，準備出手。即使是無辜的手勢——點香菸、伸手進口袋裡——都可以自動變成犯罪行為的前奏。黑人和犯罪的聯想之強，一看到男性黑人穿著寬鬆垮褲，就會引起警戒：他的眼睛會一直看著這個人。他會看這個人的手，是否可能有槍。他會想像自己和這個人說話，在腦子裡很快速地想像各種可能性——全都需要他對某種想像中的危險做出反應。

光是有黑人出現，就能讓警察保持高度警戒了。這種警戒如影隨形，無所不在。不久之後，即使他已經下班了，即使他不想這麼做，即使他不知道自己的腦子在忙什麼，還是保持警戒。

他加入警界以前的朋友也注意到了，跟他說：**你為什麼這樣？為什麼看著男性黑人，好像他們都很可疑？你有什麼毛病啊？**

他無法回答，無法讓他們了解。他**已經**開始假設每一個男性黑人都有威脅。外界的朋友不像他的警界朋友——警界朋友可能和他的看法一致——他們對他的改變感到驚愕。

他跟我說，明白了自己的行為，他自己也很驚愕。他加入警界時，完全不知道美國思維中的種族動力。現在看起來，他的腦子已經受到這些力量控制了。他的大腦運作方式已經不是他能夠控制的了：**我就是有這個聯想。很清楚，我還據此採取行動。如果你是男性黑人，我就會仔細注意你。**

這個自動反應不符合他看待自己與看待別人的方式。他渴望自己是一個心胸開放的人，把每一個人當成個人看待，而不是當成嫌疑犯。他很驚訝，如此深刻的心態改變可以發生得這麼快。他發現他必須很努力，才能保持某一部分的自我，警察工作會毀掉的這部分自我。

從此，這位警察開始問自己：**這是我需要成為的人嗎？這是我還可以控制的嗎？這是我想要成為的人嗎？**

程序正義

大部分警察希望自己是善的力量，他們不要社區覺得他們是敵人。但是從某些社區成員的觀點來說，他們慢慢地就開始扮演了社區敵人的角色。於是有了程序正義訓練，這是一種重建型的訓練，許多警局都開始舉辦了。訓練重心不在於策略，而是和公眾建立健康的關係。目標不是做越多盤查越好，而是每次盤查時，改善互動品質。

全美各處都在運用這個方法，協助警察和自己加入警力的初衷保持連結：保護和服務公眾。訓練目標在於推翻偏見產生的自動反射，鼓勵警察考慮他們如何說話、如何傾聽他們在執行公務時遇到的每一個人。訓練鼓勵警察以更合乎他們理想自我的方式行動。每當他們盤查駕駛或路人時，他們讓對方發聲。他們給人民一個機會，說出自己的故事。他們傾聽，考慮社區成員的擔憂。他們公平且無差別地執行法律。他們的行為態度讓公眾覺得受到尊重。他們以值得信任的威權角色現身。他們不只是在社區會議裡這樣做，而是每一天、每一條街上、每一次與民眾接觸的時候，都這麼做。

幾十年的研究顯示，各行各業的人都在意自己與人互動的過程如何被對待，程度一點也不少於互動的結果。以警方而言，這表示當民眾被警方攔下盤查時，除了在意最終是否被開罰單，同樣在意警察如何對待他。事實上，研究與真實生活經驗顯示，如果警察行為遵守**四大元素——讓民眾出聲、公平、尊重、可以信賴**——居民會覺得警察是真正的威權人士，因此更願意守法。

訓練目的是提醒警察，每天的互動有多麼重要。一天結束時，警察希望冒著生命危險值勤之下，能夠覺得自己有價值，他們想要覺得自己選擇了一個可以受到人們尊敬的專業。最重要的是，他們希望安全。

耶魯法學院教授湯姆．泰勒（Tom Tyler）和翠西．米爾斯（Tracey Meares）一起發展了一個訓練警察依循程序正義原則的模式。但是為什麼需要提醒警察這些原則呢？因為警察若要做好維持治安的工作，一大阻礙就是在街頭值勤下來，逐漸發展出的憤世嫉俗心態。

警察對抗犯罪時，很容易受挫。一段時間之後，他們開始覺得，好像他們只是在一場贏不了的戰爭中的小兵。他們覺得自己冒著生命危險保護的人並不尊敬他們，或是不欣賞他們的努力，於是感到苦澀。他們試圖保護人民，結果受害者後來變成加害者；他們試圖打擊犯罪，目擊證人卻不肯作證。這些都令他們變得挫折。他們目擊可怕的暴力行為，變得精疲力盡。他們一直活在過度警戒的狀況中，不知道下一波威脅何時會冒出來，他們變得疲憊。於是惡性循環開始了，可以破壞溝通，將最小的挑釁升級成為大事件。

憤世嫉俗的心態越來越強，他們的視野越來越窄。他們服務的城市裡，有百分之三的人活躍參與暴力犯罪行為，這些人占據了舞臺。其他的百分之九十七守法人口沒有可見度。他們開始經由很小的窗戶，看待服務與保護的社區的所有居民。

這種選擇性地注意（selective attention）不限於警界，這是腦部功能的基本特質。事實上，我們的大腦運用分類來提供紛亂的世界某種一致性和控制，大腦也運用選擇性注意力。我們總是在接觸無數的刺激，受到轟炸，不可能全盤吸收。根據我們的目標和期待，我們會選擇——往往是無意識的——我們想要注意什麼、不想注意什麼。

或許，選擇性注意最有名的示範，就是丹尼爾．西蒙斯（Daniel Simons）和克里斯多福．查布利斯（Christopher Chabris）發展出來的實驗。他們請參與者看三十秒鐘的默片，裡面有兩隊人（一隊穿淺色上衣，另一隊穿深色上衣）傳遞籃球。他們要求參與者數淺色上衣的那一隊傳了幾次球。參與者非常專注，想要正確數出傳球次數，以至於超過一半的參與者完全忽略了房間裡有一隻大猩猩：有一個人打扮成大猩猩，從右側進入房間，在中間停下，捶自己的胸膛，然後從左邊走出去。參與者過於專注於

自己的任務，以致大腦認為大猩猩並不重要。效果非常之強，沒看到大猩猩的參與者後來知道自己竟然沒看到這麼巨大的動物出現，都非常震驚。

「隱形大猩猩」提醒了我們，我們的社交觀點能夠多麼有選擇性。許多人口多元、犯罪率高的社區的巡邏警察會慢慢認為，執行警力時的種族不平等完全只是因為是誰在犯罪。這些社區的居民認為，不平等來自警方偏見，因為他們知道大部分鄰居不是罪犯。

在程序正義訓練中，警察學習重新聚焦自己的注意力——把每一次與公眾互動的經驗當成銀行交易。他們可以在互動中存款，提升信任，改善警方和社區的關係；或者他們可以在互動中取款，減少信任，增加警方和社區之間的緊張。每次的互動都可能影響人們，不只是影響直接參與的個人警察或居民，而是可能讓警局與整個社區的關係緊張起來。越來越緊張，久而久之便很難彌補。

不完美的盾牌

一九八〇年代，有位里羅·阿姆斯壯在西奧克蘭（West Oakland）長大，鄰居全是黑人，社區以高犯罪率和窮人住的國民住宅知名。他經常看見的白人就是老師和警察，二者都不在乎像他這樣的男孩。事實上，比起罪犯來說，少年里羅還更害怕警察。你只要知道什麼顏色的衣服不可以穿、什麼街道不可以跨越、什麼地方不可以去，就可以避免幫派找你麻煩。但是警察的行為無法預期，而且常常看起來就是要找人麻煩的樣子。對他而言，唯一有道理的規則就是老人家說的：如果你看見警察，你就跑得越快越好，希望你不要被抓到。

阿姆斯壯告訴我：「在那裡長大，我所看過最暴力的人，有些就是警察。他們會忽然出現，平白無故地打人。你會害怕，不知道自己會發生什麼事情……你一面過日子，一面害怕執法警力。『不要跟他們說話，不要看他們。』大家都這麼跟你說。」

到了十歲，他已經習慣了，一看到巡邏車就嚇個半死。只要他和朋友看到警車慢下來，就趕快跑走。「我們是年輕男孩，沒有參與犯罪活動，我們就只是做了決定，我們要跑走。因為我們害怕他們會走出警車、抓住我們，把我們摔到車上。」

到了十三歲，快克古柯鹼（crack cocaine）的流行達到巔峰。毒品買賣、幫派戰爭、普遍上癮和竊盜使得社區更加危險，也成為警方更大的目標。居民面對的是沒有選擇的選擇（Hobson's Choice，**譯注：十六世紀英國的馬舍老板霍伯森規定，顧客可以租馬，但是只能租最靠近門口的那匹馬**）：每天忍受暴力毒品交易的危險，或是從殘忍、無所謂的警察那裡尋求協助。即使還是小孩子，阿姆斯壯記得自己覺得受困：「誰想過這樣的日子啊？」

有人招募他和他十六歲的哥哥參加毒品交易。阿姆斯壯回憶著：「幾乎每個十四歲到二十五歲的男孩都在賣快克。他們看到錢，看到他們見過最快的賺錢方式。幾乎每一個男孩都想參加毒品交易。」幫派越來越暴力、越來越在意勢力範圍。在幫派械鬥和警方加壓之間，他的社區開始感覺像個戰區。

他的家庭親身感受這個改變的影響。他的母親有五位兄弟，全都進了監獄。她試著避免里羅和他的哥哥也參與犯罪。

才九歲大的時候，他的母親就帶著里羅和哥哥去奧克蘭監獄看望舅舅。擁擠的探監室瀰漫著消毒水的味道，鑲著染色玻璃的窗戶又小又暗，大家必須瞇著眼睛，看著坐在對面的囚犯的黑暗身影。里羅還很小，必須站在椅子上，透過玻璃看著某位舅舅模糊的身影，一面透過電話和他說話。他很不喜歡兩週一次的探監，但是「她就是一直拉我們去，一直拉一直拉」。過了幾個月的某天晚上，探監結束，回家的路上，他終於對媽媽抱怨了：「媽，你為什麼一直逼我們去那裡？我討厭去，我討厭跟他們說話，我討厭用那個電話。」她停下車，迎面痛擊：「我就是要你們痛恨到永遠永遠也不會讓自己坐在那片玻璃後面。」他將一輩子記得那一刻。之後，他的母親再也沒有帶他去探監過了。

為了保護兒子不惹上麻煩，一個母親也只能做到這麼多了。里羅的哥哥十六歲時，她安排將他轉學到不同社區裡一所比較好的高中。但是新學年才剛開始一個星期，他就在早上第一節課的時候，跟一個當地的孩子打架。老師把他們分開。阿姆斯壯的哥哥回去上課，但是另一個人回家，拿了一把槍。

阿姆斯壯描述接下來發生的事情，聲音因為一層又一層的哀傷與痛苦而變得平板：「我哥哥正在走廊上，要去上第三堂課。跟他打架的男孩從身後逼近，開了三槍，在奧克蘭技術高中（Oakland Tech High School）的走廊殺死他。」

他說，痛失長子的打擊催毀了他的母親。她陷入嚴重憂鬱，完全無法做事，家庭隨之崩潰。他說：「我可以看到她全身都是哀傷。很難看著她這個樣子，因為她那麼努力讓我們過更好的生活。」

舅舅們要對方付出代價。地方幫派逼著年輕的里羅復仇。一位舅舅給十三歲的里羅一把槍，表示願意載他去對方會出現的地方。舅舅說：「你必須這麼做。」

里羅明白，舅舅是在教他街頭生存的智慧。「可是我看著我媽媽，我就是做不到，我就是沒辦法。她情況很慘，好像她已經失去我們兩個了。如果我去尋仇，結果進了監獄，她會承受不了的……她沒辦法活下來。」他無法忍受母親去監獄探視他的畫面。

但是他知道，不去向殺死自己哥哥的凶手尋仇也要付出代價。他的社區把尊敬和尋仇劃上等號，對他不會客氣的。

現在四十四歲的他說，那是他這輩子做過最艱難的決定。「一般來說，不殺人似乎是很簡單的決定……但是，在我成長的地方，完全不是那樣的。」

他的選擇讓他從一個受歡迎的、和誰都處得很好的男孩，「變成大家躲避和排斥的男孩。他們說我沒用，說我膽小害怕……我讓大家失望了。」但是他接受了自己的圈外人地位。他的母親用她知道的唯一的方式盡力保護他們，他也要做他需要做的事情，保護母親。

他把注意力放在讀書和運動上。他隨時帶著一顆籃球，對社區幫派分子送出訊息，至少象徵性地，表明他屬於另外一個類型：不在幫派影響和威嚇的勢力範圍內。

籃球成為他升大學的路徑。畢業之後，他沒有成功進入職業籃球隊。一九九五年，一位朋友幫他在奧克蘭的假釋局找了一份工作。阿姆斯壯直接面對和他小時候沒兩樣的青少年。他知道，好孩子也非常容易被帶壞。他想要在他們受到懲罰或報復之前，引導他們朝著正確的方向走。他需要為社區創造一種不同的氣氛。於是，他決定加入奧克蘭警局。

在西奧克蘭長大，阿姆斯壯了解其他警察無法看到的隱形力量。一旦他開始巡邏街上，他能夠看到居民看不到的模式。

從警察學校畢業的第二天，阿姆斯壯在更衣室，他分配到的置物櫃就在一位社區非常有名的凶惡警察旁邊。這位警察在社區的綽號是：巴掌。他會巡邏街道，對每一個人凶，連小孩子看到他都會立刻逃跑。阿姆斯壯回憶說：「他會罵你髒話，你如果回嘴，他就賞你巴掌。」

現在，幾十年後，他們坐在這裡：阿姆斯壯和巴掌一起，並肩坐著，在同一個警察小隊裡工作。巴掌並不知道阿姆斯壯在他以前巡邏的社區長大。他跟菜鳥微笑打招呼，點頭說：「嘿，年輕人，你好嗎？」阿姆斯壯看著他，簡直不可置信。

這個人以前一直打擾他們的生活，把大家嚇個半死。他可以決定，他們應該好好走路或是快快跑開，或是被他打倒在地。現在，他卻看起來如此普通。阿姆斯壯回憶著：「就像一位善良的老阿伯。」

阿姆斯壯很難接受這個矛盾衝突的影像：更衣室的好人，竟然是街上製造恐怖的傢伙。現在的阿姆斯壯已經不是可以任人隨意攻擊的一個黑人，他也是警察了。這裡面有一層又一層他無法預期的複雜性。在很多方面，他都必須學習管理他的種族認同和警察身分之間的張力。

他記得有一次，大家開早會時，長官宣布一個強硬罪犯死亡的消息，大家開始鼓掌。他心中感到衝突。他說：「如果有人犯法，當然要讓他負責，但是我不會慶祝他的死亡。我想，在這些警察心中，他們覺得那個人不在了，社區會比較安全。」

他明白，即使是最強硬的警察，也非常想「保護社區」。但是，他們往往無法分辨壞人和好人，所以把每個人都當成嫌疑犯。結果造成憤恨，使得居民不再信任警方。當社區居民抗拒，不與警方合作時——證人不開口，受害者不指認加害者——有些警察會認為「只有我們才真正在乎」。阿姆斯壯說：「他們覺得『只有我們，只有我們在努力找出兇手』。這會強化了『我們對抗他們』的心態。」

阿姆斯壯腳踏兩邊，現在是奧克蘭警局副局長。他了解「不可以告狀」心態的根源和結果。他說：「對我而言，我總是感到失望。如果沒有人說任何話，我們就只能接受這一切還好了。我們在說：『我們可接受這一切。』……因為我失去哥哥的個人經驗，我知道，你不想要凶手逃避法律制裁。你不希望覺得，應該負責的人不用負責。但是社區不覺得警方值得信任，他們不肯告訴警方資訊。」他們害怕出聲，因為他們害怕警方無法或不願意保護他們。

不願意出聲的結果有兩個：警方更難破案，一小群罪犯可以隨意處置大部分守法公民。

阿姆斯壯說：「你要容忍暴力嗎？不，你不，但是你能做什麼呢？尤其是你和警方沒有關係？所以你等於是被迫待在家裡，自己過活，無法真正成為社區的一分子，因為周圍發生的事情……我認為，即使是警方，都不認識躲在牆後面的人們。」

剛剛成為警察的阿姆斯壯逐漸了解，在他的小社區之外，事情是如何進行的。他看到整座城市的犯罪趨勢，他認為是他的社區才有的模式，其實在其他地方也是一樣。即使在尋常的巡邏任務中，他也看到種族動力的赤裸裸證據。

當阿姆斯壯在交通違規事件中盤查黑人，駕駛會變得很緊張。他會到處摸索，試著找到駕照和保險資料。即使是資料齊全，阿姆斯壯也可以看到對方眼睛裡、聽到對方聲音裡的恐懼。

他說，如果他盤查白人，就完全不同了。對方往往會抗拒，會挑戰他：「你為什麼把我攔下來？」阿姆斯壯完全沒料到，竟然會有人對警察這樣說話。他已經被深深制約，一看到警察就會害怕。如果他穿的是便服，被警察攔下，他還是會和其他黑人駕駛一樣緊張。

看到五六十歲的成人面對警察的恐懼，讓他開始思考。他要當一個讓社區成員覺得受到尊重的警察。他說：「我有這個理想國的信念，我可以立即改變一切。」但是問題比任何一位警察或任何個人決定，甚至任何警局都更大。問題深深根植於長久以來就存在的心態中，認為好警力的基本元素就是本能和攻擊性。

阿姆斯壯回憶著：「很久以前，我加入警方的時候，他們就是這樣訓練我們。他們總是說：『信任你的脖子後面豎立的毛髮。』如果頸後毛髮豎立，這個人就可能有問題。」

「我心想：『可惡，這很主觀耶！』這完全是我的感覺，和別人完全無關。我無法理解……上週，我參加一個訓練，我還是聽到有人這樣說。」

公園中的無辜者

我才在加州蒙特瑞（Monterey）一個死刑研討會裡發言，我的丈夫里克（Rick）和我們的三個兒子從帕洛阿爾托（Palo Alto）來找我，一起去漁人碼頭（Fisherman's Wharf）這個觀光勝地玩。那天是二〇〇八年二月的一個晴天。

我們在蒙特瑞海灣水族館（Monterey Bay Aquarioum）玩得很開心，正在走回旅館的路上，在一個安靜的公園停下來休息。里克抱著最小的哈蘭（Harlan），他才四歲，靠著爸爸的肩膀睡著了。十歲的艾比和六歲的艾佛瑞特跑來跑去，消耗這個年齡的男孩用不完的能量。

我喘過氣來時，注意到一位警察接近一對坐在我們野餐桌旁邊的黑人男女。警察接近，注意著大約十六歲的男孩。我可以看到青少年緊張起來。雖然這是十年前，當時的我已經和警方合作得夠久，知道我不應該干預。同時，我也不想離開現場。

警察開始注意男孩。女孩在旁邊，緊張地研究著這兩個人，神情擔憂。我很驚訝，這個小小地方的氣氛忽然改變了。幾碼之外，我自己的孩子還在笑，在草地上玩——和我眼前的氣氛相反。直到此刻之前，整天的氣氛都很愉快。現在，我覺得某種邪惡的事情正在發生了。

警察檢查他們的身分證件，在無線電上呼叫查證。另一位警察開著巡邏車出現了。女孩打開手機，打了電話。她的聲音有一點點顫抖，說：「我不知道怎麼辦。我們只是坐在公園裡。我不知道他們為什麼盤查我們。我應該說什麼？我應該做什麼？」我可以聽到手機裡一位女性的聲音，但是無法聽清楚她說了什麼。我想像著她是一位母親，正在擔心得要命。

結果是附近剛剛有一起犯罪事件發生，男孩符合嫌疑犯的樣子。**男性黑人**。警察要求男孩站起來，一位警察拿出相機，開始照相，就在漁人碼頭旁邊的草地野餐區。

我看著自己的兒子，看得出來他們完全沒有注意到這個充滿情緒的互動。他們在玩球，又跑又笑，自在、安全。我看著他們一會兒。從我的角度，這幅畫面如此完美。

我轉頭看著僵硬站著的青少年，警察的相機喀嚓喀嚓響著，附近的家庭默默看著。我想著，如果有一天，我的兒子打電話來，聲音充滿恐懼，因為他或是他的朋友也被警察攔下盤查，我要說什麼。我忽然覺得全身僵硬，無法忍受地明白到，一旦兒子們長大，離開郊區童年的保護泡沫，將有各種方式可以澈底改變他們的生命。

我的男孩會長大，他們將感到恐懼，警察將看起來很可怕——除非我們都找到方法，脫離歷史的掌握。

第五章

自由人如何思考

一九九三年春天，我從哈佛畢業、得到心理學博士學位的前一天。在哈佛的六年並不容易。我是家族中的第一代大學生，在大學裡從來無法感到自在。在這裡，一個人身而為人的價值，完全取決於別人認為你有多聰明優秀。父親是我的模範——他在八年級就輟學了，出去工作養家。家庭需要他，他就挺身而出照顧家庭。

我在辛辛那提大學（University of Cincinnati）表現很好。然後我去了常春藤學校，周圍都是擁有特權的人，我有一點迷失方向，我試著了解研究所是怎麼一回事。有時候，生活像是無止盡的尷尬：總是有一些詞彙我不了解，某些豪華的地方我從未去過，教授演講時的某些隱晦參考只有我不知道。另一方面，這裡的資源驚人地豐富，總是不斷地有世界各地大學的學者來演講。哈佛是知識的寶庫，我不斷地吸收。即將畢業時，我聽說自己被選為畢業典禮時，隊伍中執掌藝術與科學研究院（Graduate School of Arts and Sciences）的兩位博士掌旗官之一。這是一個莫大的榮耀。我將領導幾百位各科系的畢業生走進哈佛廣場，然後我們將坐在幾千人面前，等著聽學校師長與全球領袖的發言。

畢業前一天，我並沒有在想這件事。我累得不得了，只想回到朋友艾波（April）在波士頓的公寓。艾波和我一夜沒睡，一直在煮東西，整個早上都在校園裡辦早午餐，招待師長。我們念研究所時，開了一家外燴服務，賺錢付房租和電費。艾波很會煮，我很認真努力、安排餐桌、準備食材。很多晚上和週末，我們為私人聚會做外燴，服務校園的學者和組織。我們的特色是醃過的芥藍菜、甜地瓜、塞了碎玉米麵包的烤火雞胸、上面有新鮮奶油的山核桃派。大家都很愛我們的道地南方食物，一切都是我們從新鮮食材親手做的。

六月的那一天，我們清理現場，把廚房用具和大盤子放進我的車廂裡，開回艾波的公寓。公寓離校園有二十分鐘車程，位於波士頓國民住宅區。艾波開車，我注意到後面有警車。他開啟了閃光燈。我們已經快要到住宅大門口了，但是我們靠邊停下。我們沒有超速。事實上，我們遵守波士頓所有的繁雜交通規定。波士頓有很多交通規定。我們完全不知道為什麼被攔下來，警察完全無意解釋。

他走近我們的車子，下命令：「我需要你們的駕照、行車執照和保險資料。」我們兩個都拿了證件出來，我在放手套的格子裡找保險和行車執照，然後拿給他。我的日產小轎車已經開了九年，是我離開家去上大學時，父母送我的禮物。車子用的還是俄亥俄州的牌照，登記在我母親名下。我們問警察為什麼攔下我們，他完全不理會，自顧自地走回他的巡邏車。我們無法想像發生了什麼事，或是我們為什麼被攔下。

幾分鐘之後，他回來了。他吼著：「這輛車子屬於你嗎？」我試著解釋，車子是登記在我母親名下，但是牌照已經過期六週了。「你媽媽名字是什麼？她哪一年生的？她的社會安全號碼是多少？」天啊！我怎麼會知道我媽媽的社會安全號碼？

我開口說：「我不確定……」話還沒說完，他轉身走回巡邏車。我們坐著等，安靜地猜想，他在懷疑些什麼。他覺得車子是偷來的嗎？我們離艾波的公寓只有幾步距離了，這裡住的都是低收入黑人。

等了很久之後，我們看見拖吊車出現，停在我們車子前面。司機開始放下器械，警察忽然出現在我旁邊。他說：「出來。」我沒有抗議。他又命令一次，更大聲了：「出來。」很明顯地，他要把我的車子拖走。「出來！」這一切都是為了一張過期的牌照？

我看著他，疲憊而無法置信，試著理解忽然發生的狀況。艾波和我工作了一整天又一整夜，此刻只希望不受打擾。但是這位警察出現了，決定他要拿走我們的車。他不告訴我們為什麼，不解釋任何事。他不聽我們說的任何話。他決定了，我們不值得他尊重。所以我做了決定：「不，我不離開車子。」我有權抗議。

警察呼叫支援。一輛巡邏車來了，又一輛來了，又一輛，又一輛。這時候我才開始害怕。警方支援車占滿了街道，我們的支援也開始占滿了人行道。至少有十幾個人，大部分是住在這些公寓裡的年輕男性黑人。他們開始走來走去，等著看接下來會發生什麼。

直到這時，我試著維護我的權益。但是當五輛巡邏車圍著我們，人們開始聚集時，我明白自己處於多麼容易爆發的情境。這時候，我待在車子裡已經不是為了反抗了，而是出於恐懼。在外面，有那麼多警察準備行動，我不知道我們會發生什麼事。我聽到一位女警吼著：「她們不肯出來。把她們弄出來。」我想像他們用一把刀切斷我們的安全帶。

攔下我們的警察伸手近來，打開我的安全帶，把我拉出車子。我記得艾波對我喊：「不要反抗！不要有反應！」聽著她的聲音，我站在人行道上，手放在背後，準備上手銬。警察拉起我的手臂，舉高，交疊在我的背後。然後他舉起我才四十七公斤的身體，整個用力摔到我的車頂上。動作發出的聲音很大，摔得我頭暈腦脹。我開始慌張。我無法呼吸。我的眼睛張得大大的，努力呼吸。一位路人喊著：「你還好嗎？」但是我已經無法說話。

我身體麻了，慢慢滑下車，掉在人行道上。警察給我上手銬，人群中有人喊著羅德尼．金（Rodney King）的那句名言：「我們可以好好相處嗎？」之前，金被洛杉磯警察毆打，引起全美民眾暴動。事發一年後，被控過度使用武力的警察被判無罪開釋時，金說了這句話。警察帶著我，走向巡邏車，我眼睛看著他的上司，請求地說：「你看到剛剛發生的事嗎？你看到他怎麼對待我嗎？」我聽到他的回應：「我什麼也沒看見。」警察推著上了手銬的我，把我摔進巡邏車後座。

我開始一再地吼著：「我要提出抗議！我要提出抗議！」他們把艾波和我用不同的巡邏車載到警察局，然後把我們一起銬在牆上。

* * *

偶爾，全美各城市都會因為設備相關的問題攔下車子——燈壞了、牌照過期、方向燈有問題、沒有繫安全帶——長期以來，警察都是這樣調查駕駛是誰、在做什麼、要去哪裡、為什麼。警察對於這些盤查擁有很寬的權限，最微小的懷疑也可以進行調查。很多警局認為，這些盤查是有效的打擊犯罪工具。但他們的盤查是基於直覺，反映了偏見，也激發了偏見，進一步深深造成種族不平等的對待。

事實上，黑人駕駛被攔下時，理由是警察自行判斷的儀器問題，而不是違規行駛的機率，是白人駕駛的兩倍。這是根據二〇一〇年到二〇一六年，我的研究所學生尼可拉斯．坎普對一千八百五十萬件交通盤查所做的大型分析得到的結果。澈查黑人駕駛的後果，不只是造成駕駛的不便而已，也可能種下長期的怨恨，讓守法的民眾也反對警方。

在某些轄區，關於設備問題的盤查，等於是對黑人和低收入戶的某種祕而不宣的稅收。他們被警察攔下來、開罰單，創造市政府的稅收。二〇一五年，中央政府在警方射殺麥克．布朗（Michael Brown）導致全國示威抗議之後，對佛格森（Ferguson）警察局的調查顯示，警察受命以非正式的罰單業績充盈市府財庫。司法部表示，這項政策使得他們「看待某些居民，尤其是住在佛格森、主要是非裔美國人社區的居民，比較不當作應該受他們保護的人民，而是當作可能違法的人，是市府的財政來源」。

黑人占了百分之六十七的佛格森人口，卻占了百分之八十五的車輛攔查和百分之九十的交通罰單。雖然黑人駕駛被警察搜查的機率是白人的兩倍，發現擁有違法物品的機率卻比白人低百分之二十六。

中央政府的調查結論是：「非裔美國人承受著比例不均的負擔，無法以不同種族的不同違法機率來解釋。而是……至少一部分是因為對非裔美國人的非法偏見和刻板印象導致的不平等。」

這種不成比例的對待會擴大人民的緊張，即便遇到的是溫和無害的交通攔查，都會很緊張。很多黑人——無論有沒有犯罪紀錄——在後視鏡中看到警車的閃光燈時，都擔心會發生什麼事情。他們擔心被懷疑，擔心不受到尊重，擔心警察會如何對付他們，也擔心自己會如何反應。

這些擔心都不是沒有依據的。美國每一年有大約一千人被警方射死，百分之十一的事件都始於交通攔查，原因可能僅僅是消音器太大聲或尾燈壞了。

我在史丹佛的研究顯示，尋常的交通攔查是否會升級成為事件的基本元素，可能只是警察對駕駛說話的方式而已。

警方與公眾接觸的形式中，最常見的就是交通攔查。然而一直到最近，都沒有人能夠分析大量的個人經驗，檢查引爆事件的因素是什麼。現在，警察戴在身上的錄影機讓我們可以在第一時間看到盤查過程。從巡邏車開了閃光燈開始，我們可以在一個一個互動中檢查，了解警察如何建立信任或銷毀信任。我們也可以用幾千件的互動，檢視廣泛的行為模式。

我和史丹佛的一群語言學家、社會心理學家和電腦科學家合作，檢視在尋常的交通攔查中，警察所用的語言，藉以嚴密測試警察和黑人駕駛與白人駕駛溝通時，是否有種族差異對待。

我們在二〇一五年到二〇一七年進行研究，分析了幾乎一千件交通攔查的影片，涉及兩百四十五位奧克蘭警察。從這些攔查的逐字稿中，我們找出三萬六千個警察對被攔查的人表達的言辭，包含：打招呼、說明、字彙、句子和觀察。

我們想知道，根據警察說的話，人民是否會認為警察跟他們溝通時，所表現的尊重有差別待遇。為了測量，我們邀請一組大學生評量四百一十四個不同語彙，用一到四的分數評估警察釋出的尊重、禮貌、友善、正式、無差別的程度。我們沒有告訴他們警察或駕駛的種族或性別。

評量發現，整體而言，警察表現很專業。但是根據評分，當警察跟黑人駕駛說話時，比他們和白人駕駛說話時，比較缺乏尊重、比較不禮貌、比較不友善、比較不正式、比較有差別。這些變數在概念上彼此重疊，因此統稱為「尊重」。

一旦我們理解了人們認為什麼是尊重的表現，我們用學習型機器自動分析了五十萬個交通攔查逐字稿的文字，統計出代表尊重的字，給每個字尊重的代表分數。我們再度發現，一般而言，奧克蘭警察都很尊重人民。但是，當我們依據種族區分尊重的分數時，發現了極具戲劇性的差別。

警察很明顯地更尊重白人駕駛，更會使用正式稱謂（例如「先生」或「女士」）、更會關心人身安全（例如「晚上平安」或「小心開車」）、更會提供保證（例如「別擔心」或「沒問題」）。

對黑人駕駛的「缺乏尊重」很快出現——攔查的五秒內，駕駛甚至還沒機會開口——並持續出現在整個互動過程中。這跟二十年前，我在波士頓被攔下來的經驗一致。

我們的研究顯示，黑人警察就像白人警察一樣，較不尊重黑人駕駛。駕駛的種族勝過警察的種族。事實上，在波士頓把我攔下來並逮捕我的警察，就是黑人。

幾十年後，佩戴式鏡頭問世，我所看到的模式，有一部分正是那天發生在我身上的情形。例如，從錄影機的影片中，我們的研究團隊看到，黑人駕駛比白人駕駛更晚得知自己為什麼被攔下來——在我的經驗中，直到拖吊車來了，我都不見得知道。如果警察在攔查的一開始，就顯得比較不尊重的話，駕駛後來往往會使用比較「憤怒」的字眼，表達更多的負面情緒。我還記得，我那天有多麼生氣，覺得自己完全沒有受到任何尊重。

單單根據警察的話，我們的研究者就能用一個簡單的電腦模型，預測被警察攔下的是黑人或是白人。

我們試著控制其他因素，但是無法用其他因素解釋警察語言上的差別對待。即使我們考慮到駕駛的年紀、性別、犯罪歷史、攔查地點、交通違規的嚴重程度，我們也發現明顯的種族差異。

我們無法經由研究精準地指出，語言中的種族差異到底從何而來。差別可能來自偏見，但是也可能反映了各種變數，例如警方與社區的關係、警察習慣性地表現出制度上的常態，甚至可能是他們懷著善意，刻意使用其他種族最熟悉的語言，以便和人民建立關係或連結。

但是我們知道，無論種族差異的源頭是什麼，造成的危險都高於受傷的感情或提高的音量。警察的語言和傳達出來的態度，可能降低黑人駕駛的合作意願，於是增加了互動升級的可能，最後導致原本可以避免的爭辯或逮捕——或更糟糕的結果。

奧克蘭人權律師約翰．波里斯說：「你在街上開車，你被攔查，你抗議，結果你得到有罪的判決。」波里斯是檢察官，也是公設辯護律師。「這就是輕微的交通違規如何變成一樁刑案。」

「輕微的交通違規」演變成為刑事案件，從而掌控了我。

不那麼自由

當我在波士頓被上了手銬而逮捕時，我從以前看電視的經驗知道，我可以打一通電話聯絡我的律師。當然，我沒有律師。我只有一張紙，我在紙上寫下了瑪格特．基爾（Margot Gill）的電話號碼。基爾是哈佛藝術與科學研究院的院長。才幾天前，她陪我復習身為畢業典禮掌旗官的角色：旗幟要舉多高、走哪條路、我最後要坐在前排的哪個位置。她說，如果有任何問題，都可以找她。我想，她絕對無法想像我會從監獄裡打電話給她。

我在電話裡說：「呃，我遇到一個問題，我在警察局，被手銬銬在牆上。」她要求和負責人說話，我把電話交給正在聽我們說話的警察。基爾和他說完話，也和逮捕我的警察說完話之後，我們就可以離開了。我不知道她跟他們說了些什麼，但是他們放下電話，把手銬解開，我們就離開了。

不像大多數逮捕，我們不需要付保釋金才可以離開。因為有重要人物幫我們說話，我們可以自行離開。

每一年，全美有超過一千一百萬人被關進地方監獄。幾乎四分之三都是非暴力犯罪（例如交通違規、小的毒品案子或公眾秩序違規），他們因為這樣而被逮捕、提出告訴，但是沒有被判罪。他們進到監獄，是因為無法負擔審判前獲釋的保釋金。幾個世紀以來，用現金保釋的系統裡，被告必須付一筆保釋金，金額由法院決定，以保證他們會出現在法庭裡接受審判。如果有錢或有資源，嫌疑犯就可以被保釋出來、回家。沒錢的人就只好被關起來。

以類似的犯罪而言，審前被關在監獄裡的比例，黑人是白人的四倍。部分原因是保釋金的估算要考量一些元素——工作是否穩定、被逮捕的歷史、家庭資源——而這些條件對年輕黑人不利。分析估計，男性黑人的保釋金比白人被告高出百分之三十五。

有人呼籲，保釋金系統的不公平現象需要改革。有幾個州正在修改僵硬的保釋金規定，將保釋金根據犯罪嚴重程度的計算方式，改成電腦化的風險評估工具，可以預測被告是否會出現受審。二〇一八年八月，加州成為全美第一個取消現金保釋的州，讓法官有更多的權力，運用電腦化的風險評估工具，決定在審判前不用把被告關進監獄，而是有其他選項。

這個政策確實可能拉近貧富懸殊的待遇，但也可能最終強化並制度化已經存在的黑白種族不平等。法官可能無法避免地受到潛意識的偏見影響，而且風險評估的計算已經對黑人有一些不利了。二〇一六年，公眾權益（ProPublica）調查佛州使用的風險評估系統，發現即使已經校正了犯罪歷史、累犯、年紀和性別，黑人被告被視為高風險的機率還是比白人被告高出百分之四十五。

在監獄裡待幾個月，等待開庭，可以摧毀一個人的生活：被告可能被解僱、被房東逐出去、無法付帳單而負債、失去孩子的監護權。很多被告絕望極了，渴望自由，於是當檢察官提出較輕的控訴作為交換條件時，他們會願意協商認罪，期望獲得短期監禁或立即釋放。他們因此終身有了前科，在租屋、找工作、投票和申請大學學生貸款時，都受到限制。效果可能不斷擴大，他們一直要到了後來，才明白自己已經身處漩渦之中，人生越來越失控了。

波里斯說：「大家認罪，因為不想被關。你會有公設律師，但是他們工作量太大了，會試著減輕自己的工作量。他們看著眼前的案子——沒有可以證明無辜的證據——就會建議協商認罪。」為了自由或短期監禁，「大家承認他沒有犯的罪……於是被吞噬進入一個他們不應該在裡面的系統。」

我們可以理解，黑人被告為何會決定接受協商認罪。一旦進入監獄，最無辜的人都可能遇到恐怖的事情。在公眾的眼中，每一項犯罪紀錄都是威脅，無論紀錄從何而來，都進一步將黑人和犯罪聯想在一起。

認罪協商的系統是很清楚的例子，制度性的做法可以直接影響我們的心智聯想。系統對黑人加壓，要他們接受罪犯的標籤，制約大眾，將黑人和犯罪聯想在一起。黑人因此陷在社會分隔島的另一邊，超過了我們道德關懷的範圍。

但是，協商認罪在犯罪執法系統裡是很強的力量。如果每一個案子都開庭審判的話，負擔很大，這個過程會瓦解掉。事實上，百分之九十四牽涉到犯罪的案件最終都沒有開庭。這些案件全都經過協商，被告同意認罪，交換比較輕的判決。

協商認罪的壓力來自各方，系統對檢察官施壓，也對被告施壓。協商可以節省法庭系統的時間和金錢，改善判刑率，一般都是朝這個方向執行。美國的協商認罪方式已經傳播到全球了。公平審判（**Fair Trials**）的研究發現，一九〇〇年，只有十九個國家用某種形式的協商認罪；到了二〇一七年，有六十六個國家使用這個方式了。在英國、澳洲和俄國，超過百分之六十的犯罪案件都以協商認罪結案。

在美國，種族不平等也滲入了這個過程。黑人被告比白人、亞裔、拉丁裔都更容易獲得需要坐牢的協商認罪，尤其是和毒品有關的案子。黑人也更可能仰賴免費的公設律師，狀況對他們更為不利。僱用私人律師的黑人被告，幾乎有兩倍的機率比使用公設律師的黑人更容易獲得減刑。

波里斯說：「你覺得自己總是在往上坡奮鬥。其實我們都是在滾輪裡，和系統奮戰。沒有真正的終點。這些人進來，你慢慢地陪他們走進監獄。」

之後

被逮捕的第二天，我的手腕還因為手銬太緊而很痛。胸部有三處淤青，都腫起來了。每次呼吸，我的胸部都很痛。但是我決心在畢業典禮掌旗。

幾天前，基爾院長就警告過我，旗幟很重。旗幟在一根很粗的木杆上端，我必須一面走，一面把旗杆舉得高高的，讓隊伍裡的幾百人都看得見，跟著旗幟走。

我舉起旗幟，緋紅色畢業袍子裡的身體很痛。痛楚讓我一直想到前一天的經驗。我明白自己差點無法參與劍橋的這一天，錯過美麗的一切，我一想到就心裡不安。音樂與歡呼聲陪著我們前進。我帶領畢業生走到哈佛廣場，一排又一排的白色木椅，面對為了畢業典禮特別建造的舞臺。

博士學生坐在最前面。我坐下時，感到一陣輕鬆——我全程舉著旗子，我通過了六年的奮鬥，我不再被銬在牆上。當他們唸出我的名字，我走過舞臺，接受我的文憑，前一天的陰影緊緊跟隨著我。

直到此刻，我都感到非常自豪。事實上，被警察摔倒的那一天，我才剛剛拿到我的論文。黑色皮面精裝，書背上用燙金印著我的名字和論文標題——〈當隱形遇見明顯〉（Where the Invisible Meets the Obvious）。

我的論文主題是：我們對別人行為的批判中，種族扮演的角色。我在哈佛花了好幾年，研究種族刻板印象和社會語言學。但是我做的所有實驗室研究都沒有讓我準備好，面對真實生活中的經驗：一位壞脾氣的粗暴警察決心懲罰我，他可以綁架我的未來和生命的可能性。這次經驗不只是短暫的失去自由，我還失去了我的安全感。我覺得前所未有的脆弱，我覺得被打敗。我一直專注於了解我們如何批判別人，現在我必須面對被批判是怎麼一回事了。

我的經驗尚未結束。領導畢業隊伍的第二天，我必須在法庭面對法官，他將決定我接下來的命運。

基爾院長和艾波陪我去法庭。我們都穿著套裝出現，準備面對法官以及宣判結果。法官叫我的名字，我們三個都往前站，法官唸出我的罪名：攻擊和毆打警察。

我們三個都倒吸一口氣。我才是被揍的人，怎麼會被告攻擊警察呢？

攻擊的控訴僅僅根據一份警察報告：警察幫我打開安全帶，以便把我拉出車子時，我把手指放在他的手上。

法官像我一樣，也覺得這個控訴十分令人不解。她坐得很高，我必須很努力才看得到她的臉，但是即使從遠處，我也看得出來，她很困惑。她開始翻警察報告，然後抬頭問：「雙方之間有語言障礙嗎？」院長回答：「不，法官大人。我們這邊沒有障礙。」艾波和我站在那邊，嘴巴和眼睛大開。

法官的表情從困惑轉而變成搖頭。她對法庭宣布：「坐在車子裡並沒有違法。我真的不懂……我要取消所有控訴！」她拿起木槌敲了下去，表示已經結束。她說：「艾柏哈特博士，你可以自由離開了。」

艾柏哈特博士。這是第一次有人如此稱呼我。那一刻，在那個情境裡，我聽到這個名銜，知道它所代表的一切，我無法呼吸。畢竟，畢業典禮那一天，恐怖的經驗猶新，我滿腦子想的不是慶祝獲得學位，而是我離開麻州劍橋時，會不會有犯罪紀錄。

仍然不那麼自由

我離開哈佛，把這件事情拋到腦後。想到它或討論它都令我痛苦——又一件把我和我的常春藤同事隔開的事情。但是它確實影響了我的研究，讓我把工作擴大到包含權力動力的影響，以及種族在司法過程中扮演的角色。

全球工業國家之中，美國有最高的入監率。我們的人口占全世界百分之四．四，但是關了全球百分之二十二的囚犯。二〇一七年，有超過兩百一十名美國人被關在監獄裡，其中幾乎百分之九十五刑滿會重新進入社會。

每一年，有超過七十萬美國人離開監獄。許多人離開時，身上只有一張公車票和一點零錢——五塊到兩百美金，要看是哪一州。三分之二在出獄幾年內又被逮捕。

大部分逮捕不是為了新的犯罪，而是沒有遵守剛出獄的假釋規則。強制督導使他們承受好幾年的監督和重新入獄。入獄原因很普通，包括沒有找到工作、無法付清法庭罰款和費用、沒有跟假釋官準時見面或錯過中途之家的宵禁時間。他們的假釋身分決定了他們在社會上的地位。即使沒有理由或合理懷疑，警察都可以隨時對他們攔檢搜身。

事實上，假釋犯的生活有許多限制，可以威脅到任何和他們長得相似或住在附近的人的自由。在很多黑人的都會社區，大家會抱怨，如果被警察攔下，警察問的第一句話就是：「你正在假釋嗎？」這個假設也會被用在守法民眾和罪犯身上，因為曾經入監的囚犯出現在公共空間，模糊了監獄囚犯和自由人之間的分際。

因為黑色皮膚在統計上以及刻板印象中，都與犯罪有關，種族可以被某些人視為犯罪的顯性標誌。

例如，在奧克蘭，雖然黑人只占了人口的百分之二十八，百分之七十的假釋犯和百分之六十一被逮捕的嫌疑犯都是黑人。基本上，這些種族不均的現象讓整個社區背負了犯罪的形象，鼓勵無差別的執法盤查，並讓自由與監獄的旋轉門不斷旋轉。

監獄經驗可以戲劇性地深化社會不平等的現象，有前科的人在生活的所有層面都被邊緣化，讓家庭與社區承受汙名。

進過監獄的紀錄能夠摧毀賺錢的潛力、限制住處的選擇、失去教育上的抱負。很多有前科的人無法住國民住宅、不能通過低收入住宅協助計畫、無法領取食物補助。在某些州，有前科的人不可以從事某些職業——牙科保健醫師、理髮師、養老院助理。即使沒有正式的禁令，許多雇主也不肯僱用有前科的人。

我們很難準確指出，過去的犯罪紀錄對於未來工作所扮演的角色。有犯罪紀錄的人往往缺乏其他人的工作技巧、工作經歷、工作倫理。研究顯示，種族和犯罪歷史都能影響僱用的決定，讓剛出獄的人非常難以找到工作。

二〇〇三年，現在已經成為經典的研究中，社會學家狄瓦．沛哲（Devah Pager）虛構履歷，其中除了是否有犯罪紀錄以外，在各方面都仔細包含了類似的條件。她訓練黑人和白人（年紀和風格近似）帶著這些履歷，去申請密爾瓦基三百五十個無需專業技術的入門工作。

結果發現，雇主比較不會給有犯罪紀錄的人回電話，也比較不會給黑人回電話。事實上，即使是沒有犯罪紀錄的黑人，機會都比有犯罪紀錄的白人少。

多年後，沛哲和同事用同樣方法繼續研究，這次用了紐約市兩百五十個初級的入門工作，發現犯罪紀錄對黑人而言，影響特別大。

有犯罪紀錄的白人申請工作時，比履歷相似的黑人較容易獲得面視機會。面視是建立關係的機會，產生的後果也不同：白人比較容易說服對方，無妨在他們身上冒險一下。有犯罪紀錄的白人比沒有犯罪紀錄的白人，多了百分之三十的機會不被僱用；有犯罪紀錄的黑人則比沒有犯罪紀錄的黑人，多了百分之六十的機會不被僱用。

待過監獄之後，種族不平等幾乎存在於生活的每一個層面。這個時代有大量的監獄囚犯，就連非裔美國人結婚率降低也和種族不平等有關。我的丈夫里克・班克斯（Rick Banks）是史丹佛的法律學者，他在他的《婚姻只是給白人的嗎？》（*Is Marriage for White People?*）書中指出，一九五〇年代，美國黑人和白人的結婚率相等。但是，過去四十年裡，黑人結婚率大幅下降，因為更多的男性黑人被關進監獄，刑期也不斷拉長。

這些男性消失了，家庭負擔使得整個黑人社群變得不穩定。大量監獄囚犯的漣漪效應，對兒童的影響尤其巨大。根據全國兒童健康調查（National Survey of Children's Health）數據指出，有五百萬兒童——住在美國的兒童總人數的百分之七——有一位父母現在被關在監獄裡或以前曾經入監。

這些兒童成長時，往往缺少社會和經濟資源。他們可能住在親戚家，或被送進寄養家庭。他們可能成績不好，在學校有行為問題，還有精神與生理健康問題，例如焦慮、憂鬱和氣喘。他們比別的兒童更可能之後也進了監獄。

入監服刑的人

在統計數字後面，這些是真正的人、真正的生命。我想要知道更多關於這些在系統中翻騰的模糊身影，這些囚犯在入監之前發生了什麼事——這些因犯罪司法過程容忍並創造巨大種族不平等，而被逮捕、判決有罪、判刑的幾百萬名男女。

聖昆丁（San Quentin）是加州監獄系統裡最古老、最惡名昭彰的監獄，死刑牢房中有超過七百名死刑犯等著處決。過去四十年中，因為注射毒液過程在法律上充滿挑戰，以及冗長的必要個案審查制度，州政府只處決了十幾位死刑犯。結果就是，死刑牢房不斷擴大。聖昆丁現在擁有全美四分之一的死刑犯。

但是聖昆丁也擁有全美最成功的監獄教育計畫之一。監獄大學計畫（Prison University Project）每年提供二十個文科課程，老師都是大學教授。截至目前，有超過一百六十二名囚犯修了足夠的學分，獲得副學士學位。

研究顯示，在監獄中參與職訓或學術課程的囚犯，比其他囚犯有高出百分之四十三的機率不會再犯，不會回到監獄。但是美國只有三分之一的監獄提供教育或職業訓練。雖然，教育投資的經濟效益非常明顯，然整體而言，監獄並沒有提供機會，幫助囚犯做好準備、重返社會。協助囚犯重新進入社會的成本，比再一次入監服刑的開銷來得少。

二〇一〇年，我去聖昆丁當志工，教三十位囚犯初級社會心理學。我想了解他們的人生，同時分享我的工作。我希望他們覺得課程有用，而不是讓他們感到喪氣。我也希望他們的洞見可以豐富我的研究。

監獄位在風景明媚的半山腰，眺望著舊金山灣（San Francisco Bay）。一旦踏進了大門，機構本身則讓人覺得氣氛嚴肅、管理嚴格。我走進去時，必須通過兩道大門，接受武裝獄警檢查。我必須高舉雙手，讓他們用金屬探測器搜身，然後伸出手腕，讓他們蓋上隱形的章。這個章可以讓我進入一個兩邊都是沉重鐵門的突出空間。鐵門關上，把我一個人關在裡面，直到另一位坐在防彈玻璃後面的獄警按了開關，讓我進入內院。

我往教育中心走，經過死刑犯住的建築物，又經過外牆寫著大大的「適應中心」的另一個建築物。我走下山坡，往教室走去。我看到十幾位囚犯一小群一小群地，在一片很大的空地聚集。這個景象意外地讓我心情混亂。我明白我住在北加州，從沒有一下子看到這麼多黑人聚在一起。到處都有黑人走來走去，我經過的時候，囚犯對我微笑點頭，像是街坊鄰居、大叔和表哥似的。

我不應該對於看到一堆黑人臉孔感到驚奇的。雖然黑人只占了美國人口的百分之十二，全國幾乎百分之四十的監獄囚犯都是黑人。過去四十年，美國每一個種族的入監服刑率都一直在攀升——提高了百分之五百——窮困黑人的攀升更為嚴重。

根據社會學教授布魯斯．魏斯登（Bruce Western）的研究，出生於一九四〇年代的男性黑人，如果高中沒有念完的話，三十歲之前，有百分之十七的機率進入監獄。相對地，男性白人的高中輟學生則只有百分之四。我這一代的男性黑人，機率就更高了。一九六〇年代出生的男性黑人中輟生中，幾乎有百分之六十入監，類似處境的白人則是百分之十一。

犯罪率升高無法完全解釋種族不平等和監獄人滿為患的問題。事實上，過去二十年，全美的犯罪率下降很多，但是入監率卻持續攀升。大部分是因為我們處理犯罪的方式改變了：「向毒品宣戰」的政策對倒霉的快克上癮者祭出嚴重處分。然後又開始了「三振出局」的判刑政策，對慣犯採取更嚴厲的處罰，對更多的犯罪行為要求入監服刑。加強判刑的政策——一九九〇年代，有幾十州執行這個政策，當時的幫派暴力和毒品相關的犯罪達到巔峰——對年輕男性黑人尤其不利。

一九九四年，加州的三振出局判刑法（Three Strikes sentencing law）經過百分之七十二選民贊成而開始執行，是全美最嚴厲、最普遍執行的一州。接下來二十年，數據顯示，像加州這樣嚴厲的法律——第三個好球可能只是很小的犯罪，例如從車子裡偷了價值一塊美金的銅板——並不能減少犯罪。但是法律確實大幅提高了監獄裡的人口，越來越多人為了相當輕微的犯罪服刑很久。這些被三振的囚犯中，黑人的比例特別高。

在加州這樣的背景下，一群史丹佛法律學者在大衛．米爾斯（David Mills）的領導之下，於二〇一二年開始修改法律，讓無期徒刑只適用在第三個好球是「嚴重或暴力」犯罪的時候。我的同事蕾貝卡．海提和我開始思考，對於種族在監獄中所占比例的認知，是否會影響大家支持放寬法律。

我們設計了一項研究，詢問加州選民是否認為法律過於嚴厲，並給他們看囚犯的逮捕照片。唯一的變數是照片中有多少人是黑人。當我們總結了參與者的回應之後，發現經過我們的操控，當我們讓監獄顯得有「越多黑人」時，選民**越不願意**支持放寬法律。

看到百之二十五囚犯是黑人（這是真正的監獄人口比例）的參與者，有超過一半的人願意簽署請願書，停止三振出局的嚴厲法律。但是看到監獄裡有百分之四十五是黑人（這是我們設計的，並非事實）的參與者之中，只有百分之二十五願意支持比較不那麼嚴厲的法律。監獄裡的黑人越多，公眾越願意懲罰罪犯。

最後，他們收集到了足夠的簽名，成功將請願放進二〇一二年十一月的選票上。改變政策的提案不強調種族議題，而是強調節省納稅人的錢，並且對犯罪有效。提出的方案高票通過。

＊＊＊

去聖昆丁上課的第一天，當我走到教育大樓，一排囚犯正在魚貫進入上課的教室。教室逐漸坐滿了，我聞到淡淡的、但是再明顯不過的象牙牌肥皂的氣味。我長大的時候，家裡總是飄著這個味道。新鮮的味道似乎代表了我即將進行的平衡動作：在一個如此乾淨，又如此骯髒的地方教學——極為陌生，卻又深刻地熟悉。

我開始的方式，和我在史丹佛每個學期開始的方式一樣：我請學生說他們的名字，以及為什麼來上這堂課。

一個一個地，他們介紹自己。有些人來上課的原因是我預料中的：覺得主題有趣，或是他們需要學分以完成大學學位。

我也得到一些從未聽過的原因：有幾位想上課，才有話題跟家人分享。這是他們與家人保持連結的方式。一位個子高高的囚犯，大約五十出頭的黑人，擔心他女兒過度憂鬱。他希望上這個課，學到一些他可以用的東西，幫助女兒度過困難的時光。

還有一位菲律賓男人，我猜四十歲。他從十四歲起，就被關在這裡了。他說：「我已經知道在聖昆丁裡面，事情是怎麼一回事了。我來上這門課，是因為我想知道自由的人是怎麼想的。」

他的整個成年生命全都在監獄裡度過，他渴望了解入監服刑如何扭曲了他的世界觀。我站在他面前，沒有意識到，我被一個將他這種人去人性化並拋棄的社會制約了。現在我驚覺到，我們兩個在那裡，都稍稍更靠近自由了一點點。

身為教授，要我做出這樣的改變很不容易。我準備要演講了，但是這裡沒有我習慣使用的工具：沒有電腦、沒有網路、沒有幻燈片。只有一架古老的投影機，有限的幾張透明投影片。我被迫重新思考我的演講方式。我很快地了解，我需要光憑我的聲音吸引囚犯的注意。忽然，教室顯得非常安靜，我顯得非常渺小。

我試著站穩自己，大家都充滿期待地盯著我看。這門課我教過十幾次了，內容記得滾瓜爛熟，可是我完全亂了陣腳，一開始說得結結巴巴的。

我流了一身汗。我很緊張，但是我不知道是因為我在不熟悉的地方教課，還是因為我教的對象。或許只是因為房間很熱，我就站在散發著熱氣的投影機下面。我確定知道一件事：擁擠的教室感覺像是一個平行宇宙，我沒有任何指引，無法詮釋即使是最基本的事物。

我發覺自己很清楚地注意到自己的肢體動作，試圖找到自己安心的舒適圈。甚至坐在桌前的一位囚犯稍稍地變換了一下姿勢，我都可以注意到。我看到一個人舉手，心跳忽然加快。我提醒自己，這只是一個學生問問題而已，不需要緊張。但是當一位囚犯忽然站起來、走向我時，我慌了。**他在做什麼？他們在教室裡可以自由走動嗎？接下來會發生什麼事？如果出了事，門外的警衛一定會干預吧？**

我偷看教室後面的窗口，看看獄警是否有反應。這位囚犯走過了我的身邊，走到門口，走出教室。我不知道能做什麼，我不知道我是否應該告訴誰。

結果，這位學生只是去上廁所——在學校裡，這種狀況我見過幾千次了。但是我在監獄裡卻覺得極為不安，我無法信任自己能否正確解讀即便是最簡單的行為。我感到恐懼。我感到疲憊。我發現自己正處於偏見極容易被激發的狀態中。

當時，我正在研究非裔美國男性的肢體動作是否被視為比其他人種更有攻擊性、更有威脅性。忽然，我覺得自己像我的研究中的參與者。當那位男性黑人站起身，走到門口時，我以一種強烈而生動的方式體驗了生理上的反應。自動地，我自己的偏見出現了。

課程繼續下去，我的不安逐漸減弱。只上了一兩堂課，我就覺得自在了，開始能夠欣賞學生帶給我的一切。我從尋找獄警變成希望他不在場，因為只要有他在場，課堂討論就會沉寂下來。只要他一靠近教室，學生就僵住了，對話就冷掉了。

沒多久，我們的課堂成為一個受到保護的地方。在這裡，我們可以暫時忽略聖昆丁的文化習俗。在監獄裡，種族和族群分裂囚犯。在我們的課堂中，不同種族的人難得可以融合在一起。我無法了解種族隔離的情況有多麼嚴重，直到有一天，三分之一的學生沒有出現。我正在等他們出現，一位黑人學生說：「白人學生今天不會來了。」我教書這麼多年以來，在學術圈子裡，從來沒有聽過有人這樣說。

原來，聖昆丁的白人區出了一些問題，所有白人囚犯都不准離開囚室。沒人知道限制會持續多久。過了兩週，我才再次看到我的白人學生。

一般而言，監獄裡不同的種族會分開住。雖然從二〇〇五年開始，法律就禁止監獄進行種族隔離，加州監獄——監獄過度擁擠，囚犯都有各自的幫派——長久以來都還是靠著種族隔離來管理囚犯、減少緊張、控制幫派暴力。囚犯的居住、吃飯和社交都像是古早美國南方執行吉姆·克勞（Jim Crow）種族隔離法的時代。我覺得我好像走進了活生生的歷史書本。

監獄的做法塑造了、也反映了囚犯的生活。隔離不是規定，而是自動執行的文化，並受到機構強化——創造出製造偏見的完美實驗室。只和種族相同的囚犯交朋友是保持安全的方式。跨越種族的界限會讓你被拋棄、被放逐，或受傷，或更糟。

但是在我的課堂內，囚犯自由發言，不在意種族界限。黑人、白人、拉丁裔、亞裔都變成了個人——想法以及對世界的觀點都很有趣的同學。

每一次上課都提醒了我，教育的力量可以讓我們超越偏見，也提醒了學生，偏見的力量塑造了他們的人生。

一開始，我將典型的社會心理學課程內容修改成專注於種族與犯罪。我選擇討論我認為囚犯會覺得對他們的人生特別重要的議題：種族剖析、警察使用武力、錯誤認罪背後的科學、陪審團成員的選擇過程、目擊證人的證詞、犯罪司法系統中的種族不平等。我很努力地將大的社會心理學概念，變成我覺得對監獄裡的學生會有意思的具體主題。

我花了一些時間，才明白我太低估他們了。我的課程內容反映了我自己單方面的思想。這些人在實際生活中，比他們的刑期更豐富多了。

後來發現，他們的興趣和我在史丹佛教的大學生沒有什麼不同。他們想要了解心理學的基本原則——自我的價值、文化的角色、歸屬的需要、受到接納的基本欲望。

我把他們限制在他們的囚徒自我裡了，這是他們整個自我的一部分而已。他們渴望超越監獄給他們的限制，探索用來指引作為社會人的人們的一般想法和理論。

我很驚訝，發現我自己也比較喜歡這樣的課程方向。我可以感覺到，這些男人認真思考課程內容，試著運用在自己的人生上。我可以看到我們研究的科學協助他們了解自己。我們的課程討論讓他們暫時脫離監獄裡被強化的孤立感，讓他們覺得他們是更大的普世人類的一部分。

教他們的幾個月裡，我的眼界也變得更寬廣了。在我教了很多年的主題上，學生的觀點讓我看到新的、有意思的思考方式。他們在課堂討論時的心智交換非常有活力，但是面對基本學業要求時，就很困難，表現出令人難以跨越的教育鴻溝。

最後的課程作業是交報告，主題可以自由決定。我們討論過報告形式、如何研究和內容。我以為我讓他們有了充分的準備——直到他們交出報告的草稿。

我從未見過寫得那麼糟糕的文字。這些人有很多在課堂上顯得那麼有智慧、有思想，寫起報告卻像是小學生。

我不想壓垮他們的熱誠，但是我決心好好做我的工作。我不能假裝他們寫得很好。我拿出紅筆，在他們手寫的作業上寫著：**你這裡在講什麼？……我不懂你的理論是什麼……這跟你的主題有什麼關係？**

回到課堂上時，我看得出來他們很興奮，想知道我的回應是什麼。我想到他們的報告幾乎是滿江紅，就忍不住畏縮了。我為什麼要這麼嚴厲？我試著讓打擊不要那麼大，解釋著說，我的眉批都是為了讓報告看起來更好。

他們對教授的不安感到困惑。他們問我，**我的史丹佛學生無法接受嚴厲的回饋嗎？**我說：「有時候。當人們一輩子習慣得到正面回饋，你卻跟他們說別的……」我看到他們臉上微微露出饒有趣味的表情，我及時閉嘴了。

我試著讓他們有心理準備，接受他們人生中的常態——負面回饋。對他們而言，批評只是生活的方式。他們無法理解，我的嚴厲只是誠實而已，為什麼我會覺得必須保護他們。

一個學生提醒我：「我們之中，有的人在服無期徒刑，我想這一點紅色的批評我們還承受得起。」

我把報告發下去。他們全都低頭閱讀我的眉批。過了一會兒，他們抬起頭，有些人感動得快哭了。一個人說：「我根本無法相信。有人願意坐下來，花這麼多時間改我的報告，想著要怎麼讓報告更好，我可以怎麼改進。我以前從來沒有這樣的經驗。」

在提交最後完成的報告之前，我給他們再一次的機會修改，第二次交上來給我，我會給回饋意見。班上每一個學生都把握了這次機會——即使用了我的建議意味著重新手寫十五頁的報告，用鉛筆在筆記本上一行一行地寫。我也批改了這些稿子，他們第三度重寫報告。他們渴望難得的確認，渴望被聽到。

我的學生懂的夠多了，明白讓他們入監的壞選擇和壞運氣。但是這並不表示他們完全放棄了救贖自己、成就和教育的希望。

同時，在我的課程裡，他們學到他們身為囚犯，在更大的社會結構中是如何的存在。有一天，他們清楚看到了這一點。我用投影機放一張圖表，強調入監率升高的同時，黑人囚犯的比例特別高。我帶著他們看那些數字，學生坐著，驚訝不已。當我伸手拿走這張圖表時，一隻手舉起來了：「你可以再給我們看那張圖表嗎？」其他人也出聲要求。他們盯著圖表看，好像裡面有他們從未接觸過的真相揭曉。

對我而言，圖表只是描述他們每天所處的環境。對他們而言，圖表提供了看待那個世界的新方式。在對於社會不平等的更廣泛公眾討論中，他們自己個人的糟糕人生，才是真正的數據。

就像經過幾十年的研究和分析之後，我明白了自己在波士頓被逮捕的經驗是更大的城市警力執行任務的一部分，我的學生開始學到，他們是比他們自己更大的事物的一部分。他們不只是被關在某個監獄裡的某個人，他們是更大的模式裡的一部分，是整個美國的警察局、法庭和監獄的一部分——是我們國家堅持要大量關人的政策的一部分。那個學期，我們一再地討論那張圖表。他們討論圖表裡涉及的種族影響的方式，常常讓我驚訝，讓我以新的敏感度形成我的觀點。

課程快要結束時，我為學生介紹了一個經典的社會心理學研究，測量其他人在場將如何影響一個人對危險的觀點。

一九六八年，研究者畢伯·拉譚（Bibb Latane）和約翰·達利（John Darley）讓參與者坐在房間裡，完成一份問卷。有些人單獨在房間裡，有些人和另外一些學生一起坐在房間裡。參與者不知道，這些學生也是研究團隊的人。

在這兩個狀況中，參與者填寫問卷，一扇關著的門下方有一個縫隙，白煙一直穩定地從縫隙冒進房間。研究者計算參與者過了多少時間才站起來走出去。

獨自待在房間裡的學生中，有四分之三的人假設白煙代表緊急狀況，於是離開以避免危險。

身邊有別人圍繞的學生則做出不同的判斷。周圍那些人其實早就知道狀況，被要求忽略白煙，繼續寫問卷。參與者有百分之九十跟隨他們的榜樣，留下來繼續寫問卷，即使白煙充滿了房間都沒有離開。只有百分之十的人對緊急狀況做出反應，走出房間。

研究中沒有種族元素——至少我以為如此。我把標準結果告訴全班，就像我所受過的訓練：這個研究顯示，我們會看別人的表現，以決定如何詮釋狀況。緊急狀況只有在我們身邊的其他人認為是緊急狀況時，才算是緊急狀況。

但是我的學生以不同的看法詮釋研究結果。一位學生說：「你並不是看**任何人**來決定有沒有危機，只有某些人才有效。」

其他學生也這麼認為。好多年來，他們都在抱怨——從監獄對話，到正式的法律簡報——種族偏見一直在毒害犯罪司法系統，但是從來沒有人受到影響。

一個學生說：「越來越多黑人陷在系統裡，沒有人認為這是一個問題。如果我們看到煙，大喊『失火了！』，沒有人會聽到。沒有人聽，沒有人動。」全班同學都點頭同意。

值得一死

正如監獄裡關的是社會認為太危險、不應該走在街上的人，死刑——最高的懲罰——則留給那些社會認為太邪惡的人。

美國是全世界仍然處決罪犯的四個工業國之一——還有日本、新加坡和臺灣。二〇一八年，死刑在美國五十州中的三十一州合法。幾乎所有這些州裡面，都由陪審團決定誰可以活下來、誰必須死。

當陪審團決定要不要判死刑時，他們的思考必然包括報復心態：**我們要懲罰他到**

什麼地步，才能讓他犯下的罪惡得到正義制裁？什麼樣的懲罰才符合公義？

這個方式給加害者和受害者的生命都貼上了價值。在美國，死刑呈現的種族不平等，和美國如何看待白人和黑人生命價值的歷史一致。

死刑案中，賭注很高，種族就是正義之秤上面加上的那根拇指。幾十年的研究顯示，謀殺白人的人比謀殺黑人的人更容易得到死刑判決——即使考慮過可能影響判決的非種族因素之後也是如此。

在一項重要的研究，也是截至目前最完整的研究中，犯罪學家大衛・波德斯（David Baldus）發現，不但謀殺白人的人比謀殺黑人的人更容易得到死刑判決，同時，黑人被告比白人被告也更容易得到死刑判決。

死刑的哲學基礎就是：邪惡的人「罪有應得」。十八世紀哲學家康德（Immanuel Kant）曾說過很有名的一句話，反映了這種思維：「懲罰應該根據罪犯的內在邪惡程度，成比例地宣判。」

內在邪惡的外在代理人是什麼呢？我的研究顯示，光是黑人的容貌特徵就足以讓他更可能被判死刑。如果受害者是白人，被告容貌越符合黑人的刻板印象，就越可能獲得死刑判決。就像監獄黑人越多，公眾越會支持犯罪司法政策採用嚴厲的懲罰一樣，被告的黑人特質越多，陪審團越傾向於最重的判決。

為了斷定外在相貌對陪審團決定的影響，我的團隊用了波德斯所收集、可能判死的罪犯的照片——一九七九年到一九九九年之間，費城犯了死罪的男性黑人。我們找了一群完全不知道我們在研究什麼的人，請他們對每一張照片評估臉孔有多麼符合「刻板印象的黑人」。我們告訴參與者，他們可以根據任何元素評分，包括膚色、臉部特徵和頭髮質地。

我們將他們給照片的評分和真正的判刑對照比較。黑人殺死黑人的案件中，完全沒有刻板印象的影響。臉部「非常符合刻板印象」的男人，和最不符合刻板印象的男人，獲得死刑的機率完全一樣。

但是，當黑人被告殺的是白人時，我們發現刻板印象有很強的影響。不符合刻板印象的黑人被告中，只有百分之二十四被判死刑。「非常符合刻板印象」的黑人被告，則有百分之五十七被判死刑。

只是看起來「更像黑人」，就可能有兩倍的機率被判死刑，即使我們已經控制了其他因素，例如犯罪的嚴重程度、使之惡化的情況、減罪的細節、被告的社經地位，以及被告是否被認為有吸引力。

這個結果讓內隱種族偏見達到另一個層次了。不只是身為一個群體的成員會影響別人的認知，而是個人的相貌激起致命有害的刻板印象，認為黑人天生危險，應該消滅。這表示，我們的觀點、犯罪司法過程、制度都仍然受到原始的種族印象影響。

確實，多年來，我們對內隱偏見和偏執不斷讓步，讓偏見和偏執滲入了全國對公平和自由的觀點。

一九八七年，最高法院裁定維持華倫．麥克雷斯基（Warren McCleskey）的死刑判決。麥克雷斯基是一位喬治亞州男性黑人，殺死了一位白人警察。法庭考慮了波德斯對

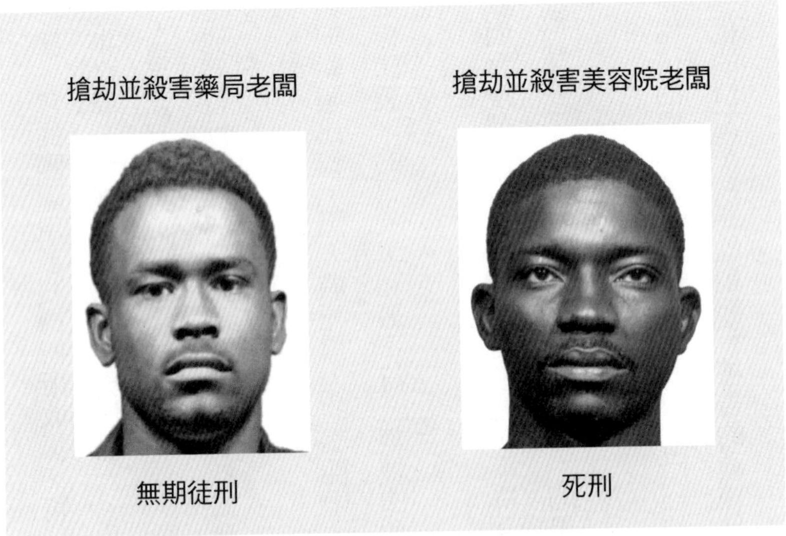

波德斯數據檔案中的兩位死罪被告。雖然被告犯下同樣的罪，左圖的被告獲得無期徒刑，右圖的被告獲得死刑。

兩千五百位喬治亞案件的研究，其中顯示死刑判決中存在戲劇性的種族不平等現象。最高法院法官路易斯．包威爾（Lewis Powell）負責為五人小組寫宣判文，他承認「種族確實造成不一致性」。但是他選擇忽略統計上的證據，「在我們的犯罪司法系統中，判決的不平等是無法避免的。」

這個裁定引來法律學者和人權運動者的不滿，甚至被稱為「現代的德烈德．斯科特（Dred Scott）判決」（譯注：十九世紀美國黑奴訴請獲得自由但是失敗的案子，當時舉國譁然，被視為導致南北戰爭的導火線之一）。大家擔心這個判定會將制度性的種族偏見視為可以接受的現況。此判決的影響直到今天仍然可見，在任何階段的司法系統中，都很難挑戰種族偏見，除非有證據顯示刻意的歧視。

包威爾擔心，如果推翻麥克雷斯基的死刑判決，將會打開大門，引進各種與「人為」變數相關的歧視訴訟，他寫道，「甚至性別」或是「被告的臉部特徵」。

兩個月後，包威爾法官從最高法院退休了。後來他說，他對這個案子的決定——導致麥克雷斯基被執行死刑——是他一生唯一後悔的法庭判決。

第六章

恐怖的怪物

問題看似無害。我的大兒子剛開始上小學，他想知道他的母親做什麼工作。他問：「我知道你是社會心理學家，但是社會心理學家到底是什麼？每次有人問我：『你媽媽做什麼？』我這樣回答，都沒有人知道那是什麼。我也不知道還能告訴他們什麼。」

我解釋說，我研究人類行為。我試著了解人們為什麼有某種思考和行為。我跟兒子解釋整套研究：「我把陌生人帶到實驗室，記錄他們在不同情況下有何反應。我可能給他們看某種臉孔多於別種臉孔。我可能給他們看電腦上的臉孔，然後看他們是否喜歡某些臉孔勝於其他臉孔。如果他們很累了，或是心情不好的時候，是否很難記得這些臉孔？房間裡有其他人的時候，是否反應會不一樣？」

我可以看到他正在想像媽媽在實驗室裡工作的樣子。我對於我們的對話覺得滿高興的。然後他提出一個問題，聽起來像是恐怖電影裡的場景。

「你有沒有曾經請人來實驗室，把他們放在一個**情境**裡，然後進行到一半的時候，可怕的怪物從電腦螢幕後面跳出來，大吼：『啊！』？」他舉高雙手，彎曲手指，假裝是可怕怪物的爪子，傾身向我，好像他要傷害我的樣子。

我們兩個都笑了，想像著怪物滲透了我的研究實驗室。然後我慢慢地明白，這個想法其實並不好笑：我工作時，確實一直在面對可怕的怪物。

關於恐怖怪物的科學

兒子還在念幼兒園大班時，我正在進行臉部辨識的神經影像研究。我剛剛開始一項關於種族和神經科學歷史的計畫。我計畫寫一篇文章，檢視科學家如何用神經科學方法研究種族——從幾世紀以前，一直到現在。那一次，我回顧過去文獻內容發現一件事，吸引了我的注意，同時也讓我覺得不可思議。

我搜尋十九世紀知名學者寫的文獻和報告，他們試圖解釋為何黑人天生劣等。我的旅程一開始就遇到了可怕的怪物：最可怕的種族偏見。

當運往歐洲和美洲的奴隸貿易成為繁盛的經濟系統時，征服與虐待幾百萬非洲人的行為被科學合理化了。科學家紛紛宣布黑人奴隸不完全是人類的理論。

一七九九年，英國知名的查理士·懷特（Charles White）醫師提出基於經驗主義的證據，支持人類祖先有許多個不同的起源地，種族特徵自然有優劣高低順序。懷特在他發表的《人類等級報告》（*An Account of the Regular Gradation in Man*）圖文書中，描述了不同種族的生理特徵——顎骨深度、頭顱大小、手臂長度、枕骨角度——宣稱每一個種族都是不同的物種，具有不可變的特質。

他寫道，歐洲人是「離畜生最遙遠的物種」。非洲人最低級，只比猴子和猩猩好一點。黑的膚色被視為他們比較原始的證據。

懷特檢查了五十個黑人身體，並寫道：「非洲人似乎比其他人類物種都更為接近原始形態。」他認為黑人有幾個優點——嗅覺靈敏、記憶力強、特別高超的咀嚼技巧——比較像狗和馬，而不像人類。

懷特的發現和當時人對大自然的看法一致：「大自然展現一連串的生物，有各種不同的智力和行為能力，適合整體中的某些環境。」黑人純粹就是更接近動物。

懷特的書出版的同一年，山繆．喬志．摩敦（Samuel George Morton）生於費城的一個桂格（Quaker，譯注：一個樸實的基督教派，反對傳教，主張人人生而平等，曾有組織地大力協助南方黑奴逃亡）家庭。他後來成為國際尊崇的科學家。他是醫生，也是哈佛教授。他用動物屍體的解剖細節創建了生理人類學的領域。

摩敦喜歡收集和研究人類頭骨。一八二〇年代和一八三〇年代期間，他收集了一千多個世界各地的頭骨，根據種族分類。他相信他可以經由測量頭骨容量，知道一個種族的智力。他在頭骨裡灌注熔鉛，估計腦容量。他發現，歐洲人的腦容量最大——其中又以英國人的腦容量最大。

他寫道，白人「智力最高」。美洲原住民「學習知識緩慢、躁動不安、喜歡打仗」，非洲人「歡樂、有彈性、懶惰」，這些都代表「最低級的人類」。

摩敦就像懷特一樣，認為歐洲人、亞洲人和非洲人是不同的物種，而歐洲人明顯最為優秀。美國內戰前，投資綁架和買賣非洲奴隸的人，以及想要帶給美國原住民

「文明」的人，或是乾脆想消滅他們的人，都十分贊成這個理論。

如果這些族群不算人，或是至少不算是跟白人一樣階層的人，就不需要為他們的厄運有罪惡感了。仰賴黑人奴隸勞動的美國經濟發展，也不用受到道德威脅了。幾乎有兩百五十年，黑人像是財產般被買賣交易。

摩敦死於一八五一年，但是一小群科學家繼續將他的工作抬高到國際顯著地位。他們提倡多元發生說（polygenism），認為每個種族有分開的生物起源，因此可以解釋社會不平等的現象。

一八五四年，這個理論大幅往前邁進，獲得了宗教威權人士的認可。那時，約西亞．諾特（Josiah Nott）和喬治．格利登（George Gliddon）出版了非常風行的《人的種類》（*Types of Mankind*）一書，主張種族優劣的科學理論。他們的文章重新描繪了《聖經》中的人類起源：亞當與夏娃是白人，其他種族是分開的、更低等的人，被上帝放在世界其他角落。

為了證明他們的理論，諾特和格利登並排展示了白人、亞洲人和黑人的頭骨，他們認為沒受過訓練的人也可以看出差異：

高加索人、**蒙古人**和**黑人**是三種最常見的人種，俯瞰的頭蓋……一眼看過去，就看得出來形狀有多麼不同……這些不同形狀就是證據。解剖學者不需要進一步的比較，就可以看到他們的不同。即使是學校的小男孩也可以分辨火雞和孔雀，或是野豬和天竺鼠的不同。

諾特擁有九個奴隸。他相信奴隸是黑人的自然狀態，宣誓「和南方人一樣，抗拒對我們憲法保障的（蓄奴）自然權利的任何侵蝕」。

這個理論現在被視為科學種族歧視，但於當時獲得十九世紀最受尊崇的科學家路易斯・阿格西（Louis Agassiz）的認可，並被視

高加索人、蒙古人、黑人的頭骨
諾特和格利登發表（1854）

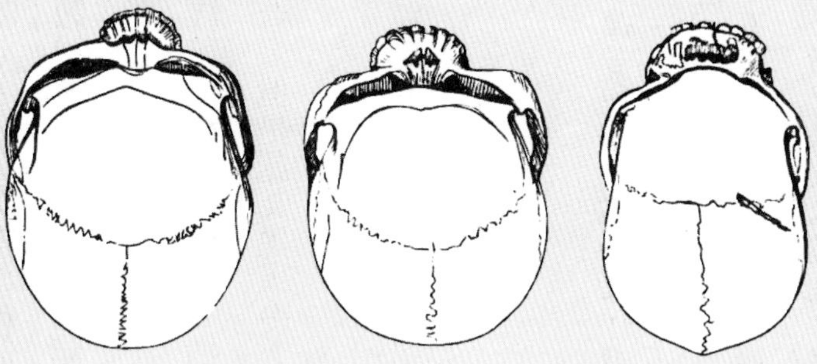

為無可辯駁的事實。阿格西以世界外殼如何形成的突破性研究著名，是自然歷史的天才學者。一八三七年，阿格西是首次提出地球曾經有過冰河時期，以致萬物滅絕的兩位科學家之一。一八四六年，他從瑞士移民美國，當了哈佛教授。到了一八五〇年，他成為美國最有名的科學家。好幾個公園、山、湖泊和動物物種都以阿格西為名。

阿格西也積極倡論多元發生說——就像懷特、摩敦、諾特和格利登一樣——把源頭指向《聖經》裡的生命發源。阿格西宣稱自己是廢奴主義者，但是認為黑人令人厭惡，毫不猶豫地主張種族隔離。

他對摩敦收集的頭骨很有興趣。他首次接觸到黑人時，肯定了摩敦的理論，認為黑人天生比較劣等。他寫信給母親，表達了自己的震驚：

我的旅店清潔工是黑人，我簡直無法跟你描述我獲得的痛苦印象。尤其是，我覺得他們給我的感覺，和我們對於人類所有的想法以及我們物種獨特的源頭相反……然而，我無法壓抑我的感覺，他們的血液跟我們流的血液根本不同。看著他們的黑臉、厚唇和閃亮的白牙，頭髮像羊毛似的，膝蓋彎曲，手特別長，指甲又大又捲曲，尤其是他們手掌的顏色。我無法把眼睛從他們臉上挪開，好讓他們離開我遠一點。

阿格西堅持，他對黑人沒有個人仇恨，對於蓄奴沒有政治意圖。但是贊成蓄奴的人還是利用他的話，利用他是科學家的事實，主張他是同路人。

十九世紀大部分時候，認為黑人是劣等人種的許多學者，為奴隸制度提供了科學論述。在科學面前，人們擔心可能發生的社會改變，少有人敢提出質疑：如果劣勢人

希臘人、黑人和年輕黑猩猩
諾特和格利登發表（1854）

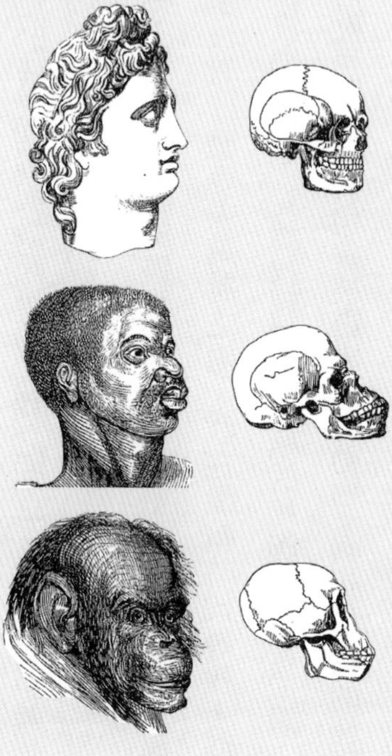

諾特和格利登呈現誇大了的黑人頭顱，表示黑人和黑猩猩更為近似，和希臘神阿波羅更為不同。

種起而反抗白人的話，要怎麼辦？一旦科學家說種族優劣是固定不變的，膚色和所有的差異就成為永遠的分隔線，無法跨越了。

黑人很自然地被放在黑猩猩與最高等的人類之間——時間與距離都無法跨越二者之間的差異。

我花了幾年時間，翻閱古老歷史書籍的發黃頁面，看著粗糙的科學和種族的浮誇圖案。我讀到的文字沒有什麼令人驚訝之處。我在黑暗時代尋找，期待找到過去科學家的聲音。但是我沒準備好，竟然找到那些原始的繪圖，被當成黑人永遠劣等的證據。這些圖畫讓我覺得噁心。黑人相貌被畫成類似動物，和我認識的任何黑人都不像。

已經過世的史丹佛歷史學者喬治．佛德瑞克森（George Fredrickson）稱之為「白人腦海裡的黑人影像」。看著這樣的概念，實在讓人害怕。我無法忽略，這些令人噁心的影像，直到現在仍然是我們種族分類的一部分，不讓黑人進入人類圈子。

我希望我的研究可以協助我解釋，這些種族敘事如何種下偏見，甚至在我們的意識之下進行著。首先，我必須接受，我自己的科學研究的基礎，參雜著過往根據猿猴影像建構的、已經失去信用的理論。

十九世紀備受尊敬的法國科學家保羅．布洛卡（Paul Broca）最有名的貢獻就是找到證據，證明大腦功能有區域性。這個發現大幅改變了科學家對腦部的理解，直到今天還引導著醫學治療。在一八六〇年代，他首先指出腦部哪個區域負責語言表達。現在，位於大腦主要的額葉（frontal cortex）部位的那一小塊皮質，就稱為布洛卡區（Broca's area）。

但是，布洛卡對於腦部區域理論的興趣，和他的多元發生說信念綁在了一起。就像許多當代人一樣，他相信我們可以經由外貌特徵預知智力。歐洲科學家喜歡的特徵都是歐洲人最常見的特徵。布洛卡認為，額葉負責高等推理，而黑人的額葉極度未開化，負責處理感官的枕葉則過度開發。他為當時認為的黑人智力低劣提供了科學解釋，並使用外貌差異來解釋社會不平等：

> 往前突起的臉（突顎，基本上是黑人的特質）和捲髮，往往與智力低、社會地位低互相連結。基本上，白色皮膚、直髮、直顎則是人類最高級的人種特質……黑色皮膚、捲髮和突顎的臉，從來都無法自發性地提升到文明的層次。

然而，布洛卡對多元發生說的信念無法與達爾文的演化論匹敵。達爾文在《物種起源》（*On the Origin of Species*）書中，對於一元發生說（monogenism）提出無法辯駁的辯論：不同的人類種族全部是單一物種。達爾文繼續找出人類起源是在非洲（不是當時人相信的歐洲）。達爾文宣稱，我們並不是固定不變的，而是因為環境所需而不斷演化的物種。

雖然達爾文的發現造成了科學革命，認為黑人比較劣等的信念仍然持續著。科學家和知識分子面對著所有種族都是同一個物種的事實之後，不再能夠認為黑人是上帝依據自己的模樣造了白人之後產生的低等變異，轉而認為白人是演化進展中，最近代的、最複雜的、最聰明的、最演化的人類。很快地，關於黑人的種族敘事不但拒絕消失，還適應了達爾文激進的想法。這是為什麼我覺得怪物般的偏見如此恐怖的原因：永遠不會死去。

十九世紀，噁心的種族影像和白人最優秀的看法，引導著許多關於種族的科學調查。但是，那個時代的心理學家很少研究偏見。他們和其他領域的科學家態度一致，認為對黑人的嫌惡是對落後與劣等黑皮膚之人的自然反應。

粗糙地測量頭顱大小以決定智力優劣的方法失去吸引力之後，心理學家又找到了一個新的工具——智商測驗。二十世紀初期，智商測驗成為制度化偏見的工具，廣泛運用於各種不受歡迎的群體。

到了一九一〇年，美國科學家開始施測，認為可以藉此確定黑人及美洲原住民相較於白人的心智缺陷。後來，當局也對新到美國的歐洲移民，用木製拼圖施行智力測驗，無法快速正確完成的人就被貼上「弱智」的標籤。到了一九一五年，聯邦法律要求任何測驗失敗的移民都要立即遣返。

埃利斯島（Ellis Island）的醫生霍華德．諾克斯（Howard A. Knox）設計了這些拼圖。他說，拼圖是分類的工具，為了「找出那些因為心智品質不佳，而可能成為社會負擔的移民，或是生出來的後代可能入監、進精神病院或其他機構」。他稱之為「我們的心智量秤」。這也是受到社會普遍接受的優生學影響，目標是刪除某些可能汙染美國基因的新移民。

計時測驗的成績被用來展現北歐人的優秀，促進了選擇性的移民政策。從南歐或東歐來的移民——義大利人、匈牙利人、猶太人、斯拉夫人——都不受歡迎，會造成社會負擔，可能拖垮整個國家。他們的成績比北歐人低，被拿來證明他們比較低等。《一九二四年移民法案》（Immigration Act of 1924）通過後，從不受歡迎的國家來的移民人數大幅減少。

幾十年來，智商測驗協助找出族裔之間所謂的天生差異——直到希特勒的「最終解決」（Final Solution）暴露了制裁種族的終極邪惡。

去人性化的新科學

我開始探索劣等種族的舊信念，以便檢視他們留在現代心智裡的餘毒。我邀請以前的研究所學生，現於約翰．傑犯罪司法學院（John Jay College of Criminal Justice）擔任教授的菲利浦．高夫（Phillip Goff）與我合作。我們一開始使用研究種族與犯罪的相同方法。我們發現，刻板印象聯想可以驅動視覺注意，我們甚至不會意識到其影響。我們修改、重建了以前的研究，發現在潛意識裡讓人看到猩猩的線條畫，會讓他們把專注力放在黑人臉孔上，就像和犯罪有關的影像一樣。事實上，結果顯示，黑人與猩猩的內在連結比黑人與犯罪的連結還更強。

我們的腦子一直在接收刺激。我們會用分類方法從紛亂中建立秩序和一致性，我們也會選擇性地注意最惹人注意的事物。科學已經證明，大家不會不加以選擇地注意一切。我們會根據大腦既有的定見，去選擇注意什麼。

因此，注意力是一種機制，強化我們已經相信的世界真相。正如被許多人認為是現代心理學之父的威廉·詹姆斯（William James）於一八九〇年說的名言：

> 注意力不會**創造**任何想法。想法必須在我們注意到之前，就已經存在了。注意力只會固化或保持出現在意識之前就已經存在的聯想。

認為黑人和猩猩有連結的想法，即使不承認，也將帶領我們專注於黑人臉孔。而在一般狀況下，黑人臉孔會藏在陰影之中。專注的注意力會強化我們已經有的聯想。我們看到的世界，是我們準備好要看到的世界，即使這些準備是在潛意識中進行。

黑人與猩猩的聯想非常頑固，甚至扭曲了行為科學標竿性的發現。以前的研究所學生阿妮塔·瑞登（Aneeta Rattan）現於倫敦商業學校（London School of Business）擔任教授，我和她合作進行了一系列的研究。我們把種族因素加入長久以來不斷驗證的、有名的選擇性注意力實驗：猩猩和籃球賽。三十秒的無聲影片中，兩隊人員傳一顆籃球。參與者必須數其中一隊傳了幾次球。一半的人專注於數球的任務，沒有注意到一隻巨大的大猩猩進入了畫面，然後又離開現場。

在我們的實驗中，看影片之前，我們給參與者一張名單。一半的參與者看到的都是刻板印象的白人名字：布萊德（Brad）、法蘭克（Frank）、海瑟（Heather）和凱蒂（Katie）。另一半的參與者看到的是刻板印象的黑人名字：傑莫爾（Jamal）、泰隆（Tyrone）、妮雪兒（Nichelle）和莎妮卡（Shaniqua）。參與者看影片時，看過黑人名字的參與者比較容易看到大猩猩。只需要讓人看過刻板印象中的非裔美國人名字，看到大猩猩的比例就從百分之四十五提高到百分之七十九。這些都是大學生，還沒有意識到大猩猩影像在種族上的含義。好像，聯想已經默默銘刻在他們的心智迴路裡了。

黑人與大猩猩的聯想也存在於教室或實驗室之外。它存在於私人笑話裡，以及社會媒體的醜陋文化符碼裡。

一九九一年，羅德尼．金被警方毆打之後，洛杉磯警察局受到調查，公布了警察在巡邏車裡的發言逐字稿。其中，警察將黑人和叢林野獸連在一起，經常模仿刻板印象的黑人對話。

其中有一道訊息是：「聽起來像是打猴子的時間到了。」另一個訊息來自毆打羅德尼而遭起訴的警察，描述一個黑人家庭的家暴案，說是「簡直就是出自《迷霧森林十八年》（*Gorillas in the Mist*，譯注：描述動物專家研究野生大猩猩過程的電影）」。警察甚至發明了簡短的代號，稱呼有黑人涉案的案件是NHI，代表「**無人類涉案**」（No humans involved）。

直到二〇一六年，舊金山還有一連串警察交換的訊息，描述黑人和其他少數族群為野生動物、蟑螂、原始人、野蠻人和猴子。

用動物描述少數民族的行為令人不安，不但是因為顯示了警方的態度和行為，也是因為它可以塑造公眾如何看待警察做的選擇。

二〇〇八年，我和菲利浦·高夫及其他人一起發表了一篇文獻。我們給參與者看影片，一群警察包圍並毆打一位嫌疑犯。參與者無法看清楚這位嫌犯。我們讓有些人以為嫌犯是白人，有些人以為是黑人。當我們讓參與者潛意識暴露在和猩猩有關的語彙，他們比較容易認為殘忍的警察暴力是合理的，但是前提是他們必須認為嫌犯是黑人。讓潛意識看到的字包括「狒狒」、「大猩猩」和「黑猩猩」，他們比較會相信黑人嫌犯的行為讓警察不得不採取暴力，覺得嫌犯活該被揍。連結就是那麼地強。即使我們沒有感覺、覺得沒有看到，偏見還是對我們有影響。

* * *

我開始在科學研習會中發表我們對黑人和猩猩之間連結的研究，我知道討論這個主題時，我會很不自在，結果，聽到觀眾的回應更讓人不舒服。我期待科學家會無法置信，對十九世紀原始刻板印象的強度和持久度會感到意外。我的合作夥伴和我有一個又一個的研究，準備好了面對他們的質疑。

但是說服他們黑人與猩猩之間——在一般百姓的心裡——存在連結一點也不難，反而是容易到了令人不安的地步。我們從各個領域的許多同事那邊收到的回應，證明了黑人和猩猩的聯想比我想像的更為廣泛。

每一次演講，都有科學家——老的、少的、男的、女的——發言，質疑我們發現的結果是否只是因為事實上，黑人就是比白人更像大猩猩。一定有人會說：「你呈現的這些種族影響是否只是因為膚色呢？」他們會說，黑人和猩猩的顏色相近。大家看到膚色深的人，會想到黑色的毛絨絨大猩猩，因為二者看起來一樣。

這些回應讓我擔心。他們把我直接拉回了十九世紀，當時的心理學家根本不質疑黑人的天生劣質，因此不覺得有必要檢視成見。這些反應讓我想到，當我翻閱幾世紀前發黃的書頁，發現最醜陋不堪的圖畫映入眼簾時，我心裡感到的不安——那是當時最優秀的學者腦子裡的黑人影像。

現在已經是二十一世紀了，許多科學家對我們的發現不但不感到意外，而且不相信種族觀感是造成黑人與大猩猩聯想長久存在的驅動力。他們不以刻板印象的框架看待我們的發現：我們發現的是自然、合理的連結，而不是殘留的種族毒素。

在此之前，我沒有想過，受過教育的人能夠在科學研習會裡，自在且確定地公開說出這種話來，更別提私下怎麼想了。即使是我的現代同事，也這樣看待我們。

頭幾次發生時，我都很意外。然後我開始知道，事情就是會這樣子了，我準備了同樣的反應：我們沒有發現黑人和松鼠的聯想，也沒有發現黑人和鱷魚的聯想，雖然松鼠和鱷魚都是黑色的。我們只發現黑人和大猩猩的聯想。當我們使用大猩猩的圖案，而不是使用照片時，也得到同樣結果。因此，顏色類似的推論並不成立。事實上，當我們使用文字而不是圖片時，也得到同樣結果。我們用刻板印象的黑人名字，而不使用刻板印象的黑人臉孔時，也得到同樣結果。還有，我們沒有發現南方的亞洲人和大猩猩有聯想，雖然這些人皮膚顏色很深。

發表這些結果的那些年，就像我做研究的那些年一樣，讓我感到非常失望、疲德。我的族人被我的國家集體意識視為永遠的外人，看到了這一點，讓我很不安穩。深膚色被視為汙點，無論如何都無法洗清。我的許多同事——我的專業族人——也有這種聯想。

即使在我的私人生活中，哀傷如影隨形。經常，學術圈之外的朋友和認識的人，都很有興趣聽我說我在做什麼、我學到了什麼。我總是很想與別人分享我的工作。但是，種族研究不適合有禮貌的對話。把工作留給自己比較容易，不要談死不掉的恐怖怪物。我的沉默讓我可以逃避，我需要讓自己和怪物分開。

二〇〇八年，我去波蘭參加一個關於去人性化的工作坊。我想知道，這個議題在別的國家、別的不受歡迎的族裔中，如何呈現出來。我想知道，黑人和大猩猩的聯想是否只是美國的現象。

我對參加研討會的學者提出這個問題。學者來自波蘭、葡萄牙、義大利、西班牙、比利時、英國、澳洲，他們都知道答案。用著不同的口音，每一位都說，黑人和大猩猩的聯想在他們的國家也仍然存在。似乎，世界上沒有任何地方沒有受到黑人比較劣等的敘事汙染。

當然，某種程度上，我已經知道會有這種結果。現代新聞中，歐洲和南美洲足球場上經常發生的種族事件，有時會讓我驚醒。觀眾對有著非洲口音的運動員（或只是膚色深的運動員，無論是什麼族裔）發出猴子叫聲，從觀眾席對他們丟香蕉。在波蘭，我和其他學者坐在一桌，聽著一個又一個的學者說話——一個又一個的故事——我被迫思考，這個現象不僅僅是運動流氓的行為，而是更寬廣的社會現象。我學到的越多，越覺得沮喪。

最後，我和波蘭研習會裡的學者合作，也和加拿大、哥斯大黎加、巴西和印度的學者合作。在美國以及這十一個國家裡，我們收集的數據都顯示很強的黑人和大猩猩的聯想。

在世界各國，大家經常用動物影像貶低邊緣族群。不受歡迎的移民族群——美國的墨西哥人、德國的猶太人、義大利的吉普賽人、歐洲的穆斯林——經常被比喻成昆蟲、鼠類或其他有害動物，占據空間、傳播疾病或繁殖迅速。這是歷史的普世現象。

十九世紀中葉，幾百萬愛爾蘭人大批移民美國——搭上以前運送非洲黑奴到美國海岸的貨船——他們面對的是公然表現的偏見。寫著「不接受愛爾蘭人申請」的招牌上，往往也畫了人猿的影像，有著斜斜的前額、怪物般的面孔。

但是，長期下來，他們成功脫離了這些醜陋的形象，變成白人了。黑人仍然被幾世紀的蓄奴歷史、現代生活各方面的不平等，以及強化這些不平等的種族刻板印象糾纏，陷在猩猩聯想裡不得脫身。黑人除了膚色黑之外，還被認為認知不足、個子大、危險、有攻擊性、暴力、不受約束的流氓——很不幸，這些特質正是許多人對大猩猩的聯想。

聯想可以逗留在我們的意識之外，即使沒有人直接教我們，即使我們沒有和別人討論過。在某些狀況下，這些聯想可以輕易地被喚起。毫無疑問，歐巴馬競選總統時，這個黑人與大猩猩的聯想被拿出來做文章，我們以為隨著南軍戰敗而消失的各種影像和比喻都復活了。

在加州橙郡（Orange County），有一位地位很高的共和黨官員寄了一封電子郵件給其他黨中領導人物，說是歐巴馬和他父母的照片。照片裡是兩隻大猩猩抱著一個嬰兒，臉部是歐巴馬的臉。西維吉尼亞州小小的克雷郡（Clay County）的政府官員，在慶祝川普當選的臉書文章裡，稱呼歐巴馬太太是穿著高跟鞋的大猩猩。就連他們的女兒瑪麗亞（Malia）都受到惡毒的攻擊。福斯新聞（Fox News）發表一篇新聞，說瑪麗亞決定去哈佛讀書了，留言區立刻湧進種族歧視的留言，稱呼這位少女是「猩猩」或「猴子」。福斯公司不得不關閉留言功能。

很多美國人以為這已經是過去的事情了，卻不得不再次面對。一位有地位、有權勢的黑人升上大位，引起大量反擊，想要把白宮家庭和人類家庭區分開來，使其蒙羞。羞辱的影像讓人難過，但是我並不意外。那時，我已經花了五年的時間，調查科學的垃圾桶，試圖理解是什麼把我們帶到此刻。我懷著對現代神經科學的信心，開始了這趟旅程，想要拆除科學裡種族歧視的遺跡。我在之前無法預想的地點，結束了我的旅程：聖昆丁州立監獄。

我站在那裡，講解我的發現，面前坐的都是每天與自己的人性掙扎的人。他們非常專注地聽著，傾身向前、寫筆記、提出問題。他們提出的問題，我以前以為只有在科學研討會裡才會聽到。他們對我在種族和去人性化上面的研究，尤其感到無比熟悉。雖然他們從未有適當的語彙，討論這對他們生命的影響。他們身而為人的身分經常受到挑戰，他們是社會牢籠裡的動物。我做過很多次類似的演講，只有他們沒有在座位裡不安地扭來扭去。他們心懷感激地接受。

我講完之後，學生自動站起來，形成單排，對著我走來。一個又一個地，他們和我握手。「謝謝你分享你的工作。」「謝謝。」一次又一次。輪到最後一位學生，他伸長手臂，搖著頭，停頓了一下子，想著要說什麼。他直直看著我的眼睛，說：「我很感激你做的事，我真的很感激。我不知道你怎麼做得到。我們需要這種工作，但是你怎麼能在心裡攜帶著這些事實。你剛剛分享的是很沉重的骯髒事。」這是一位無期徒刑囚犯道別時的思考。

他們的反應讓我再一次思考，是什麼讓我研究加強種族偏執、塑造不平等的心智聯想？當然，這是令人沮喪的工作。但是我已經明白，雖然痛苦已經占據了我越來越多的大腦空間，我不要被痛苦綁住。我可以重新整理我的思想，重新和希望連結。這是一開始讓我前進的動力。

我可以拿起神經科學的工具，示範人類不是永遠不變的靜物，固定在預先設想好的人類優劣高低的位置上。我們的大腦和心智由經驗和環境所塑造，且能重新塑造。我們有力量改變我們的思考方式，消除古老惡魔的殘餘身影。

社會威脅升高，文化常態改變，群體的兩極化越來越極端，我們看到越來越多的去人性化，擴大了我們最糟的衝動。我們不能讓它們蔓延。

Part 3 出路

第七章

家庭溫暖

我還在適應當一位母親，帶著五個月大的兒子艾比去附近的百貨公司。我把他的安全椅放在腳邊，翻著架子上的嬰兒衣服，他睜大眼睛看著我。

我的眼角餘光看到轉角一個小女孩，對著我們跳著腳過來。我那時還不太會估計孩子年紀，看起來大約三歲吧。她臉上有著大大的微笑，穿著很可愛的小裙子，金髮上有個蝴蝶結。

她看到艾比時停了下來。她的眼睛變得很大，像盤子似的。我聽到她深深吸了一口氣，盯著他，然後大呼了一口氣。她開心地尖叫，原地跳上跳下，揮舞著小手，好像她的小小身體無法容納太多的興奮。然後她轉身跑掉，喊著母親。

我抱起艾比，跟著小女孩的聲音走：「媽咪！媽咪！媽咪！」我聽到她在隔壁走道，找到媽咪了：「媽咪！媽咪！猜猜看？」她的聲音充滿新發現的驚喜。「猜猜看我看到什麼？一個褐色寶寶！褐色的寶寶！那邊有一個褐色的寶寶！」

她非常興奮。她的純真如此無拘無束，我忍不住笑了。我低頭看著艾比，他的褐色大眼睛看著我。我想：「你知道嗎？他確實是褐色的寶寶。」他的膚色像是牛奶巧克力，頭髮是深淺不一的銅褐色捲捲，我給他穿了一身褐色的連身衣。

我轉過走道，走向女孩和她的媽媽。我想著，真是可愛又好笑啊。我臉上帶著微笑，接近她們，準備一起笑一笑。

但是她的母親看起來怕極了。她的白皮膚紅起來，她的臉、她的脖子、她的胸膛都變紅了，顯得極為尷尬。她的女兒提到了不可提及的話，她非常擔心我會作何反應，或許她沒有看見我的微笑。我看著她帶著女兒快速離開。

在此之前，我以為我們會有某種連結經驗。她是一位母親，我最近才加入了這個族群。我和她女兒一樣，對於自己的新發現，眼睛睜得大大的。在短暫的一剎那，我目擊了膚色的力量引起的喜悅和隔離。她尷尬地離開，使得我們無法跨越那道隔離。

我們家剛從康乃狄克州的紐海文（New Haven）搬到加州的帕洛阿爾托，兩處的黑人人口都是百分之二。我們住在史丹佛校園旁邊的一棟公寓裡，每天遇到許多人。其中，唯一的黑人就是鄰居康多莉莎．萊斯（Condoleezza Rice），她去開車或倒垃圾時都會遇到。

種族隔離並非矽谷的獨有現象，在矽谷特別嚴重。全美各地一直出現多元種族的社區，市郊變得越來越多元，但是黑人和白人仍然住在不同的社區。小女孩的驚訝反映了居住的隔離，這個隔離源自歷史，受到經濟力量的驅使。無所不在的偏見更加深了鴻溝。

隔離空間

我們今天面對的種族隔離居住模式，是我們國家不久之前的歷史餘孽。公立機構和私人社會力量一起發揮作用，讓白人社區只有白人居住，而黑人只可以住在限定的地方。

在創造隔離空間上，聯邦政府扮演了直接、刻意的角色：拒絕支持種族混雜社區的房貸、挹注經費給全部都是白人的郊區住宅，並且限制退伍軍人居住福利，使得黑人退伍軍人只能在少數種族的社區買房子。

這些政府政策受到地方法律與習俗的支持與強化，使得隔離政策一路發展到學校、醫院、旅館、餐廳和公園。

歧視決定了黑人可以住在哪裡，無論他的收入、選擇或方便性為何。二十世紀初期，許多城市都有隔離管理政策，禁止黑人搬到白人社區。搬到白人社區的黑人家庭往往面對群眾暴力。民權團體轉而尋求法庭協調。到了一九一七年，最高法院終於禁止了種族隔離的法令。但是，這個判決卻同時也為新的、同樣有力卻更難反抗的隔離工具鋪好了路。限制種族的私人文字契約要求白人拒絕賣給、租給或轉移財產給「任何不是白人的人」。違背契約的人將面對控告或強迫搬離。

全美有很多州，包括加州、蒙大拿州、馬里蘭州和紐約州，法院都支持強迫黑人搬出他們買的房子，因為這不是官方正式的隔離限制，而是原屋主簽的私人契約。結果，到了一九四〇年代，芝加哥和洛杉磯等城市有高達百分之八十的社區不讓黑人居住。

到了一九四八年，最高法院判定這種私人契約無效。但是因為聯邦政府的政策和命令加持，私人契約造成的居住模式和種族貧民窟的存在，仍然持續著。

聯邦經費協助維持了一九三〇年代和一九四〇年代的隔離居住模式。在經濟大蕭條年代，納稅人的錢被用來建築白人或黑人分開居住的國民住宅。私人建築的房契一定要有種族限制的條文，才能獲得中央發放的貸款。負責審核發放房貸的中央機構拒絕批准銀行給黑人的房貸，甚至拒絕發放房貸給住在黑人附近的白人。

直到一九六二年，民權運動方興未艾之時，居住平等的原則才受到全國注意，甘迺迪總統下令中央機構停止歧視。兩年後，《一九六四年民權法案》（Civil Rights Act of 1964）禁止任何獲得中央經費的機構進行種族歧視。

但是，這些進展都沒有辦法真正影響房屋仲介、銀行和建築商控制的房屋市場。又過了四年，經過一連串的城市暴動之後，美國國會才通過了《一九六八年公平居住法案》（Fair Housing Act of 1968），在房產的建築、銷售、房貸、租賃、買賣上，全面禁止歧視。

到了這時，政府支持的偏見工具——區域限制、種族契約、房貸困難、郊區大量建蓋白人專屬的房屋——已經造成了不良後果，強迫黑人家庭擠在不適宜居住的區域，房屋蓋得很不舒適、老舊或使用便宜的建材，街道上還有工廠釋放工業汙染。

這些歧視的做法直到今天仍有餘毒，加深了對黑人和黑人社區的刻板印象與隨之而來的汙名化。研究顯示，刻板印象的力量可以塑造最基本的人生決定之一：住在哪裡。非裔美國人比其他種族都更可能住在隔離的社區裡。各種社經地位、各種不同大小的城市中，都有居住隔離的現象。歧視性的聯想加深了成見，研究觀察記錄到的現象十分令人震驚。

超過一半的白人表示，他們不會搬到一個超過百分之三十人口是黑人的社區居住，因為他們相信居民不會好好維護房產，犯罪率會太高。事實上，根據社會學家林肯．奇利安（Lincoln Quillian）和狄瓦．沛哲的研究，無論統計數據是否如此，社區裡的黑人越多，大家想像的犯罪率越高。這跟恐懼和偏見有關。他們認為社區「越黑」，白人就越覺得自己會成為犯罪的受害者。有沒有黑人居住被視為社區是否危險的指標，扭曲了安全的感覺，造成危險的偏見。

種族也會影響大家對具體狀況的判斷。社會學家羅伯．山普森（Robert Sampson）和史蒂芬．羅登布希（Stephen Raudenbush）發現，社區中黑人越多，大家認為自己看到的失序現象越多，例如街頭塗鴉、空屋或街上的垃圾，即使現實並非如此。黑人也是一樣，認為在黑人很多的社區會看到失序的現象。

這表示，內隱偏見和我們經過歷史和文化所吸收的聯想有關，而不是和外在的種族現象有關。無論如何，結果都很悲哀。幾十年的研究顯示，即使只有十幾位黑人居住的社區，白人也會避開。這是造成種族隔離的最大驅動力之一，造成生活各方面的不平等，從學校到工作到健康照顧都是如此。

我和另兩位社會心理學家寇特妮．波南姆（Courtney Bonam）和希拉蕊．波格西克（Hilary Bergsieker）於二〇一六年發表的文獻，主題就是種族、空間、不平等之間的關係。我們的研究顯示，集體的刻板印象塑造了個人的居住選擇，即使我們認為自己的行動和種族無關。和種族與實際空間有關的負面觀點會鼓勵人們保持社交距離，強化隔離，讓我們無法認識彼此。

在一項網路研究中，我們請大家列出與黑人有關的空間特質。所有種族都提供了一致的答案，包括**窮困**、**犯罪率高**、**破舊**、**危險**、**骯髒**。大家不但對社會族群有刻板印象，對這些族群占據的空間也有刻板印象。

在另一項研究中，我們招募正在網路上找房子的人，請他們評估一間待售的虛構房子，賣家叫做湯瑪士。所有的參與者都看到同一張照片，三間臥房、位於市郊、半畝大的土地，文字描述和修繕也都一樣。我們只提供一項變數：賣家的種族。我們給某些參與者看到乾淨整齊的黑人家庭站在空房間裡，其他人看到的是站在同樣地點的白人家庭。

參與者對黑人湯瑪士賣的房子的評估，比對白人湯瑪士賣的房子的評估更負面，認為需要更多的修繕，才能吸引買方。事實上，只要想像社區中有其他的黑人家庭，就讓買方出的估價低了兩萬兩千美元。如果賣家是黑人，即使我們沒有給參與者附近社區的資料，他們也會想像社區較缺乏購物中心、城市服務較差、學校普通、較少維修完善的房屋。

在某些方面，這種態度源自房產歷史，反映了合理的觀點。五十年前，銀行往往在地圖上畫紅線，把黑人住宅區圈起來，拒絕貸款給想在那裡買房子的人，因為這些住宅區的房子很難保持市場價值，對資方而言，貸款的風險太大了。紅線區不僅塑造觀點，也構成現實。即使是心態開放的買家，看到黑人家庭的照片，還是會有負面的空間聯想，讓

他們覺得和社區「比較沒有連結」。即使黑人家庭已經搬出去了，還是留下了「汙染」，使得住家的價值降低，因為他們以前住過了。

你甚至不需要家庭照片，就可以激發這種「汙染」。我們進行了一項研究，請參與者以化工公司員工的觀點，為可能有危險性的化學工廠找尋設廠地點。我們讓一半的參與者認為，考慮中的地點大部分居民是黑人，另一半認為居民主要是白人。當參與者認為是黑人社區時，他們比較會假設當地已經有工業設備了，對社區比較缺乏連結感，比較不會反對把化學工廠蓋在那裡。對於黑人空間的刻板印象，加上歷史與現今仍有的種族不平等現象，使得參與者想像黑人社區已經受到汙染。這個想像讓他們比較不會想要保護這個空間，比較願意加深已經存在的環境威脅。

被汙染的人

同樣的聯想讓我們認為空間骯髒、受到汙染，同時也能超越空間界限，緊緊攀附在曾以此為家的人們身上。有史以來，普世皆然，移民一直都背負著這種空間造成的成見。大家會假設，骯髒空間的惡臭會跟著這些人。大家認為，他們逃離的國家的臭味會跟著他們到新的地方，這會影響公眾對他們的意見，限制他們能夠擁有的選擇。

研究顯示，對移民的態度源自擔心大舉移民造成的文化振盪，以及移民的差異性對主要族群的影響。因此，歐美各地都有各種限制移民的政策。

美國有旅行禁令、對移民和精神病院的限制、停止讓合法移民的家人依親，以及在墨西哥邊境把兒童和偷渡的父母分開的嚴苛法令。

在歐洲各國，以前多半是單一民族。大家認為移民威脅到了社會安全，大批的人從非洲和中東移民過來，改變了人口樣貌。歐洲人擔心社會秩序被破壞，並存在和美國造成種族隔離一樣的觀念，認為移民天生劣等，因此，歐洲對移民的觀點正在改變，針對穆斯林的仇恨犯罪大幅提升。

社會對於新移民往往使用暗示汙染的描述：**骯髒**、**不潔**、**有疾病**。這些觀點可以自動激發一連串保護性的衝動，即使是支持移民、歡迎新移民的人也不免如此。耶魯社會心理學家約翰·巴爾（John Bargh）與同事研究移民地位與對疾病的恐懼之間的連結，這個連結比我們知道的更緊密。

一項網路研究的主題是對移民的態度——正當二〇〇九年豬流感盛行的時候——參與者先閱讀流感病毒的威脅，然後問卷調查他們對移民的感覺。之後，問他們是否打過流感疫苗。巴爾發現，沒有打流感疫苗的人比打了疫苗的人，對移民表達比較負面的態度。他們對疾病感到的脆弱，與對移民感染疾病的無意識恐懼連在一起了。

移民不是唯一被視為帶著疾病的外人，遊民在社會階級上更為低下。社會心理學家拉沙納・哈里斯（Lasana Harris）和蘇珊・菲斯克（Susan Fiske）發現，大家認為無家可歸的遊民受到汙染，從我們大腦的內部運作裡，可以反映他們被汙名化的地位。

一般而言，當你看著另一個人，大腦的內側前額葉皮質（medial prefrontal cortex）左邊會受到激化，神經元開始猛烈發出訊號。但是當哈里斯和菲斯克給躺在神經造影掃描機裡的參與者看遊民照片，一般看到別人會反應激烈的神經元卻明顯較沒有反應。反而和噁心有關的大腦部位，島葉（insula）和杏仁核（amygdala）卻更為活躍了。

遊民的狀況讓人無法產生對別人的自然反應，我們認為一般人才是和我們一樣的人類。無家可歸大幅降低了他們在社會上的地位，身而為人的地位開始消失。

即使當外人族群被主流社會接受了，也可能只是暫時的現象，和主流文化、政治及經濟風潮有關。當時事改變、發生犯罪或社會問題太多了，他們都會成為責怪和迫害的目標。

我在史丹佛遇到學生莫利西歐・烏佛維奇（Mauricio Wulfovich），他跟我分享他祖父的故事。他祖父是二次大戰的納粹大屠殺倖存者，姊姊和父母都死在納粹手中。納粹決心消滅猶太人，認為猶太人「不受歡迎」，威脅到了亞利安人（Aryan）的純種。

納粹進入荷蘭時，莫利西歐的祖父當時才十五歲，是家中六個孩子中最小的一個。他的家族世代做鞋子和衣服，住處離華沙（Warsaw）一百英里。納粹將所有的猶太人集中在古堡中，然後像牛隻一樣地擠進牛車裡，運到奧斯威辛（Auschwitz），德國最大的集中營。他們讓大家下車，莫利西歐說：「排成兩列，一排是較虛弱的人，另一排是可以工作的人。我祖父的父母和姊姊直接被送進毒氣室。這是他最後一次看到他的家人。」

他的祖父認為，自己之所以可以存活，有賴於他一向非常在意自己的外表，保持乾淨、健康、強壯的樣子。莫利西歐解釋著：「他認為外表很重要，納粹據此挑選接下來要殺掉誰，誰可以持續工作。」

囚犯只能在外面冰凍的氣候中淋浴，他從不錯過可以洗澡的機會。他會檢查自己的鞋子，有任何髒污都會擦掉。他總是留意，願意用自己每天的口糧（兩片麵包）交換更好、更合身的衣服。他心想，如果他看起來乾乾淨淨，會比較容易存活。他無法逃避自己猶太人的身分，但是他可以顯得很有價值，值得再多活一天。

莫利西歐成長時，聽到一些故事片段。他九歲時，祖父過世。他還記得祖父手臂上有兩個刺青的囚犯編號，一個號碼被塗掉了，加上另一個號碼。他說：「因為納粹還搞不定。他們把他的手臂當做紙張……噢，號碼錯了？就塗掉，另外寫一個號碼吧。」

奧斯威辛是他祖父住了兩年半的「家」，解放時他十八歲。他一個人搬到以色列，然後發現有一位遠親住在墨西哥，於是搬到墨西哥去。莫利西歐就是在那裡誕生的。

他祖父的故事強調了古早以來刻板印象的力量。從中世紀以來，「骯髒的猶太人」就成為迫害猶太人的說辭，出現在二十世紀德國生活各個層面的報紙、宣傳單和每天的日常對話中。醜陋的用詞滲入了一般國民的腦子裡。莫利西歐的祖父非常理解這一點，即使不過是一個小男孩，就得用盡全力抗拒德國集中營裡的骯髒、貧困和死亡威脅。

有時候，刻板印象的汙染無法輕易地有效移除。在美國，歐洲移民可以一代一代地逐漸洗掉髒汙的形象，融入美國主流。但是黑皮膚就不同了，總是和幾世紀以來的偏見有著視覺連結。

十八世紀末期，湯瑪斯．傑佛遜（Thomas Jefferson）了解這一點，他思考著南方黑奴的命運。在《維吉尼亞州筆記》（*Notes on the State of Virginia*）中，他寫到「無法移除的黑色面紗」永遠會是非洲血緣的印記。「不幸的膚色差異是強大的障礙，使得這些人無法獲得解放。」這位《獨立宣言》的作者提出，美國黑人可能因為膚色，永遠被視為外人。兩百年後，知名的非裔美國作家羅夫．艾里森（Rauph Ellison）也痛苦同意。他寫到美國黑人好像是「牛奶裡的蒼蠅」，「黑人受到歧視，不是因為個人犯了錯，破壞美國社會秩序而被懲罰」，而是因為膚色。

吸引人的空間

黑膚色的汙名，部分來自文化中認為白色代表純潔，黑色代表完全不同的意義。

確實，研究顯示，人們會很快地、毫不費力地將黑色和不道德聯想在一起。社會心理學家蓋瑞・雪曼（Gary Sherman）和傑若德・克羅爾（Gerald Clore）在一連串的實驗中，用標準化的顏色指認，發現了自動化聯想的證據。他們讓參與者在電腦螢幕上看到一系列字眼，每個字用白色或黑色字體顯示。研究者發現，如果字體是黑色的話，參與者能夠更快指出不道德的字眼（例如「粗魯」）的顏色。相似地，如果字體是白色的話，參與者也比較快指出符合道德的字眼（例如「貞潔」）的顏色。作者寫道：「罪惡不只骯髒，而且是黑色的。道德不只乾淨，而且是白色的。」

這些聯想使得內隱偏見將膚色變成了價值判斷。其實，膚色只能代表我們的祖先住在地球何處而已。經過幾千、幾萬年，人類移民到地球各處，我們的膚色已經改變，以適應居住的新環境。

太陽釋放有害的紫外線，照射人類，於是皮膚製造黑色素以保護我們。黑色素的作用是提供保護。皮膚製造的黑色素越多，膚色越深。很多物種都會製造黑色素，從青蛙到棗子都有黑色素，就像人類的膚色一樣，它們的顏色也會根據居住環境而變深。人類學家妮娜・傑伯龍司基（Nina Jablonski）解釋：「膚色是人類生物變異最明顯的模式之一。」黑色素對我們居住地的反應極強。

正如實際空間可以改變我們的外貌一樣，某種獨特空間的特質可以影響我們的大腦如何執行功能，以及我們會有何種判斷。有一年夏天，我和丈夫以及三個青春期兒子到牙買加旅行，就領教了這種力量。

我的丈夫里克很愛冒險。當他決定開車帶我們穿過吵雜、塞車的蒙蒂哥灣（Montego Bay）的街道時，我有點擔心。牙買加像英國一樣，車輛靠左側通行，方向盤在美國的副駕駛座前面。我丈夫靠右側開車已經三十五年了。我心中的科學家懷疑，這麼長久的開車經驗是否會銘刻在他大腦的神經網路上。我心裡的母親則只能祈禱我們一家子可以一路順暢、毫髮無傷地到達目的地。

我們拿到車，各自入座。我提醒里克：「我們是美國人。」我們身邊的一切看起來都像是在錯誤的一邊，包括交通號誌和符號。兒子們看到爸爸坐在副駕駛座上使用方向盤，覺得很有趣。我坐在前面，決心保持警戒，確保我們在不熟悉的路上行駛可以安全抵達。

馬上，我就看得出來我們會遇到麻煩。我坐在左側，原本的駕駛座，花了一段時間才適應了我其實不是司機。我必須很努力地克制自己，才不會抬起手來抓握根本不在那裡的方向盤。我發現當車子靠近前面的汽車時，我自己的右腳一直往下壓，試圖踩煞車把車子慢下來。

我第一次看到對面來車時，簡直慌了。我警告里克：「保持在左側！保持在左側！」雖然我喊著正確的指示，我的內心還是有一部分在告訴自己，往右邊去。心裡的掙扎拉扯讓我心跳加速。另一輛汽車超過我們，感覺他們好像開在道路錯誤的一邊，我心想，**我們要有大麻煩了**。我心裡知道我們應該在哪裡，但是我的身體感覺不同。我的內在自動發火，一直說：「錯了。你有危險了！快開到右邊去。」

當我們到了城中心，正遇到塞車。我在加州就不喜歡塞車了，而且還是在外國，在馬路錯誤的一邊。我需要保持鎮定，和一堆車子、腳踏車、摩托車和站在車流中賣東西的小販周旋行進。

我們終於到了一長條通往鄉下的高速公路。我們放鬆了一些，可以享受窗外的風景了，甚至在一個觀光景點短暫停留。直到我們往城裡開的時候，我們的駕駛技術才發生問題。

里克正要開進高速公路的車流，兒子們開始在後座尖叫。我轉頭看發生了什麼事，看到了此生最可怕的景象：兩輛巨大的、有十八個輪胎的大卡車正並列著向我們駛來，速度極快。里克沒有注意到大卡車，他正在專心看另一邊——如果我們在加州，想要開上公路就需要看的那一邊。我也開始大吼，里克正專心看路，慢慢開向卡車即將經過的道路。他仍然在看另一邊，完全不理解我們在吵些什麼。

卡車司機假設我們會停下來，完全沒有慢下來的意思。誰不會停下呢？我急得不得了，大聲喊著：「停下！停下！立刻停下車子！」我的聲音慌張極了，使得我丈夫踩了煞車。我們看著卡車離我們車頭幾英寸遠地呼嘯而過。我汗流浹背、心跳加速。我們嚇得一句話也說不出來，沉默坐著好一會兒。

在美國，我們一輩子都開在馬路右側，我丈夫和我不知道自己已經多麼習慣了。我們不但習慣開右側，連往哪裡看、如何轉頭、何時轉頭、要注意什麼，都已經養成習慣。我們就像其他駕駛，習慣了一整套反射性的選擇。

我們的內在有複雜、整合的系統，在意識之下操作，很難忽視。駕駛需要一整套的動作，但是我們開車幾十年，已經習慣到自動忽視這套系統了。雖然開車是後天習得的技能，但是我們是用「本能」開車。那天，我自己在車子裡，想要提供多一雙眼睛，協助保護我們的兒子，最後卻正是因為兒子們沒有駕駛經驗，才會看到我和里克忽略的卡車。他們尚未被制約，行為尚未固著，不會期待看到特定的事物。

在很多方面，這就是偏見運作的方式。偏見讓我們受到制約，讓我們以特定的方式看待世界以及別人，即使我們有意識地希望超越偏見，即使制約讓我們身處危險，都很難逃離它的控制。駕駛受到制約，覺得道路應該如何，我們也受到種族偏見制約，限制了我們的視野。偏見的制約，控制了我們如何看待周圍的人。

移民

在同一個地方待上足夠的時間，它的現況就會成為我們的舒適圈。二十世紀初期，美國南方白人的現況就是：幾世代以來，非裔美國人都屬於服務白人的從屬地位。這個角色根植於自從蓄奴時代以來，黑人較為劣等的敘事思維。

我父親的曾祖父以及他的兩個弟弟，出生在十九世紀中期的喬治亞州。兄弟三人被賣給三位不同的主人，其中一位被賣給赫德（Herd）家族，一位賣給非登斯（Fittens）家族，我父親的曾祖父則被賣給艾柏哈特（Eberhardts）家族。一八六五年取消奴隸制度之後，三兄弟用了主人的姓氏，成為佃農，在原先住的附近耕種小塊的田地。

奴隸制度之後，白人必須和黑人分享權力的可能性，使得南方白人創造了種族階級系統，用習俗和法律持續壓抑黑人。依靠著吉姆．克勞種族隔離法的限制，南方白人建構了一個實質環境，支持和強化黑人的劣勢。日常互動制約了每一個人，讓他了解並接受自己的位置。白人經過時，黑人必須離開人行道，讓他先過。對於女性黑人，大家永遠不會稱呼她「夫人」。黑人比較劣等的敘事，存在於大家看到與碰觸的一切之中。

一九一〇年，禁止蓄奴幾乎五十年了，非裔美國人占了美國百分之十的人口。但是百分之九十的黑人仍然住在南方，社會重建的指望被白人的恐怖行動和《吉姆．克勞法》淹沒了。

接下來的十年，黑人開始離開南方。遷移的理由和全球任何地方的移民一樣：不願意被壓制，想要尋找更好的機會。第一次世界大戰擴大了勞力市場，南方黑人逐漸搬到北方城市，受到可能更好、更自由的生活吸引。移民改變了芝加哥、匹茲堡、紐約、克里夫蘭和底特律的城市風貌。

一九二一年，我父親的祖父母，約克．艾柏哈特（York Eberhardt）和艾瑪．艾柏哈特（Emma Eberhardt），離開喬治亞州哈特威爾（Hartwell）的家，加入了第一波離開南方的黑人移民行列。他們和其他一百萬名黑人一起往北方走。北方工業家在黑人報紙上刊登廣告，提供交通和薪水很好的工作，吸引南方黑人。他們到了克里夫蘭，約克在煤礦公司找到勞力工作，後來又去了克里夫蘭鐵路公司，負責鋪鐵軌。他們搬到後來稱為中央大道貧民窟（Central Avenue Ghetto）的社區，這裡原本住著貧窮的猶太人和義大利移民，南方來的新移民把這裡變成黑人社區了。在克里夫蘭，他們的兒子賀伊特（Hoyt）遇到姊姊的好朋友，年輕的貝西（Bessie），並和她結婚。他們生了六個小孩。我父親哈蘭（Harlan）在一九三六年出生，是他們的第二個孩子。

我母親的家庭是第二波移民。從一九四〇年開始，有五百萬南方黑人搬到北方城市。我母親的父母都在阿拉巴馬州的安尼斯頓（Amniston）長大。一九四八年，他們離開南方，到了克里夫蘭，在此度過餘生。

我認識的很多黑人家庭都來自南方，經常回去拜訪，但我一直沒有。我從未去過安尼斯頓，也不知道他們當年為何忽然離開。一直到我開始寫這本書時，我才好奇地研究家族歷史，想了解他們的人生旅程。我找到外祖父的堂妹，她住在芝加哥，幫我填補我不知道的部分。琴（Jean）已經九十二歲了，仍然清楚記得她和我外祖父在安尼斯頓的成長歷程。

我的外祖父和他的弟弟還在念小學時，父母便過世了，他們搬到琴和她母親的家住。琴還記得，那時候，外祖父西德尼（Sidney）就已經「很優雅世故」了。他很活躍，很會社交，「什麼都有他的分」。男孩們長大之後，西德尼一直保持活躍，直到他愛上梅波（Mabel），於一九三五年與她結婚。他們買了一個小房子，生了兩個孩子。兒子叫做桑尼（Sunny），女兒叫做小瑪麗（Little Mary），就是我的母親。

西德尼在安尼斯頓的鋼鐵廠工作，就在琴的家不遠處。他的生命軌道一夜巨變。琴還記得，有一天，他穿著工作服衝到她家，快得不得了，琴立刻知道，工作上一定發生了什麼事情。她說，西德尼一向比較「衝動」，可是從來沒有如此焦慮過。琴回憶著：「他進來，問我，我有沒有錢，因為他要離開安尼斯頓，而且必須立刻離開。」

她把所有的錢都給了他，西德尼跑了出去，沿著庫柏大道（Cooper Avenue），往城中心區跑。他搭上火車，消失了。甚至沒有跟妻子和孩子道別。他到了克里夫蘭，給家裡打了電話。當時，他的一位姊姊已經住在克里夫蘭了。幾個星期之後，梅波、桑尼和小瑪麗坐上「黑人車廂」，往克里夫蘭出發。

琴一直不知道，鋼鐵廠裡發生了什麼事情，讓西德尼必須逃亡。她認為，問這件事情很「不體面」，但是她還記得西德尼臉上的恐懼。「我把所有的錢都給了他，他看起來很需要錢。我不知道出了什麼事，但是我知道一定出了事情。」

琴說話時，我想像我母親，九歲大，忽然失去她愛的父親。我想像她離開她唯一知道的家。她的母親跟她說了什麼？為什麼要搬家？發生什麼事了，使得她父親必須忽然離開？她要如何理解他們必須離開舒適的家，去北方神祕的遙遠地方？

無論西德尼那天在安尼斯頓面對的是什麼厄運，都無法依賴警方協助，別人的經驗已經讓他學到了這點。逃亡還比較安全。琴對我解釋：「如果他惹上麻煩，最不可能去找警察。喔，不行。你找警察會害死自己。」琴停下來思考了一下，然後才說：「我住在安尼斯頓的時候，從來沒有聽過任何人會去找警察。我是說真的。」

她的故事說得很清楚了，南方黑人生活如此困難的原因，不只是隨時過著二等公民的日子，他們必須從不同的飲水機喝水，必須去不同的學校、餐廳和廁所，他們必須在不同的地方等待，坐著、站著、看診都在不同地方。而且，他們隨時可能面對暴力威脅，卻得不到保護或賠償。隔離政策是規矩，警察則是執行者，大家都認為警察根本就是三K黨（Ku Klux Klan，編按：美國史上不同時期宣揚白人至上的組織，並以暴力及各種方式作為達成目標的手段）的延伸。琴解釋著：「如果你想知道的話，有色人種只能自己照顧自己。」

南方對有色女孩更為危險。白人男子經常覬覦她們，知道自己可以強暴和攻擊黑人女孩而不會有後果。根據安尼斯頓的歷史文件，直到一九六五年，我母親的家庭離開南方很久之後，才第一次有白人男子因為對黑人犯罪而被判刑。

琴還記得，黑人女孩遠在青春期開始之前，就需要記住的規矩：如果她們獨自一人，覺得被跟蹤了，就要立刻躲進安全的地方，不要離開，直到朋友或家人去接她。琴記得：「他們有一些地方特別讓你躲藏，你可以去那邊，打電話找人來幫你。」每一個女孩都得知道這些安全藏身之處在哪裡。

在安尼斯頓，你能夠想像的每一個地方都是隔離的。黑人沒有選擇，只能忍受侮辱。琴還記得，去城中心需要走一條公園小徑，「旁邊有一個白人小孩去的游泳池，黑人不能去。」規矩非常嚴格，和黑人住得「太近」的白人也會受到汙染，被貼上「白垃圾窮鬼」的標籤。

每一個行動，無論大小，都以是否符合或挑戰社會秩序作為衡量基礎。任何挑戰都會以暴力收場。琴很小的時候，這個現實就銘刻在她的心裡了。她記得一九三〇年代的某一天，一大群白人開始聚集在從安尼斯頓通往亞特蘭大的狹窄兩線道路上。琴站得太遠了，無法看清楚，但是當他們移動時，琴可以聽到他們的腳步聲以及說話聲音。她可以感覺到空氣中逐漸高漲的憤怒，也感覺到身邊黑人釋放出來的恐懼。她也害怕起來。她聽著親戚和鄰居悄聲交談，想知道發生什麼事了。

遠處的騷動來自一群暴民，聚集起來要吊死一個黑人男子，只是因為他太有錢了。琴說：「他的農場比其他人的農場收成更好。」在大蕭條時代，掙扎度日的白人農夫無法接受自己的財產損失。帶領暴民的，是安尼斯頓最大的浸信會教堂的牧師。直到今天，琴還感覺得到這個矛盾的傷害：「一位牧師怎麼可以領導私刑暴民？」

許多年後，她的家人每次開車去亞特蘭大，都會經過這所教堂。琴會看著車外，想到那一天。一次又一次，她發現自己一直在問自己：「他們為什麼這麼恨我們？」自從她聽到白人暴民殺黑人時發出的激動聲音之後，琴的心裡一直有這個疑問。

她常常問她的母親，每次都獲得一樣的答案：「因為我們的膚色。」

答案可能這麼簡單、這麼沒有說服力嗎？為什麼這麼多人不願意超越膚色，看到對方的人格和個性？為什麼仇恨如此強烈，以至於會用致命的行動慶祝仇恨？

八十多年過去了，琴仍然不解。「我就是不懂。珍妮佛，我一直不懂。」

* * *

和琴聊過的一個月後，二〇一八年四月二十五日，我到達阿拉巴馬州的蒙特哥馬利（Montgomery），參加全國和平正義紀念碑（National Memorial for Peace and Justice）的開幕典禮。這個紀念碑也被稱為私刑紀念碑（Lynching Memorial），是由布萊恩・史帝文森（Bryan Stevenson）領導的平等正義倡議（Equal Justice Initiative）組織設立的，用來紀念所有受到私刑恐怖影響的黑人家庭。大家從各處來參加開幕，希望獲得認可、追究責任、得到真相與和解。紀念碑是療癒之處，就像華府的大屠殺紀念館（Holocaust Memorial Museum）或是南非約翰尼斯堡（Johannesburg）的種族隔離紀念館（Apartheid Museum）一樣。私刑紀念碑是一個有力的提醒，無論是個人或是國家，我們都需要認真對待種族歧視、面對偏見，即使是最糟糕的偏見。

私刑，就是一群暴民未經司法判決就謀殺別人。從十九世紀中期到二十世紀中期，美國各地都有私刑，主要集中在南方，尤其是密西西比、喬治亞和阿拉巴馬。私刑紀念碑位在一座小山坡上，俯視蒙特哥馬利城中心。這裡曾經是南方政府的首都。紀念碑的設計有很大的開放空間，大部分區域沒有外牆，建築和訪客都被暴露在室外的氣候條件下。展覽場有八百個長方形金屬盒子，每一個都有一百八十公分高，每一個盒子代表一個曾經發生私刑的郡。木地板往下傾斜，訪客被迫仰頭看這些生鏽的金屬盒子。天花板上有一條長長的杆子，盒子掛在杆子上，就像當年私刑受害者掛在樹梢擺盪的模樣。

我發現一系列的小牌子，上面刻著短短的句子，述說著阿拉巴馬州的黑人每天身處的險境。最早遭到私刑的是傑克．透納（Jack Turner），他因為組織黑人投票而被吊死於一八八二年。一八八八年，七位黑人被吊死，因為他們從白人的井裡喝水。一八九四年，傑克．布朗里（Jack Brownlee）被吊死，因為他害攻擊他女兒的人被逮捕。名單很長，一八七七年到一九四三年之間，光是阿拉巴馬州就有三百四十位黑人被私刑處決。這個數字還會升高，因為研究者還在繼續收集文獻和口述歷史。我讀到的最後一次是一九四〇年，傑西．索恩頓（Jesse Thornton）跟白人警察說話時，沒有用「先生」的敬稱而被吊死。

站在那裡，看著這些野蠻行為的紀錄，我開始重新思考，我的外祖父為何害怕、慌張地倉促離開？他逃到克里夫蘭，躲開了何種可怕的命運？

在新的地方對抗偏見

我的家族逃離鎮壓、尋求自由的旅程，就像現在全美國或全世界的少數族群正在做的一樣。他們的搬離不只是家族的移動而已，搬離反映了空間如何被用來鎮壓人們，就像居住限制可以用來消除潛力一樣。無論是規定、習俗或狀況使然，當你決定人們可以住在哪裡、可以在哪裡吃飯、可以坐在哪裡、可以在哪裡游泳時，空間便成為汙名化的力量，隔離和孤立人們，讓人們待在自己的位置上，持續強化社會的不平等。

空間也可以解放我們。當人們離開壓迫的空間，往往是受到生活條件的驅動：他們想要更好的學校、更多的工作、更安全的街道。但是，移動的獎賞可能超過了生活的基本需求。到一個新的地方落腳，可能掌握了社會的移動性，超越刻板印象，最終，讓偏見的影響不那麼強。

琴協助我外祖父脫逃之後不久，她也離開安尼斯頓，搬到芝加哥了。她到芝加哥時，已經是一位專業人士，從密西西比州傑克遜（Jackson）外面的土卡魯黑人大學（Tougaloo College）畢業。後來，她又去念了亞特蘭大社工學校（Atlanta School of

Social Work）。琴到了芝加哥，滿心期待過上更好的日子。但是北方並沒有提供她所想像的救贖。她的種族身分仍然讓她無法取得某些職位，無法在某些商店買東西，無法住在某些社區。事實上，北方的居住隔離似乎比她在南方遇到的隔離更嚴重，只是沒有明說而已。

她記得，當她和她丈夫搬進新家時，附近的白人非常快速地開始搬離。當黑人搬進一個社區時，房屋仲介為了個人利益，會讓白人居民害怕犯罪率會提高、屋價會下降。白人很焦慮地想在白人社區變成黑人社區之前，趕快離開，寧可認賠出場。即使售價造成損失，也要趕快賣掉。琴遇見對街的善良白人一次，只有一次。琴回憶說：「他說他和他太太絕對不會搬家。我丈夫麥克斯對我說：『你覺得他們會待多久？』我說：『他們這星期就會搬走了。』」果然，他們立刻搬走了。

在南方，黑人一直存在，雖然從來沒有完全被接受，但是至少被容忍著。但是在一九三〇年代和一九四〇年代，幾百萬黑人移民到北方時，他們被視為醜陋的入侵者。北方城市必須重新建構、加強，以面對這個居住風暴。

歷史學家理查·羅斯史坦（Richard Rothstein）在他的書《法律的顏色》（*The Color of Law*）裡寫道，私人和政府的力量一起合作，阻止融合，保護既有的社會秩序。一位重要的城市計畫專家解釋，白人社區必須受到保護：「不致受到有色種族的侵犯。種族分區對於公眾和平、秩序與安全都十分重要。」

房屋仲介受到警告，不可以把房屋賣給「某些種族」，尤其是黑人和外國人，因為這些人的存在會使社區房產都「房價降低」。二次世界大戰之後，各處如雨後春筍般冒出來的市郊房子，價錢非常合理，但是黑人不能購買。

黑人家庭花了幾十年，慢慢發現，在他們新的北方家裡，種族進步所激起的恐懼、厭惡和權利，讓偏見一起來到了新的地方。種族的社會流動性確實比之前離我們更近了，但是卻仍然無法企及。

＊＊＊

偏見推動了二十世紀的移民運動，同時也帶來了很容易定義也很容易看見的陰影。今天已經是二十一世紀了，偏見有了新的科技加持，放大了我們所見的一切，但是我們仍然無法理解其意義。

監視器已經成為主流，保護我們的家門。社交網路建立我們與鄰居的連結。保障安全、促進團結的工具卻也可以造成狹隘的眼光，扭曲我們的危機感，加深懷疑，甚至威脅到別人的安全。居民可以在毫無證據的狀況下，用一根手指和鍵盤就對鄰居或警方發放「有嫌疑的」陌生人的訊息。這個做法擴大了、也合理化了社區居民的偏見，不斷擔心自己家的安全。

同樣的科技可以汙名化無辜的人，也可以用來記錄和分享以前看不到的、令人擔心的偏見表現：北卡羅萊納州社區游泳池裡，一位白人居民接近黑人青少年，把他們趕出去；在紐約州某家餐廳裡，拉丁裔的人因為說西班牙話而被罵、被威脅；因為自己的族裔，亞裔婦女的旅社訂房被取消，旅社主人回答的簡訊寫著：「三個字就夠了。亞洲人。」

我們正在建構各種先進系統，篩選對象，只讓某些人進來。但是誰屬於哪個分類呢？這才是最終的選擇，而我們每天一再地做出這個選擇。我們期待科技讓我們比較不害怕，卻也鼓勵我們對內在的恐懼——無論你承認與否——採取更快的行動。有時候，光是心存恐懼，便足以讓我們認為需要保護自己，準備面對想像中的壞人。

在密西根州，一位黑人青少年按了一戶人家的門鈴，住在裡面的白人根本沒有檢查監視器，就拿起槍，直到後來警察來了。這位男孩只是想問路而已，他要到當地的一所高中去。應門的白人女子看到他，嚇了一大跳，開始尖叫。她的丈夫聽到了，跑下樓，看了男孩一眼，抓起槍射擊。

沒有打中，丈夫被捕。他為了保護自己而裝的監視器錄下了過程，成為警方證據。男孩說得對，他只是問路而已，沒有做任何有威脅性的事。夫妻兩人用令人害怕的刻板印象看這個男孩，鏡頭卻公正說話。

研究顯示，恐懼可以驅使偏見，釋放原始的刻板印象，使得一個緊張的十四歲男孩變成了危險人物——如果你的態度和經驗讓你準備這樣看的話。原本是讓你保持安全的恐懼反應也可以激發偏見，汙名化並威脅別人。我們運用科技消除對我們家庭的威脅，卻也可能摧毀人性。在這個案例裡，監視系統錄下了這對夫妻採取行動時的思考。影片中，這位妻子說：「這些人為什麼選了我的房子？」那天早上，她的前廊上沒有「這些人」，只有一個迷路的男孩。

警方檢視監視錄影之後，警察局長麥可．坡查德（Michael Bouchard）迅速公開指責這對夫妻，讓男孩生命陷入危險。他告訴記者：「這人聽到門鈴響了，走出去對著來人開槍。如果有人逃離你的房子，你追到外面，對著他開槍，我們就會對你提出犯罪控訴。」

這位男子被控「蓄意謀殺的攻擊罪」。六個月後，二〇一八年十月，陪審團宣判。他獲得罪行比較輕的攻擊罪以及使用武器進行重罪犯行，至少服刑兩年。陪審團只花了三小時就達成判決。

警察局長設立了界限，讓司法正義得以執行。他用真相對抗偏見，提供清楚的方向，指出在這種狀況下，什麼才是恰當的反應，什麼不是。他退後一步，看到了整個重點，而不是被恐懼和成見驅使的倉促射擊。

這是面對偏見的恰當方式。但我們看到的經常並非如此。有些方法原本是要協助我們搭橋造路、消滅偏見的，卻反而助長了我們無意識的歧視。

＊＊＊

我開車四十分鐘，從史丹佛綠油油的校園到舊金山塞車的城中心，去見莎拉·黎里（Sarah Leary）。她與執行長尼拉夫·托利亞（Nirav Tolia）一起合創了社交網路服務「隔壁」（Nextdoor），幫許多社區建立很大的聊天室，全美和全球有幾千萬人使用。它的任務宣言展現理想很高的目標：提供可以信任的平臺，鄰居可以一起建構更強壯、安全、快樂的社群。它提供地方性的網路平臺，讓鄰居可以更容易地彼此相互溝通。

公司總部設在很高的宏偉建築裡，就在市場街（Market Street）上，推特（Tweeter）大樓的後面。我到了七樓，走出電梯，走進辦公室，看起來就像我想像中的科技創業公司：很酷，很隨和。沒有豪華的辦公室，沒有豪華的大桌子。看起來很透明，好像我站在那裡就可以看到整間公司：很大的空間裡，一個接一個的白色桌子。即使是創建者的桌子都在那一堆桌子裡面，沒有隔牆。我們在玻璃隔間的會議室見面，坐在有滾輪的塑膠椅子上。那個空間裡的平等氛圍正是「隔壁」想要在網路上提供的：大家可以自在地和從未見過面的鄰居連結，無論他們是在尋找走失的小狗，還是想找可靠的保姆、送走舊家具、分享菜園豐收、警告鄰居附近有郊狼出沒，或是發現看起來怪怪的陌生人。最後一項引起的麻煩，把我帶到了「隔壁」的會議室。

那時候，「隔壁」有超過十八萬五千個美國社區參與，另外還有全球兩萬五千個社區參與。「犯罪與安全」類別發生了問題。太多文章充滿種族歧視的味道，訊息中將走在街上、坐在車子裡、講手機、敲門的黑人和拉丁裔標為「可疑」。奧克蘭新聞報導了這個問題，莎拉和她的企業夥伴聽到這些故事，非常驚嚇。他們開始從客戶那邊也聽到同樣的故事。他們的平臺沒有讓鄰居變得更親近，而是暴露了生猛激進的種族動力，不僅製造受傷的心情，也升高敵意、造成激烈的網路爭論。

「隔壁」團隊開始檢視平臺，找出種族剖析的跡象，並探索如何處理偏見的研究文獻。和每天幾百萬則上傳的文章相比，讓人不安的文章數量十分「稀少」，但是莎拉說：「我們覺得，即使只有一則糟糕的文章，都很糟糕……我們真的進行了出自肺腑的反省，經歷了深入心靈的體驗。」

她的團隊閱讀了大量文獻，試圖超越深奧難解的學術文字，找出其中的技巧，既可以保留使用者看到危險就指出危險的自由，同時保護大家不會被不公平對待。莎拉說：「大部分的人沒有刻意地做種族剖析，他們甚至無法同意什麼是種族剖析。他們只知道，當他們看到讓他們不自在或不理解的現象時，為了安全起見，就上網分享。他們很激動，上傳文章……他們覺得自己這麼做是在做好事。」

「隔壁」需要找到方法，降低容易激動的衝動，以免光是膚色就引起懷疑。她的團隊想要教育大家，而不是羞辱大家，也不想讓不小心或不夠敏感的使用者尷尬惹上麻煩，覺得受到排斥。她發現幾個可能的解決方法，有些研究顯示，當我們害怕並快速採取行動時，偏見最容易冒出來。我去她的辦公室，分享我在這方面的專業知識。

速度是科技想要追求的聖杯。大部分科技產品的目標都是減少摩擦，讓人能夠快速、直覺地使用。但是科技如此方便的特質，同時也使得有關種族和安全的話題如此危險。科技的目標是讓使用者的網路經驗容易、快速、流動，讓他們可以立刻表達自己。但這正是我們會倚賴潛意識偏見的狀況。

為了阻止平臺上的種族剖析，他們必須讓大家慢下來。這表示上傳關於「可疑人士」文章的步驟必須增加，但是又不能讓使用者覺得太難搞而乾脆不用了。他們需要讓大家不得不超越種族類別，思考一下其他特質。所以，他們發展出一個檢查表，上傳關於「可疑人士」的文章前，提醒大家一項一項勾選。

- 專注於行為。這個人在做什麼讓你擔心？這件事和可能的犯罪有何關係？
- 完整描述，包括服裝，以分辨類似的人。如果描述很模糊，可能誤認無辜的人，請考慮你無意造成的後果。
- 不要假設犯罪會依照一個人的種族和族裔而定。嚴格禁止種族剖析。

研究支持這一點。提出種族議題、明白面對歧視，可以讓大家心胸比較開放，行為比較公平，尤其是他們有時間反省自己的選擇時。

上傳文章的過程改變了，要求使用者專注於對象的行為，他們不得不超越「看到什麼說什麼」的心態，被迫使用批判性思考：如果你看到可疑的事情，必須精確描述。

過程更有阻力，使得事情慢下來了一些，但是沒有像企業專家預言的導致使用者大量退出。結果是種族剖析事件減少：「隔壁」的追蹤數據顯示，下降了超過百分之七十五。他們甚至調整了全球的使用過程，根據歐洲各個國家的族裔、種族和宗教緊張的組合，個別調整了過濾機制。

這個做法提供的好處不只是降低鄰居之間的敵意，它所引起的衝突和覺察可能讓大家更願意、也更能夠誠實討論種族問題。在多元種族的空間討論關於種族議題的對話可能讓人不自在，怪不得大家會逃避這種討論。種族融合是辛苦的工作，整個過程都充滿了威脅。白人不想要擔心自己會說錯話，被視為種族歧視者。另一方面，少數族裔則不希望擔心自己會受到侮辱。互動需要超越刻板印象，需要能量、決心和意願，願意讓大的、令人不自在的議題侵入個人空間、你的家和你的社區。

研究顯示，和其他種族的人討論種族議題，對白人特別有壓力，他們可能覺得很難安全地走過地雷區。他們的壓力跡象是可以測量的：心跳加快、血管緊縮、身體反應類似準備受到威脅。他們會呈現缺乏認知能力的現象，即便如詞彙識別的簡單工作都會變得困難。

即使只是想到要討論種族議題，在情緒上就已經很困難了。一項研究顯示，當白人知道等一下要跟黑人進行討論時，會根據討論主題而有不同的空間安排。如果告訴參與者，他們會分成小組，討論愛和關係時，他們會把椅子安排得靠近彼此。如果告訴他們會討論種族剖析的話，椅子就會放得距離比較遠。

「隔壁」無法讓人們不感到焦慮。但是，鼓勵大家討論種族議題，考慮一下不加思索地批判可能造成傷害，還是有很多益處。莎拉說：「我發現，這是個人旅程。當你提出這個主題時，一開始大家可能會說：『噢，算了吧。』然後你解釋，他們會說：『喔，對厚，是有道理。』我覺得現在大部分的人都會想：『我會搞砸，所以或許我不應該有這個對話。』但是如果大家相信，這些對話往往能讓彼此更加理解，就會願意對話了。」

她看到在奧克蘭，大家一起討論種族偏見的文章引起的痛苦。莎拉說：「我想，大家就是很封閉，試著簡化世界，用簡單的假設過日子。但是有一大堆例子顯示，別人的生活可能比你假設的更像你自己的生活。當你和不同的人有直接的連結時，你會發展出看到事實的能力。」所以，黑暗中，戴著帽兜的可怕黑人青少年，只是住在下一條街的傑克，他剛練完游泳，正在回家的路上。

「隔壁」模式的美妙之處，就是他們在大家犯錯之前就抓住了問題。莎拉解釋說：「我們非常努力去察覺大家的善意。我認為，當大家懷著善意，寫了文章，以為自己在協助社區，結果有人說：『你是種族歧視者。』大家會覺得非常尷尬。」

這項工具讓使用者在上傳可能引起鄰居之間熱烈爭論的文章之前，先停下來思考一下。一旦留言成功，就很難消除了。如果一個人很生氣被貼上種族歧視的標籤，另一個人則很生氣自己總是提出警告的那個人，總是在說：「你知道自己剛剛做了什麼嗎？」這就不是有建設性的對話。大家都多一點思考，少一點防衛機制，誠實地討論種族議題，是可能的。

最終，我們認為社區是家庭的延伸，家庭則是你放鬆的地方，你期待在家裡感到被愛、安全、自在。**多元種族的生活表示，你必須能夠和思想與你不一定相同的人相處，並感到自在**。別人可能和你經驗不同、觀點不同，過程可能充滿挑戰。但是也可能是一個機會，延伸拓展你的視野，檢視你自己深藏的偏見。

＊　＊　＊

「隔壁」提供網路平臺，和鄰居分享資訊。網路租屋（Airbnb）則提供平臺，和遠方的旅人分享我們的住處。當你訂閱網路租屋服務時，你會進入「一個社群，連結了全球的旅人和當地屋主」。旅人不是住在旅館裡，網路租屋提供了更便宜也更親切的旅行經驗。屋主有機會為陌生人開放自己的家，賺一些錢。這是一個公開的私人住宿市場，核心任務就是對人們打開世界，讓使用者知道「你在每個社區都可以找到歸屬」。

這個點子來自布萊恩·切司基（Brian Chesky）和喬·蓋彼亞（Joe Gebbia）。他們兩個在羅德島設計學院（Rhode Island School of Design）認識。二〇〇七年，他們兩個都到了舊金山，合租了一個小公寓，擔心要怎麼付租金。一個週末，他們把公寓多餘的空間租給來舊金山參加研習會的科技人士。當時，所有的旅館都爆滿了。新的點子於焉產生。他們花了一些時間磨合細節，但是公司業務一飛沖天。現在，有超過一億五千萬的人，在兩百個國家的八萬一千個城市裡，使用網路租屋。有超過五百萬的住屋可以選擇，光是美國就有六十六萬個住處可以選。到了二〇一八年，這個曾經慘淡經營的創業公司價值高達三百一十億美元。

訂閱的人上傳照片和資料，翻閱可以租賃的家庭空間，訂下來，然後網路付費。網路租屋和旅館訂房不同，旅人不是唯一做選擇的人，屋主也可以放棄某個訂房要求。所以，聰明的訂閱者會努力推銷自己，用照片和文字將自己做出最好的呈現。

即使是最棒的履歷也不一定可以讓他們獲得青睞。隨著時間過去，少數族裔的抱怨開始湧進。他們覺得自己受到歧視，有些屋主不接受他們的預約。到了二〇一六年，少數的抱怨變成了海嘯，黑人使用者利用推特、臉書和其他社群媒體分享自己的故事。無論是愛達荷州的小鎮或費城都會區，他們的訂房經驗都很類似：他們試著訂房，但是屋主告訴他們說，沒有空房。有些黑人請白人朋友以同樣的時間訂同樣的房子，忽然就有空房了。有的使用者甚至使用白人的照片，或是改變自己的照片和名字。如此一來，他們就可以輕易地訂到房間。之前，以黑人的身分卻無法訂到。

哈佛商學院的研究者開始深入了解這個問題，顯示問題有多麼普遍。嚴密的田野實驗發現，無論如何調整種族之外的所有變數，黑人都比白人有百分之十六的機率更不受歡迎。

研究者有系統地變化客人的名字，使名字聽起來像是刻板印象的白人或黑人，並以此發展客人剖析。他們用這些資料聯絡了美國五個城市裡，將近六千四百家網路租屋的屋主。在每一個城市裡、每一種住屋形式（從高價到低廉）、每一個種類（經常租屋或偶爾租屋，提供一間客房或整個家）都存在訂房的種族不平等。所在的社區是否種族多元並不會造成不同，就連屋主是否是少數族裔都沒有差別，黑人屋主也會歧視黑人。

網路租屋也進行了深度調查，他們發現證據顯示，所有想要訂房的人之中，黑人最不容易被接受。顯然有種族問題。一開始，網路租屋的反應很慢。之後，在切司基的指導下，開始採取激烈行動來阻止歧視。他指出，種族歧視是「這個公司面對的最大挑戰……種族歧視直接切入我們存在的核心，損害我們堅持的價值」。

網路租屋公司請蘿拉．墨菲（Laura Murphy）協助面對這個挑戰。蘿拉是非裔美國人，也是一位人權律師。她一直致力於種族不平等的問題，包括觀光業。她花了三個月和十幾組相關人士晤談：公司員工、屋主、政府官員、管理機構、觀光組織、人權組織，以及受到歧視的網路租屋使用者。

身為律師，她首先尋找法律上的處理方法，也就是找出如何將公眾居住的法律運用在這個新的狀況。旅館顯然無法根據種族而拒絕任何人，目前的公眾居住法律禁止這麼做。但是，網路租屋提供的是私人住處的廣告——在公眾平臺上。人們在網路租屋公開廣告，以賺錢為目的，當他決定誰可以來自己家住的時候，可以擁有多少的控制呢？

蘿拉建議，網路租屋要比中央法律的條文更進一步，自己決定網路上顧客應有的行為準則。她建議公司強化拒絕歧視的政策，要求每一位使用者簽署「社群承諾」，詳細列舉登記過程：

我同意尊重網路租屋社群裡的每一個人，無論他的種族、宗教、國家、族裔、障礙、性別、性別認同、性別傾向或年紀，都一視同仁，不批判、不懷偏見……歧視會讓屋主、客人和他們的家人覺得被排斥、不受歡迎，我們無法容忍歧視。

不願意簽署承諾的使用者就不能繼續使用網路租屋的平臺，違背反歧視承諾的人則會被平臺禁止使用。這項承諾提供公司一個優勢，可以堅持核心價值，決定大家如何使用這個平臺，才能和傳統的人權概念一致。正如舊的問題可以轉移到新的地方一樣，舊的方法可以修改，以支持新的解決方案。

政策的改變只是一個開始，如果要讓大家遵守網路租屋的規定，頂多也只能得到他們的承諾而已。在模糊地帶，即使價值觀近似的人，也可能無法根據這些價值採取行動。他們甚至可能沒有意識到自己打破了規則。畢竟，有很多非關種族的方式解釋自己為何拒絕黑人的訂房：**他們有小孩同行，我家有太多容易打破的東西了。他們是來過春假的，我不希望一堆人在我家整週開趴**。你很容易跟自己說，你不是看膚色做出決定，你永遠可以找到各種理由拒絕，不用為自己的偏見自責。蘿拉的工作就是專注於讓公司管理階層了解這些心理操作如何在潛意識運作。

蘿拉說，主要的問題不是「平臺上的人說：『嘿，我不想要任何非裔美國人來住。』最大的問題是潛意識的偏見」，這比公開的歧視更難監督或改善。

科技業的自然傾向就是消除摩擦。網路租屋以此為原則，開始解決問題。他們決定鼓勵大家使用「立即訂房」的選項，可以無需屋主事先同意，就可以訂房。這個選項的功能和旅館用的公眾訂房過程類似：只要有空房，顧客又可以付錢，旅館無需顧客的照片、資料或任何關於嗜好或來訪目的的討論，就可以訂房成功。確實，網路租屋的分析顯示，當大家使用「立即訂房」時，客人訂房的種族差異就消失了。

這些結果並不值得慶祝，因為只有很少的旅行者（大約百分之三）使用「立即訂房」選項。黑人比其他族群更不願意使用這個選項——或許因為他們想要避免屋主看到他們時，可能出現的醜陋場面吧。如果到處都有歧視——每一次接觸，歧視都在陰影裡躲著——那麼，事先讓屋主知道自己的種族，可能更好。因此，為了平等而設計的選項，竟讓我們看到，害怕被拒絕的恐懼有多麼深。

另一個方法是增加摩擦，而不是減少摩擦。例如，如果屋主可以看到其他屋主提供客人之前的評價，接受訂房的種族差異就開始消失了。可能因為這個做法讓屋主可以用客人以前行為的具體、重要、事實的資訊，取代模糊的種族刻板印象對於客人行為可能如何的猜測。確實，幾十年來針對刻板印象的研究顯示，個人化資訊的力量足以消除偏見。

現在還太早了，無法確定這些做法是否足夠消除大家不斷抱怨的歧視。公司已經創造了一個包括工程師、研究者、數據科學家和設計者的團隊，唯一的目標就是消除偏見。他們也開始將歧視的抱怨轉到調查專家手上，創立了開放之門（Open Doors）計畫，協助因為種族而無法找到住處的人，找到一個舒適的地方住。

蘿拉看到這些改變，十分高興，因為她了解「這個平臺上的種族歧視所造成的痛苦」。她知道賭注很高。平臺和策略可能是新的，問題卻和美國一樣古老。

她在一九六〇年代的巴爾的摩（Baltimore）長大，父親是政治運動者，帶著孩子參加人權宣傳活動。然而，她的父母卻害怕不帶著《綠皮書》就在美國國內旅行。《黑人旅行綠皮書》（*Negro Motorist Green Book*）是著名的旅遊書，列出全美各地黑人可以覺得安全的地方。在那個時代，有些企業——旅館、餐廳、小酒館、加油站、汽車修理店——會禁止黑人使用。《綠皮書》提供黑人「無麻煩旅行」需要的資訊。

在某些層次而言，《綠皮書》就是二十世紀中期，無法住進一般商業住處的黑人的網路租屋服務。這是文化在反映結構性問題。二十一世紀的問題牽涉到融合，而不是隔離。現在法律已經改變了，空間已經轉化了，我們要如何找到、容納和看到彼此呢？

第八章

嚴厲的教訓

一九五七年，六歲的貝妮絲（Bernice）在密西西比州橄欖枝城（Olive Branch）開始上學。學校只有兩間教室，沒有自來水，廁所是院子裡的一間小茅房。她的課本是白人學生丟掉的舊課本，白人名字還寫在課本上。每一年，學年開始之後，有幾週的時間，全是黑人學生的聯合學校（Union School）會關門，讓貝妮絲和同學去田裡工作一兩個月。他們站在田裡，一面工作，一面看著校車載著白人學生去上白人學校。

三年前，法院已經宣告學校隔離違背憲法。但是對於南方的黑人兒童而言，隔離與設備不良仍是常態，他們得到的教育和白人完全不同。直到一九五九年，橄欖枝城才建了一家有室內廁所的黑人中學。又過了八年，中央政府威脅要刪除密西西比州中央經費，密西西比州才遵守中央法令，允許黑孩子和白人一起上同一個學校。

在這時，州政府發布了一個「選擇」計畫，讓黑人學生可以選擇去念學區裡的白人學校。他們想避免強迫融合可能引起的麻煩，認為很少黑人學生會離開原本的學校，穿過城鎮，進入未知。貝妮絲那時候已經在念高中了，她的一個朋友決定轉校，貝妮絲同意跟她一起轉校。那一年，只有四位黑人學生，全是十一年級的女孩，轉學到橄欖枝高中（Olive Branch High）就讀。那時是一九六七年，貝妮絲首次坐在一個有白人學生的教室裡。

貝妮絲回憶著：「很可怕。我很擔心，因為我從來沒有和白人互動過……當然，我去店裡買東西的時候看過白人。我在一些白人的家裡幫過忙。我和我母親一起，在辦公大樓工作過，清潔、洗盤子、上菜。但是我從來沒有和白人同儕一起待在同一個環境裡。」

結果發現，白人學生根本無意接受黑人同儕。他們用難聽的話說這些黑人女孩，拒絕和她們有任何關係。一旦黑人學生開始上學，學校迅速放棄了長期以來的傳統和社交活動，甚至取消了舞會，以避免種族混在一起。貝妮絲說：「氣氛非常有敵意。」

但是她不是去學校跟白人交朋友的。她膚色很黑，語言發展困難，來自貧窮家庭。她只是希望能夠使用只有白人學校才有的豐富資源：新的課本、科學實驗室、有很多書的圖書館、輔導老師、語言治療師。她在東方高中（East Side High）名列前茅，從未懷疑過自己的學業潛力。但是在橄欖枝高中，她發現在課堂上備受排斥。

有些老師忽視她，一位老師根本就對她有敵意。在代數課堂上，所有學生都是白人，瓊斯老師（Mr. Jones）指定貝妮絲單獨坐在最前面一排。她說：「他不讓任何同學坐在我那一排。我坐在教室裡，卻不是同學中的一員。」貝妮絲被大家忽視，好像完全不存在，同時卻也成為大家眼中的異類。一整年，她單獨坐著，聽到後面傳來同學的譏笑，卻無法回頭。每一天，她都覺得老師不斷地在強調同學的優越和她的低劣。他拒絕教黑人學生，也不允許他的白人學生忍受坐在她旁邊的羞辱。他直接越過她教課。

貝妮絲說：「我沒有學到多少代數。就是沒有。我只覺得受到羞辱，有時候坐在那裡，覺得喪氣……是很可怕的經驗。」

不只是膚色讓貝妮絲與眾不同。全校只有十個學生的父母只上過小學。她的家庭種自己的食物，縫製自己的衣服。她的祖母是一位白人同學家裡的佣人。

在她以前的學校裡，你可以用小鐵桶或舊布袋提著午餐去學校。沒有人會因此批判你，大家都很窮。在白人學校就完全不同了，貧窮是一種恥辱。

貝妮絲在學校圖書館打工，這是學校提供低收入家庭的以工代賑計畫。每個週五，學校廣播系統會公開呼叫她去領薪水。她走出教室去領支票的時候，班上同學會取笑她。同學之中，只有她需要這張支票付日常開銷。她為自己家的貧窮感到丟臉。她父親是自學的黑手，開著破車，一身骯髒油汙的去學校接她。她發現自己會祈禱，希望父親晚到，同學就不會看到他了。他的存在變成另一項必須忍受的羞辱，另一個她不屬於這裡的提醒。

貝妮絲沒有抱怨。她不希望父親有負擔或是有無力感，而且她一心想讓父親遠離傷害。那時，他正在積極鼓勵黑人去投票。光是這一點，就足以激起白人的暴力威脅了。所以，貝妮絲保持靜默。

她有沒有後悔轉學到白人學校的決定呢？貝妮絲說：「有時候會，但是大部分時候不會。我在那邊獲得很多我在以前的學校得不到的東西，永遠得不到的東西。」

治療解決了她的語言困難。圖書館裡大量的書籍擴展了她的世界觀。第一年結束時，她的成績好到成為橄欖枝高中榮譽榜裡的第一位黑人。

她的經驗肯定了幾十年的研究觀察。黑人和拉丁裔學生在種族融合的學校中，學業表現更好。反之，同學之中有黑人和其他有色人種時，白人學生的成績並不會下降。社會經濟地位扮演了關鍵角色：中產階級和富有地區的融合學校往往資源較佳。這些學校和低收入社區的隔離學校比較起來，有經驗的老師比較多、家長教育程度比較高、學業期待也比較高。追蹤考試成績、畢業率和大學成功率都證實了所造成的影響。

比較難以度量的是類似貝妮絲的遭遇所造成的社會後果。一九五〇年代和一九六〇年代，贊成取消學校隔離的人認為，不同族裔的兒童之間，親密的個人接觸會讓他們的家庭及社區變得更有包容力，最終能夠改善種族關係。

那時候，大家認為種族偏見來自無知。所以，思考角度就是：只要讓大家彼此接觸，讓大家都能以個人的名字、臉孔和事實取代刻板印象，就可以減少敵意和種族態度。一旦放鬆偏見的障礙，社會融合會讓少數族裔得以興起。

某些關於教育資源平等的樂觀態度確實已經成真了。在融合學校至少念過五年的黑人學生，成年後的收入比隔離學校的同儕高了百分之二十五，而且中年時的健康也比較好。融合學校帶來的益處超越種族，而且延續到下一代。無論哪一個種族，在種族多元的學校念書的人，都比沒有在多元種族學校念書的人，更可能有其他種族的朋友，更可能選擇住在融合社區、在融合社區養育孩子，並且更經常參與公民活動。

大家期待融合學校成為種族成見的解藥，但是有一些障礙是大家沒有預料到的。結果是，單單坐在同一個教室裡並不夠，無法彌補長期以來的成見。種族融合的接觸要看狀況。一九五四年，社會心理學家高登．歐坡特（Gordon Allport）寫了一部經典《成見的本質》（*The Nature of Prejudice*）。他主張互動必須符合一大串的條件（包括雙方地位相等、受到威權人士的鼓勵、是個人經驗而不是表面的經驗），才比較可能克服偏見。

當你遇到像貝妮絲在代數課上的遭遇，被貼上了「劣等」的標籤，四周的人會了解和吸收這個汙名。當代表威權、受人信任的老師一直看不起你，送出的訊息就是「**不平等**是正常的」。沒有人想在你身上花時間，偏見沒有受到挑戰，於是刻板印象繼續存在。現在的學校不再隔離了，學生可能不再遇到像貝妮絲那麼戲劇性的經驗，但是符合克服偏見的條件仍然是一個挑戰。許多學校的條件都不夠。

長久以來，即使是研究者都不了解用接觸對抗成見的力量。一直到了歐坡特的「接觸假說」（contact hypothesis）才指出，簡單做法的問題出在哪裡。事實上，和你決心不喜歡的人相處，可能反而肯定了心裡的偏見：**我以為這些人很蠢，現在我知道他們確實很蠢了**。歐坡特發現，接觸可能讓衝突惡化而不是改善，尤其是接觸的狀況牽涉到競爭，或造成參與者焦慮的時候。接觸必須很經過夠長的時間、經常發生，大家都對彼此感到自在，覺得大家有共同的目標或連結，才能解決分別你我所帶來的隔離感。這就是貝妮絲最終取得平權與被接受的原因。高三那年，榮譽榜上的學生一起去紐約市旅行。貝妮絲是榮譽學生，也受邀前往。她很焦慮。她從未離開過家，她最不想的就是和一群有敵意的白人學生一起去旅行了。沒關係，反正，她的家庭也無法負擔旅費。

儘管貝妮絲非常擔心，但是她母親感到非常驕傲。她縫衣服、幫人清潔屋子、賣手作紙花，收入微薄。儘管如此，她還是存了足夠的錢，幫貝妮絲買了機票、付了旅館房間的錢。她了解，她的女兒必須比別人付更多的錢，因為她無法像別人一樣，和另一個人分擔雙人房的錢。白人學生都不願意和有色女孩住同一間房間。

雖然有這麼多困難，貝妮絲還是去了。她和大家一起在曼哈頓街上走著，非常興奮。她就像其他來自南方的同伴，非常殷勤。這些青春期的孩子們微笑著對街上的陌生人打招呼，但是完全沒人理會。貝妮絲記得：「我們走在曼哈頓街上，對著紐約人說：『哈囉！哈囉！』他們就只是繼續走，而且走得很快。」忽然，貝妮絲和同學都變成外人了，在曼哈頓一起成為二等公民。這個經驗是一個轉捩點，她說：「這讓我們專注於我們之間的共同性，而不是差異性。」

這個同儕感一直延續了整個旅行，最後讓貝妮絲在原本可能極度羞辱的餐館經驗中得以享受了一餐。貝妮絲是這群人中唯一一個從未去過餐廳的人。她和白人同學一起在紐約市有名的餐廳草地客棧（Tavern on the Green）吃飯時，完全不知道要點什麼。她看著菜單，想找到什麼自己知道的餐點，不好意思問侍者或同學。她說：「我終於看到『春雞』，我想，『嗯，雞，我可以吃雞。』我點了這道菜，為自己感到驕傲。」當侍者送上她點的春雞時，看起來像一整隻小鳥。她不確定那是什麼鳥，就不敢吃。她只吃了旁邊的蔬菜，把小鳥給了一位同學。同學很開心地幫她吃掉了，沒有人取笑她。他們坐在一起吃飯，一邊講話一邊笑。

貝妮絲當時不知道，但是她所經驗的就是情境減弱偏見的力量。研究曾經顯示，當我們面對同一個敵人時，彼此之間的偏見會暫時消失，團結起來，一起存活。當我們面對威脅時，即使是最堅強的群體界限也可以被重新設定。貝妮絲和同學都被紐約人忽視，於是同學首次可以將貝妮絲視為成員。她終於嘗到了和白人平等的滋味，或是說，她和一群白人一起體驗了身為外人、被群眾排斥的滋味。

走在一起

我小時候，只知道克里夫蘭的葛雷斯芒特小學（Gracemount Elementary School），而且還滿喜歡的。同學很乾淨，老師也挺好，籃框上有鏈狀籃網，柏油鋪的遊樂場空間夠大，下課時可以一起踢球玩。一九七七年，我的父母決定搬家，從都是黑人的里哈佛（Lee-Harvard）搬到幾乎都是白人的比奇伍德。我進入了一個新世界。學校很現代、很大，教室也很大，校園綠油油的。資源上的差異——全然不同，完全符合種族差異——讓我終身對種族不平等感到有興趣。我當時不明白父母的選擇將為我帶來非常大的益處。十二歲時，我從一個必須隱藏我對學習的熱愛的環境，搬到了一個總是鼓勵和強化我學習動機的環境。

在比奇伍德高中，大學被視為良好教育途徑的下一步，而不是多數人都無法企及的夢想。雖然我的舊社區很近，騎腳踏車就到得了，我很確定，如果我們待在那邊，我不會大學畢業，更不會上哈佛的研究所了。那次搬家改變了我的人生。

但是，這個改變並非沒有代價。貝妮絲總是被老師提醒，在南方高中，她是外人。有時候，我在我的市郊高中，也會得到同樣的訊息，雖然比較不那麼直接。

國中之後，我在比奇伍德的朋友圈更大了。高中比較大，也比較多元，雖然全部老師都是白人。有幾十位黑人學生，我們經常一起玩。

比奇伍德高中對校內各方面的前衛教育感到很驕傲，包括藝術科目。我的朋友瑪麗．諾伍德（Mary Norwood）和我在高三的時候，花了幾個月的時間，創作一件主題是社會正義的藝術作品，覺得十分自在。我們用粉彩在很大的畫布上畫了一幅風景畫，美術老師史考特先生（Mr. Scott）支持並鼓勵我們。

我們畫了遠看很像山頂積雪的山，近看其實是三K黨的白色尖帽子。山上有一棵看起來像大樹，其實是一隻褐色的手，青筋暴露，穿越壓制，朝向太陽。太陽中間是馬丁路德．金恩（Dr. Martin Luther King Jr.）的肖像。在一九八〇年代，這張畫是市郊兩個少女激進的宣言。史考特老師非常激賞，把我們的畫裱起來，掛在學校最主要的走廊。

瑪麗和我對我們的藝術成就都感到非常驕傲。畫剛裱好了，我們就邀請幾個女性朋友去學校地下室的木工教室欣賞作品。

我們通通興奮地唧唧喳喳著。看完之後，我們走上樓梯，轉過轉角，到了主要的走廊，看到以前教我代數的科林斯老師（Mrs. Collins），她正在斜眼看著我們。她轉頭，視線跟著我們這群黑人女孩。她的眼睛瞇起來，對著我們走過來，每一步都讓她的臉顫抖一下。我可以感覺到她的不以為然，彌漫在我們之間。

科林斯老師開始接近我們，我們繼續往美術教室走。她開始對我們喊著黑人女孩的名字：「多莉西亞！塔妮莎！莎莉塔！愛西亞！」沒有人轉身。我們之中，根本沒有人叫這些名字。

我命令大家：「不要回頭看！」我越來越生氣：「就是一直往前走，除非你聽到自己的名字。我們不需要停下來！」科林斯太太加快速度，我們也加快速度。她一直在我們背後喊著：「莎妮瓦！德里卡！」真是可笑，簡直就是侮辱。從來沒有珍妮佛，從來沒有瑪麗。對她而言，我們只是一群刻板印象。

我們沒有違反任何規定。我們沒有做錯任何事。好像只是跟一群黑人女孩走在一起，本身就是叛逆。我下定決心，我們不會退讓。最後，科林斯太太放棄了，轉身走掉，但是我知道，我們一定會付出代價。

到了美術教室之後，我告訴史考特老師發生了什麼事。我說：「我們不覺得需要停下來，因為我們沒有做錯任何事情。而且，她根本沒有叫對任何一個名字。」美術老師了解發生了什麼事情。科林斯老師和校長出現時，他已經準備好了。他們要求我離開教室，他們好私下說話。我不知道他們都說了什麼，不過，我從未因為此事受到懲罰，之後也永遠沒有再次遇到科林斯老師了。

我被單獨當作目標，一路追到美術教室，毀了原本如此光榮美好的一天。直到今天，這種根據偏見產生的懷疑，仍在持續塑造著學校裡的互動，使得紀律與學業表現上的不平等加劇。幸運的是，我有一位可以信任、可以依賴的老師。史考特老師肯定了我的觀點、我的才華和我的聲音。他的鼓勵仍然在我的生命中迴盪著。

＊　＊　＊

融合學校承諾將我們變成世界公民，能夠欣賞文化差異，足以面對多元社會。在融合的空間裡，我們變得更能夠跨越種族界限，彼此溝通。確實，跨越種族和族裔界限的個人接觸往往可以減少或消除偏見，但是，研究和真實生活都顯示，融和空間也可能使一個人成為偏見犧牲品的威脅提高。因為種族或族裔身分而被視為沒有價值的威脅，可能成為學生的沉重負擔。

我的三個黑人兒子念的學校裡，大部分都是白人。我可以看到代價及益處，我可以感覺到二者都存在於我孩子的生命中。

我的小兒子哈蘭要進入八年級時，剪了個黑人朋友之間很流行的髮型，上面聳得高高的，四周剃平。他的頭髮很捲，髮尖染成金色。我必須說，他很適合這個髮型。

我和丈夫出門度週末，回來發現，哈蘭的金色髮尖都消失了。他把髮尖剪掉了，但是他並不開心。他告訴我們，校長說，如果他不剪掉金色的部分，就要讓他放學之後留校反省。理由是，學校手冊裡規定，學生不可以染頭髮。

哈蘭念的私立學校有很嚴格的服儀規定。髮色規定只是不希望學生染了綠色、藍色或紫色的頭髮來上學。哈蘭知道很多女同學都有染頭髮。他覺得不只是他的髮色，而是他的身分都受到挑戰，他被單獨挑出來，因為他與眾不同。事實上，他的同學也同意。幾個女同學對他表示同情，因為大家都在傳話，說他的金色髮尖是被迫剪掉的。她們告訴他，她們的頭髮也挑染過，但是沒有人找她們麻煩。女孩們認為，這是基本公平的問題。我丈夫和我認為是種族的問題。

哈蘭沒有要求我們干預。但是他寫了一封電子郵件，告訴校長他的感覺：**「既然這麼要緊，我星期二之前會把金髮剪掉。我只是想知道，為什麼學校裡的白人女孩可以把頭髮染成金色，我就不可以。我知道有些人（我不會告訴你是誰）多年來都在染頭髮，從來沒有人管。**

哈蘭敬上。」

我們這個陽光、敏感的孩子失去了對他很有意義的東西，我丈夫和我決定去學校，與校長談談。

校長跟我們解釋，她不是特別針對哈蘭，但是也不願意為了他網開一面。她的角色就是執行學校的規定：「秋天開學的時候，我告訴每一個染了頭髮的人，把顏色弄掉。大家都聽話了，就哈蘭沒有。」她給哈蘭一個選擇：「或是把髮尖的金色剪掉，或是染回原來的黑色。」

她承認，她完全不知道還有哪些學生可能染了頭髮。「我看不出來。但是哈蘭很明顯染了頭髮，非常顯眼。」也就是說，我們的兒子會面對懲罰的威脅，是因為他無法遮掩自己的違規。哈蘭是班上唯一的黑人，所以，他做的一切都引人注目。為什麼這些女孩可以違反學校規定，但是我們的兒子卻必須守規矩呢？

我們繼續談話，校長開始比較清楚問題在哪裡了，其中牽涉到的議題讓她嚇了一跳。「哈蘭以為我是針對他……」她說到一半停了下來，臉部僵硬，眼睛含淚。她必須拿了面紙，才能繼續說：「這不是我的用意，我和哈蘭關係很好。如果他覺得這是種族議題，我會非常傷心。」

她對我們的對話毫無心理準備。她試著公平地執行校規，不知道在哈蘭的腦子裡有更大的議題。

我們對她的眼淚也毫無心理準備。我回想到，她一向對我們的兒子非常好，他們非常親近。我可以從校長的觀點看這件事，但是我也希望她能夠從我們的觀點看。

我解釋這件事情為什麼不只是頭髮而已。有更大的脈絡，讓哈蘭被教訓時覺得受傷。他不是刻意要擁有怪異的髮型，她眼中誇張的髮型，其實是年輕黑人男性的歸屬感。也就是說，哈蘭是在全部都是白人的學校裡，表達他的黑人身分，這就是種族多元應該有的樣子。當這個認同的衝動獲得的反應是懲罰的威脅時，讓他覺得他唯一的選擇就是隱形，他真實的自我在這個學校裡沒有價值。

我解釋完了之後，校長哭到幾乎無法說話了。她不知不覺間傷害了哈蘭，讓她非常難過。她進入教育界是為了教育年輕人，協助他們了解他們被愛、受到支持。

我向她保證，我們不是去責怪她的。我們知道她在乎我們的兒子，如果她無意間做了什麼，對他們的關係以及他的學校經驗產生負面影響，相信她會希望知道。我們也希望她看到更大的脈絡，了解融合帶來的挑戰：當人們處境不同時，用同樣的方式對待他們，其實不見得公平。

我們很感激，也如釋重負，她很具專業地看到了我們的觀點，並表現出重視我們的兒子。

她答應跟哈蘭談一談。她讓他知道，他們的關係對她很重要。她告訴他，她很抱歉之前沒有看到更寬廣的脈絡。她說，她願意重新思考學校的規定。她甚至問哈蘭，願不願意參與重新考慮髮禁的會議。

她的行為足以成為老師和校長的榜樣，遇到多元種族的困難對話時，要誠實、打開心胸。她願意放下防衛，允許自己聽到我們的心聲，感覺到我們兒子的感受。她從新的觀點看這件事情。如果不是我們都願意冒險進行種族議題的對話，她就不會有這個新觀點了。

我想像我們的對話將會影響她如何接觸其他少數民族的學生，或是任何不合常模的孩子。我想，我的孩子也學到了一些智慧。很久之後，髮色事件的記憶已經模糊了，這些智慧都還會受用：如何為自己站起來，在融合以及不那麼融合的空間，為自己說話。這是個很困難才學到的教訓。

他的經驗不只是時尚宣言而已。這個經驗反映了在融合學校裡，面對各種社交細節的重要性，這些細節不像成績或大學入學率一樣容易測量。甚至在痛苦時刻——有時候正是因為這些時刻——融合學校可以讓學生感覺更能面對融合的世界，更相信自己可以成功。

雖然有一些失誤，但還是看到了進步。五十年前，在全是白人的橄欖枝學校裡，貝妮絲的那位充滿偏見與歧視的代數老師偏執地決心抗拒融合，而且學校還容忍他的行為。貝妮絲必須單獨忍受這一切。幾十年後，我有一小群黑人朋友以及一位白人老師的支持，在一個堅持融合的白人學校裡，學校願意消除針對我的任何偏見。去年，我的兒子擁有班上同學的支持，以及體貼的校長，願意重新考慮可能宣揚偏見的校規。

幾個月之前，哈蘭開始了高中生活，頭上頂著許多小辮子。這次是他原本的髮色。

浮現的不平等

在一九七〇年代和一九八〇年代，對學校裡的學生而言，融合學校似乎成功了。學區——往往違反他們的意願——必須採取行動，在校園內創造多元融合的族群。

但是過去二十年，學校隔離的現象不減反增。種種法律判決削弱了選擇性，無法對抗居住隔離的影響——禁止跨學區的校車、解除法院所命令的反隔離政策、限制核心學校使用種族作為多元化的元素。現在很流行的特許學校（charter school）也成為新的一股力量。雖然特許學校是私立的，但是使用公家支持小型學校的經費。這些特許學校往往種族單一。在種族融合的社區不斷冒出白人的特許學校，大部分學生都是白人。大部分的特許學校都在都市裡，這裡百分之二十五的特許學校擁有超過百分之九十九非白人學生，傳統公立學校則只有百分之十。

讓事情更為複雜的是，我們的人口分布不斷演化改變，隔離學校應該長什麼樣子很難達成共識。今天，公立學校只有一半的學生是白人，五十年前則是百分之八十。現在，拉丁裔占了公立學校的百分之二十五學生人數。我們國家的白人學生人數縮小，族裔多元性提高，哪些學生融合在一起才會對大家都有益呢？

美國人似乎還是相信融合教育的價值。二〇一七年，根據教育者的專業機構大學優等生榮譽學會（Phi Delta Kappa）的調查，百分之七十的家長會讓孩子上種族多元的學校。但是百分之五十七寧可讓孩子念離家近的學校，而不會選擇多元性。喜歡多元學校的家長中，只有百分之二十五願意送孩子去遠一點的學校。我們的社區一直保持種族隔離，使得全國都得面對這個挑戰。

結果就是，根據加州大學洛杉磯分校民權計畫（UCLA Civil Rights Project）的研究顯示，過去三十年裡，非常隔離的學校——白人學生少於百分之十——增加了三倍。念種族隔離學校的黑人增加了百分之十一。黑人和拉丁裔學生往往念學生大部分很貧窮的學校，白人和亞裔學生則多半念中產階級的學校。研究顯示，隔離幾乎像是傳染病似的，遍布全美各大城市。紐約、伊利諾州和加州是最糟糕的三個州，黑人學生被局限在城市環境中。這個趨勢危害了剛發芽的學業成就。

問題還不止於此。即使黑人和拉丁裔孩子在融合學校裡，比在種族隔離的學校裡，學業表現比較好，但是整體來講，成績仍然遠遠落後白人和亞裔孩子。長期以來的學業成就差異，基本上和社會階級的不平等有關。但是，更多的力量削弱了黑人和拉丁裔學生的表現。這些孩子看待教室經驗的方式，和白人同儕不同。

研究者指出了改善學校表現的關鍵元素。**基本原則就是：學生需要覺得他受到尊重，他是有價值的，並和受教育過程中遇到的成人以及教育本身有所連結**。這些心理元素可以影響孩子如何學習、學習多少。

有些課堂干預非常簡單卻非常有效，可以影響複雜的心理過程。兩個關於國中學生的重要關鍵研究使用兩項特定的練習，提升學生能力、自信和連結感，以效果長久並可以度量的方式改善學業表現。

社會心理學家傑弗瑞·科罕（Geoffrey Cohen）帶領一個學術團隊，測試「價值肯定」干預方法的影響。七年級一開始，兩組學生持續寫有結構性的日記。一組寫對他們重要的價值，例如與家人和朋友的關係，或音樂上的興趣。另一組寫「中性」議題，例如早上做了什麼。研究者發現，寫價值的非裔學生比寫尋常事情的非裔學生，成績較好。

這個基本練習本身有一種親密感，在三方面釋放學生的潛力：提醒他們課堂之外的認同，肯定他們的自我形象，讓他們看到學校是一個提供支持的地方，在乎他們的信念和感覺。而且，協助老師超越刻板印象看到學生，更了解學生。

研究肯定了心理狀態和學習過程之間的連結——尤其是黑人學生，他們對於早期的學業失敗，心理上比較脆弱。肯定的益處在成績較差的非裔美國人身上更明顯，非裔兒童多半成績較差。對於他們而言，早期的失敗可能肯定了刻板印象，覺得他們沒有其他孩子那麼聰明，在學校不會成功。價值肯定的練習協助重新建立有能力的感覺，減少心理壓力，打破成績不好的循環。兩年之後，這些獲得肯定的學生仍然比控制組的學生表現更好。

第二個研究也考慮到建立信任的力量，或許可以降低偏見的威脅，釋放少數族裔學生的潛力。大家已經清楚知道，有建設性的回饋是很有力量的工具，可以提升孩子的心智發展。學業進步同時需要誇讚和批評。研究者檢視老師如何提供批評，讓學生進步，而不至於破壞學生的學習動機。

科罕和大衛．依格（David Yeager）帶領的團隊，對黑人學生與白人教師之間的互動特別有興趣。調查顯示，黑人比其他族群更缺乏信任感，尤其是對白人。很大的研究樣本顯示，幽微的暗示或明顯的對待——過度嚴厲的紀律、高姿勢的誇讚、冷淡的社交——證實了黑人學生的不信任感。

研究者試圖對抗這個現象，重新框架老師給學生的批評，不只是指出學生做得不對而已，而是表達對學生能力的信心。這個策略稱為「有智慧的回饋」。

他們在一所白人和黑人學生人數相當，但是老師幾乎全是白人的國中，招募了一批學生。學生要寫一篇作文，老師會給成績和評語。文章發回之前，研究者附上一張紙條，說是老師給的。上面寫著：「我給你這些評語，因為我對你有很高的期待，我知道你可以做得到。」或是「我給你的這些評語，是我對你的作文的回饋。」學生可以選擇重寫一遍，再交給老師。

結果顯示，學生的反應差別極大。當老師的紙條表示他們可以做得到更高的標準時，黑人學生的動機明顯提高。獲得「有智慧的回饋」的黑人學生和控制組相比，有四倍的學生願意重寫。重寫的文章明顯比較好，得到的成績比控制組高。

「有智慧的回饋」對於白人學生造成的影響不大。研究者認為，部分原因來自學生的信任感夠高。「有智慧」的策略對學生表達的是老師沒有經由刻板印象批判學生。白人學生不需要這種保證，他們看待批評就只是可以協助他們進步的資訊而已，而不是偏見的證據。

這個干預方法的成功，靠的就是學生是否覺得自己被看重、是否能夠信任擁有威權角色的成人。研究者認為，黑人學生害怕被白人不公平地批判，使得他們「認為批評來自批評者的不在乎、不關心或偏見，所以他們忽視批評，不會接受批評」。這種心態等於是自我破壞。

偏見不只是學生心中的災難而已。根據美國民權辦公室（U.S. Office for Civil Rights）針對九萬六千名幼稚園到十二年級學生的調查，黑人學生被學校暫時停學懲處的數字，幾乎是白人學生的四倍。這個巨大差距無法用學生行為或社經地位的種族差異來解釋。不平等的部分原因來自主觀判定的個案中，老師或校長做出的選擇。在小的違規事件中，黑人學生明顯更容易受到處罰。

一開始，課堂裡善意的老師和有學習動機的學生，如何變成黑人學生有一大堆紀律問題和暫時停學的處分呢？傑森．歐考諾夫亞（Jason Okonofua）和我為了探索種族偏見在此扮演的角色，用虛構的學生違規行為，檢視了老師的反應。在網路研究中，我們請全國各地不同學校的老師閱讀一位國中學生的懲罰紀錄，違規行為都是小事，例如上課時睡覺。我們給學生取了聽起來像是刻板印象的黑人名字或白人名字。我們發現，一開始時，學生種族並不會影響老師認為違規行為是否嚴重的判斷，或是如何懲處的建議。但是，如果我們告訴教師，同樣的學生已經是第二次違規了，一切就都改變了。

如果是黑人學生，教師對於第二次違規感到更為煩惱，如果是白人學生則不會。

他們會希望對黑人學生採取更強烈的懲處。

這個結果吻合之前的研究，顯示教師一般認為，黑人學生行為比白人學生行為更負面，也更容易有違規的歷史。幾次小的違規之後，黑人學生比其他人更容易被貼上「愛惹麻煩」的標籤。研究中的教師以為學生是黑人的時候，會明顯地更容易認為兩次犯規就形成一個模式了，因此將學生視為麻煩分子，更容易想像學生之後會得到暫時停學的處罰。

即使是年紀小的孩子也可能受到偏見的影響。耶魯兒童研究中心（Yale Child Study Center）的研究團隊做了一項研究，讓一群幼兒教育者看四個學齡前的孩子——黑人男孩、黑人女孩、白人男孩、白人女孩——一起坐在桌前，進行這個年紀的「傳統課堂活動」。研究者讓教師注意影片，尋找可能形成問題的行為跡象。研究者用眼球追蹤儀器記錄他們的凝視，發現幼兒園老師花更多時間注意黑人孩子，尤其是黑人男孩。早在幼兒園時期，黑人兒童就已經被認為比白人兒童更容易行為不佳了。

在這麼小的年紀，老師就有這種想法，對黑人學生的學業成就和心理健康都會有嚴重影響。長久下來，這些學生會開始擔心，在學校會受到怎樣的對待。到了國中，這些擔心將影響日常和老師的互動、學業參與度、認為自己是否適合學校、身為學習者的認同。於是開始惡性循環：黑人學生退縮，老師對他們感到更挫折，當老師的挫折感升高時，學生變得更不願意參與學習，或是開始行為不良。

有效干預不只需要專注於教師的偏見，或是少數族裔學生表現的不良行為。若要降低紀律上的種族不平等，需要老師和學生專注於彼此之間的關係。需要提醒他們目標是什麼，讓他們看到達成目標的途徑。同時也需要讓他們注意到彼此之間希望擁有的關係，而不是專注於他們害怕的關係。

根據以上原則，傑森．歐考諾夫亞、大衛．保尼斯古（David Paunesku）和格雷戈里．華敦（Gregory Walton）發展出一套新的同理心干預方法，使國中學生暫時停學的比例減少了一半。他們讓加州五所非常不同的學校裡的三十一位國中數學老師參與實驗。這些老師總共教一千六百八十二位學生。教師分為兩組，一組參與建構同理心的練習，另一組進行結構類似的活動，重點則是使用科技提倡學習。

在同理心練習時，老師學到何種經驗與擔心會導致不信任與不良行為。老師閱讀了學生的故事，描述他們如何被懲處以及影響是什麼。老師也讀了其他教師如何有效懲處學生的例子。他們也提供自己的例子，如何對需要懲處的學生表示尊重。例如，一位老師說：「我**絕**不記仇。我試著記得他們都是某人的兒子或女兒，父母愛他們，有如人間至寶。」

研究者發現，整個學年裡，同理組老師的學生比控制組老師的學生得到暫時停學處分的機率少了一半。黑人學生和拉丁裔學生，以及之前被暫時停學過的學生，差異更明顯。這些學生，即使是以前被停學過的學生，觀感都變得正向了。學生認為同理組的數學老師比沒有同理心訓練的老師更尊重他們。這項干預是基於建立關係的心理科學，結果顯示，如果老師用同理心看待學生不良行為背後的原因，老師和學生都可以獲得更好的結果。

避開種族

我們鼓勵老師嘗試在學校日常生活中，採用方法面對種族議題，但是，同理心、有智慧的回饋、肯定、高品質的接觸等做法都維持不久。學校最常見的做法之一是色盲策略。**試著不要注意學生的膚色，試著不要想到膚色。如果你不允許自己想到膚色，你就不會有偏見了。**

聽起來很棒，但是沒有科學支持，而且很難做到。我們的大腦、我們的文化和我們的本能，都讓我們用膚色作為分類工具。然而，色盲的訊息在美國社會受到極大重視，即使是我們的孩子都懂得，注意別人的膚色是很不禮貌的。到了十歲，孩子就不再討論種族議題，即使在提及種族會有益處的狀況下——例如描述一群人中唯一的黑人——也是如此。

成人的不自在已經傳達給了孩子和學生。我們害怕、不願意或沒有能力討論種族議題，讓年輕人必須靠自己理解他們看到的衝突和不平等。事實上，色盲的做法有其後果，可能破壞我們朝向平等的努力。當大家努力不看到膚色時，可能也無法看到歧視。

社會心理學家伊凡·阿普菲爾邦（Evan Apfelbaum）和娜麗妮·安巴迪（Nalini Ambady）帶領的研究，測試了這個想法。研究者讓波士頓附近的六十位四、五年級的學生，大部分是白人，錄下提倡種族平等的訊息。有些孩子說的訊息鼓勵色盲：「我們都努力支持種族平等。這表示，我們需要專注於我們彼此之間的相似性，而不是差異性。我們要大家看到，種族不重要，我們都一樣。」其他兒童的訊息則鼓勵贊成多元化：「我們都努力支持種族平等。這表示，我們需要看到我們彼此之間的差異，並欣賞這些差異。我們要大家看到，種族很重要，因為種族差異讓我們都如此特別。」

接下來，所有的孩子都聽別的孩子發生的故事。有些故事有清楚的種族元素，例如黑人小孩玩足球時，被故意絆倒，只因為他是黑人。即使在這種狀態下，色盲組只有百分之五十的孩子認為這是歧視行為。在多元組，幾乎百分之八十的孩子認為這是歧視行為。老師之後觀看了記錄影片。聽孩子描述這個事件時，聽過色盲組訊息的老師認為事件比較沒有問題，比較不會想要干預以保護被欺負的孩子。鼓勵孩子保持種族色盲，會讓他們比較不會注意到歧視事件，而且會造成漣漪效應。色盲提倡的，正是與目標相反的行為：種族不平等。色盲策略讓少數族群的孩子，在看不到他們被傷害的環境裡，必須採取自我保護。

＊　＊　＊

我們的孩子對於種族和族裔的隔離並不盲目，這個現象自從美國建國就一直存在了。現在的社交媒體讓孩子看到每一個蔑視、挑釁和侮辱：上了手銬的黑人男子，被逮捕的原因只是他在星巴克沒有買任何東西。白人大學生把臉畫黑，喊著兄弟會帶著種族歧視意味的口號。褐色的孩子被關在鐵網內，絕望地哭喊著自己跨越美墨邊界的父母。

我們需要協助孩子處理他們看到的不平等和種族敵意。我們知道，和與我們不同的人建立親近的關係——不管是在學校、職場、教會、社區——可以協助減低成見的影響，模糊不同群體之間的界限。

發明「刻板印象」一詞的記者李普曼說得最好：如果沒有打破分類的個人接觸，「當我們注意到某個族群的一個特點，就自動根據我們腦中的刻板印象，填進其他特質。」

但是，我們需要的不只是靠著個人之間的連結，打破制式的偏見，提倡平等，讓大家都能茁壯成長。在此，教育可以扮演重要的角色。某些人或整個社會群體，是如何落在現在的位置上的？年輕人需要了解歷史如何創造結構性障礙，使社會無法融合、無法平等。

李普曼說，歷史是「消毒藥」，可以消除刻板印象的汙染，讓我們「越來越清楚地明白，我們的想法從何時產生、在哪裡產生、如何產生、為什麼我們接受這些想法」。

歷史塑造了我們此刻的觀點。如果有全面性的歷史課程，好好做了準備的老師可以提供學生各種現代惱人議題的脈絡，從反猶現象的升起，到黑人足球員在美國國歌聲中下跪的爭議性景象。然而，研究顯示，我們在這兩方面都很缺乏。大部分學生上的歷史課不足，而且往往充滿偏見。老師則往往準備不足，無法好好教導主題的廣度和深度。

根據「猶太對德國物質索還聯合會」（Conference on Jewish Material Claims Against Germany）的調查，二十一世紀年輕人之中，有百分之二十二說他們從未聽過大屠殺，三分之二——美國總人口的十分之四——不知道奧斯威辛是納粹死亡集中營。

教導充滿種族爭議的議題（例如奴隸制度）時，可能特別有挑戰性。因此，很多學校乾脆不教，或者灌水到一個地步，根本失去意義了。二〇一七年，南方貧困法律中心（Southern Poverty Law Center）對十二年級學生以及社會科教師的調查顯示，學生無法回答關於美國黑奴的基本問題。只有百分之八的學生知道奴隸政策是南方退出美國聯邦政府的主因，幾乎一半的學生說，是為了保護進口商品的稅收（譯注：稅收是美國獨立戰爭的主因，不是南北戰爭）。

調查發現「老師想要認真教奴隸政策，但是課堂中缺乏對這個主題的深度探討」。十分之九的高中社會科教師說，他們一定會教奴隸政策，但是幾乎十分之六的教師覺得課本資訊不足。二〇一五年，全國最大的課本出版公司在德州出版高中地理課本，把黑奴稱為「工人」，從非洲坐著船，到美國南方田裡工作。

課本和老師常常縮小或乾脆不提任何會汙染國家形象的主題。學生無法看到制度真正恐怖的一面，也沒有機會探索壓制的殘酷以及忍受困境的勇氣，無法了解奴役的歷史仍然在塑造我們國家的種族動力，我們不知不覺地仍然在受到影響。調查顯示：「教師和大部分美國人一樣，掙扎著對種族進行開放和誠實的對話。他們在課堂上要如何講述奴隸歷史和種族暴力，卻不讓黑人學生誤以為自己被單挑出來？他們要如何討論這個主題，卻不引起白人學生的罪惡感、憤怒或防衛？」

加州一位老師告訴調查者，為什麼討論奴隸制度這麼困難。她擔心對黑人學生的情緒影響，也擔心同學得到的訊息：「雖然我用不公平的角度教這個部分，單單是我們國家以前廣泛接受奴隸制度的這個事實，某些學生就會加強了黑人比較劣等的概念。就像是說，如果這種事情以前發生過，那就一定是真的。」

貝妮絲的升起與回歸

我站在田納西州唐諾法官（Judge Donald）的豪華辦公室裡，無法停止凝視在深色木板牆上掛的畫。秋天的紅色和橘色，以及像是暴風雨將至的灰色，畫的是一群黑人男子穿著工作服、揹著大捆棉花。他們排在棉花田邊，等待穿著西裝的白人秤重，決定他們的勞力值多少錢。

這幅畫代表的歷史片段，和優雅的家具、昂貴的地毯、唐諾法官三十六年來累積的表揚狀顯得格格不入。但是我知道這幅畫對她的意義。

貝妮絲·唐諾小時候曾經是棉花田裡的採棉花工人。她從密西西比三角洲的棉花田，一路爬到了美國上訴法院。她在橄欖枝成長，是橄欖枝第一批上白人學校的黑人學生。她是家族中第一位高中畢業、大學畢業、法學院畢業的人，也是田納西州第一位被委任為法官的黑人女性。

她走的路很陡，但是貝妮絲·唐諾法官從未忘記橄欖枝的貝妮絲。小貝妮絲的經驗協助她往前走：她一個人坐在高中代數教室，被老師羞辱，被同學取笑。和榮譽學會一起去紐約市的旅行，她終於嘗到被接受的滋味。她第一次走進大學校園，其他的學生都穿著彩色手染的嬉皮上衣和牛仔褲，她則穿著高跟鞋和母親為了新生報到而幫她特別縫製的粉紅色蓬鬆洋裝。

回憶起第一次接觸高等教育，她現在笑了。她和母親在校園裡走著，她說：「大家都穿牛仔褲，我們看起來像是火星人。我穿著這件美麗的粉紅色洋裝……還穿著有蕾絲花邊的襪子。」

她的過去教會了她一件事：不要在意同儕對她的想法。她說：「我就是覺得很驕傲，我認識了一些人，因此很興奮。」

曼菲斯州立大學（Memphis State University）離家很近，但貝妮絲仍不確定要如何適應不熟悉的大學生活。她掙扎著在念書和工作之間取得平衡，還要幫家裡的忙。大一那一年，父親要她回家幫個忙。他幫城裡的一位女士工作，但是拿不到錢。他說：「貝妮絲，你穿上套裝，跟我一起去，拿我的錢。你當我的律師。」

她在橄欖枝高中的經驗，讓她很有自信地穿上藍色套裝，和爸爸一起開車到這位女士家。她告訴這位女士，她的父親，伯伊德先生（Mr. Boyd），如果拿不到錢，就準備提出控告。女人看著他們，關上了門，回來時手上拿著錢。

當貝妮絲決定念法學院時，她的父親開心極了。她跟我說：「以他的了解，律師就是保護大家權益的人。」他們就是「站在壓迫和自由中間的人」。

身為法官，她坐得高高的，面對法庭裡的人，代表著最終的正義裁決者，她周圍的配角包括律師、法警和行政人員。我們在她舒適的辦公室講話，我想像唐諾法官在全是白人的橄欖枝高中代數課堂上，被迫單獨坐著，沒有人支持她。那時候，她是別人取笑的對象，無法逃避，也無法出聲。她的法官委任創造了歷史。之後，橄欖枝高中邀請唐諾法官返校接受榮譽。她已經在內心跟她的高中經驗和解了，雖然有一些事情還是讓她不舒服。

多年後，她才知道，學校當時的校長不准大學升學輔導老師提供黑人學生資訊，讓他們根據自己的成績申請獎學金。貝妮絲本來可以完全靠獎學金完成大學學業的，但是她念大學和法學院時，一直掙扎著找工作付學費和開銷。

她說：「校長的個性一向很和善，這有點欺騙人，因為你會以為他真的相信平等……但是顯然他認為我們都不值得念大學。」

除了欺騙，除了種族誣蔑的話語，除了她被迫忍耐的其他負面對待之外，她的代數老師的行為——每天讓她受辱——真正留下了無法磨滅的傷痕。回到橄欖枝高中，她可能回到不舒服的過去，但是也提供了機會面對過去，然後繼續往前。

唐諾法官接受了邀請，對著滿滿一屋子的人演講，沒有憤怒，也沒有苦澀。之後，大家排隊與她打招呼。她認出了代數老師，瓊斯先生也排在隊伍裡面。看到他，讓她感到不安。她不確定他會說些什麼，或是她會有何反應。他終於走到她面前了，老師眼中含著淚水。她站在那裡，震驚到無法開口說話。瓊斯老師說：「你可以原諒我嗎？我們錯得離譜。」

她演講時，並沒有提到代數課的羞辱，他也無需解釋自己為何道歉，他們雙方都知道他做了什麼。在那一刻，她還沒準備好赦免他。她說：「我想，我最難過的是，我知道我應該原諒他，但是我就是說不出口，我只能對他說：『那已經是很久以前了。』……我已經原諒他了，但是顯然我還沒有克服創傷。」

在那一刻，唐諾法官明白了瓊斯老師的行為，在他自己心裡也留下了印記，他的眼淚似乎反映了他的行為帶給他自己的羞恥。有偏見的人，和受到偏見對待的人，都被迫扮演了他們的角色。

我開始了解，為何受辱的創傷最難癒合。難以癒合，因為五十年後，仍然無法化解。難是難在，對於唐諾法官或瓊斯先生，事情還沒有過去。好難，因為對我們而言，事情還沒有過去。我們還在療癒的路上。我們都在這條路上。

第九章

更高階的學習

他們來啟動種族戰爭，胸前和腰帶上掛著武器。他們呼喊著納粹口號，穿著南軍制服，拿著火炬，模仿穿著白袍、燒十字架的三K黨。他們占領了夏洛特茲威爾（Charlottesville）和維吉尼亞大學（University of Virginia）校園，改變了美國對於種族和歧視的對話。十年前，人們還無法想像這種對話。

超過二十年了，我一直都在研究潛意識的偏見。這些偏見如此沉默，社會科學家必須證明它們真的存在。現在，我家客廳裡，電視正在播放活像歷史書裡面的影像。我們一直專注於解釋和消除內隱偏見，我們沒有注意到，內隱偏見可以如此全然、如此危險地再度顯現。現在，社會與政治常態的改變，讓以前只能躲在衣櫥裡的歧視有了聲音。

我試著想像，維吉尼亞大學的學生感覺如何，他們成長在兩度選出黑人總統的國家。現在，他們的校園卻成為新的、有能見度的白人至上運動的戰場。夏洛特茲威爾的人站出來挑戰這些人，但是傷害已經造成了。

一直以來，根據大學的本質，各個大學都是驅動和反映社會改變的地方。懷抱理想的年輕人——沒有受到偏狹觀點的桎梏，對不公義極為敏感——不怕挑戰威權，勇於改變世界。

一九六〇年，北卡羅萊納州格林斯伯洛（Greensboro）的四位黑人大學生走進當地的烏爾烏斯（Woolworth）商店，坐在「只限白人」的餐桌前，拒絕離開，民權運動躍上了國家舞臺。這個行為激發了好幾個月的抗議，導致自由乘車（Freedom Rides）和投票者登記運動，引起全美多元種族的大學生聯合對抗南方的歧視。

協助使得美國退出越戰的反戰宣傳就是源自大學校園。一九七〇年，肯特州立大學（Kent State University）的四位學生在遊行時，被國家民兵（National Guard）射擊死亡，全國拒絕忽視。接下來爆發許多示威，有四百萬名學生參與，使得超過四百家大學關閉校園。在紐約大學，一個窗戶上的布條寫著：「他們無法殺光我們！」

直到今天，騷動的感覺仍然存在。事實上，根據大一新生的調查顯示，大學生投入社會運動和社會事務的比例比過去五十年都更高。自從一九七三年以來，現在有更多學生認為自己屬於「自由派」。

但是，二〇一六年，川普（Donald Trump）當選美國總統，刺激了自由派的學生，鼓勵了右派邊緣團體，使大學校園變成雙方的戰場，誰的權利值得保護？誰的聲音被聽到了？

二〇一七年八月十二日，在維吉尼亞大學，雙方價值直接衝撞了。幾百位白人國家主義者帶著槍和南軍旗幟，在維吉尼亞州夏洛特茲威爾城中心遊行，抗議市政府提議拆除南軍羅伯・李（Robert E. Lee）將軍的紀念碑。這個遊行演變成吵架和毆打。一位白人國家主義者開著車子衝進對方的群眾中，撞死了一位女性。

前一晚，超過一百位新納粹主義者拿著火炬，一起大剌剌地穿過維吉尼亞大學校園，明擺著要挑戰美國社會在過去半個世紀逐漸發展出來的種族平等常態。

大學是年輕人發掘和重新建構自己的地方，引導我們思考與行為的社會常態將受到挑戰。在大學校園開始的事情，將會擴展到更大的文化範疇中。因此，大學是社會運動萌芽的溫床，也是測量我們國家方向的晴雨計。

夏洛特茲威爾的暴力遊行，讓美國倒退到這些大學生太年輕以至於無法記得的舊社會。我在想，那個仇恨的夏天，將如何在課堂內及課堂外影響學生和教授？他們對偏見會如何想、如何討論？遊行造成了什麼傷害？教訓是什麼？人們要如何繼續往前？這些問題讓我在二〇一七年十一月一日，不得不去一趟夏洛特茲威爾。

＊＊＊

我的飛機降落時，天已經晚了，我非常累。接下來的七十二個小時裡，我和二十七個人有約，我的心全放在未來的三天上了。接機的出租司機問我：「你來這裡做什麼呢？」我被拉回當下，毫無心理準備。問題很典型，但是當時的狀況卻不典型。

我身在南方，這是一位在南方長大的中年白人男性，車子正開到納粹拿著火炬和槍枝在街上遊行、威脅著要啟動種族戰爭的地點。**他會是其中一員嗎？**

我從後座緊張地回答：「我來這裡和一些人談話，我正在寫一本關於種族偏見的書。」我看不出來我的回答造成了什麼影響，我只看得到他的腦袋後面，灰頭髮剪得整整齊齊的，戴著老舊的棒球帽。

顯然，我的回答釋放了他內在的某些東西。他開始說一個長長的故事，關於一位把他養大的女性，關於他有多麼愛她。她的名字是麗塔（Lyta），剛剛以九十歲高齡過世。她是黑人。她幫他家工作很多年了，不只是佣人而已。麗塔是他生命中最重要的人之一，把他當自己孩子養大，他自己的母親則是忙著照顧殘障的妹妹。他談到麗塔的時候，我可以聽到他聲音裡的哽咽。

我才剛剛覺得，這個白人男性和黑人女性的情感可以讓我比較不那麼緊張時，他忽然安靜下來。他的情緒似乎改變了，他用嚴肅的聲音說：「我的血管裡還是流著歧視的血。」

噢，老天……「你怎麼知道？」我問他，試著好像沒事似的。

「我可以感覺得到。」

我問：「什麼時候？你什麼時候會感覺到？」

他停了一會兒，仔細思考。他說：「對方人數比較多的時候，我可以感覺到歧視的情緒升起來。」

如果環境中只有他一位白人，他會感到情緒升起來。不只是維吉尼亞州的黑人而已，而是任何非我族類。他在佛羅里達州住了很多年，周圍都是拉丁裔的人，他在那裡也有這種感覺。

他的誠實嚇了我一跳。在他自己的車裡，和一位他認為是專家的人在一起，他開始思考長久以來已經學著接受、但是不理解的自己：雖然他成長時全心全意地愛著這位黑人女性，歧視仍然在他心裡，等著冒出來。

他說完時，我們已經停在旅館門口了。我謝了他，離開，登記了住宿，仍然在思考他的話以及其意義。

我們的偶遇為我在夏洛特茲威爾的任務定了調。美國白人的地位正在改變，這個改變成為白人國家主義者的溫床。當白人是主流的時候，其他人都是「他者」，像我的司機這樣的白人覺得安全自在。

根據美國人口普查局（U.S. Census Bureau）預測，到了本世紀中期，白人將會成為少數族裔。根據社會心理學家莫琳．克雷格（Maureen Craig）和珍妮佛．李奇森（Jennifer Richeson）的一系列研究，光是提醒某些白人，他們所占的人口比例將越來越少，就足以讓他們對黑人、拉丁裔和亞裔表達負面態度了。

我的司機無法解釋他心中「冒出來」的歧視，但是社會科學可以。對於長期以來都處於優勢、擁有特權的白人而言，只要覺得對方人數比較多，就足以造成威脅，種下恐懼和怨恨的種子，進而激使他們採取絕望的做法，重新獲得上風。「越來越多元的種族風貌」使有些白人表達更強烈的意願，只想跟自己種族的人來往。他們覺得社會對白人的歧視越來越強，因此強力支持保守的政治觀點和政策。

社會科學只是故事的一部分。要真正了解夏洛特茲威爾以及其他地方發生了什麼事，我們也需要看看歷史。

* * *

仇恨的夏天始於一位白人國家主義者，他來到夏洛特茲威爾，抗議市政府打算移除城中心歷史區公園裡李將軍的雕像。這個提議是市政府官員更大努力的一部分，他們希望檢視歷史如何經由公共空間溝通，設計出一套更完整並正確的夏洛特茲威爾歷史故事。

維吉尼亞大學歷史學家約翰．梅森（John Mason）是種族、紀念碑和公眾空間藍帶委員會（Blue Ribbon Commission on Race, Memorials, and Public Spaces）的副主席，他的

角色是檢視夏洛特茲威爾的歷史元素，對於建立紀念碑的脈絡、想要傳達什麼訊息，提供更清楚的洞見。

他不但要考慮保留南軍象徵，還要考慮以前未曾注意到的非裔美國人歷史的象徵。

約翰說：「維吉尼亞是主要的奴隸輸出州。」內戰之前的三十年裡，維吉尼亞州有五十萬名黑人被賣給南方農夫，種植棉花。「有些人走到南方，有些人被運到南方，有些人坐火車到南方。每一個人都有故事，家庭被拆散，社群被拆散，失去朋友與家庭，失去你所知道的一切連結。」

但是，約翰惋惜地說，城中心拍賣奴隸的地方只有一個「小小的牌子，埋在人行道上，大家看都不看地踩過去」。

委員會也重新評估了紀念碑。他說：「當我們舉辦公聽會時，關於雕像的對話非常強烈。大家脾氣都上來了，雕像的爭議十分大。」

李將軍騎著馬的銅像從一九二四年就在那裡了，公園的土地是一位富有的維吉尼亞生意人捐的。當時，三K黨的恐怖氣燄正在高峰，內戰已經結束幾乎六十年了。建立銅像是為了鎮嚇並提醒大家白人的力量：懷著惡意，而不是浪漫的懷舊情感。

想要移除南軍象徵的呼聲已經在夏洛特茲威爾存在很多年了。李將軍的雕像是可見度最高也最誇耀的象徵，標示著維吉尼亞州在南軍裡扮演的角色，永遠地提醒大家：黑人只適合當奴隸。

不願意移除雕像的白人居民認為，雕像是有重大意義的歷史遺跡。約翰跟我說，他們對藍帶委員會指出，他們小時候在公園裡、在李將軍的雙眼注視下玩耍的「浪漫回憶」。「他們沒有使用種族歧視的語言，但是很清楚地認同白人國家主義，南方的國家主義。他們認為有意義的歷史，就是南方白人的歷史。任何以其他方式理解南方歷史的角度都是錯的。」

雕像的爭執逐漸變成更大的爭議，分裂了夏洛特茲威爾：要維持大家接受的歷史，或是公開面對令人不自在的白人至上主義的遺毒。

約翰跟我說：「我沒有想到，戰爭的神話還埋在這麼多人的心靈裡。很多人認同南軍，覺得南軍很光榮，南軍戰敗是非常糟糕的悲劇。」

直到他參加委員會之前，這位歷史教授——奴隸的後代——並不了解歷史學者稱為「必將失敗」（lost cause）的理論為何仍然在塑造著許多人的意識。「在他們心裡，不尊重李將軍就是不尊重他們，也就是打擊他們的存在與靈魂。」同樣的情感，想要尊敬南軍的代表性人物，在全美引起了活躍的討論，包括里奇蒙、紐奧良、亞特蘭大、巴爾的摩和麥迪遜這些城市。

在夏洛特茲威爾，針對雕像的公眾對話開始偏離是否要移動或拆除雕像。情況忽然改變了，白人進步主義者開始在委員會會議中出現。有一些當地居民屬於為種族正義出面（Showing Up for Racial Justice, SURJ）的團體，組織了「逐漸破壞白人至上論，為種族正義努力」的活動。

約翰回憶說：「他們比我激進，他們說：『不，不，不。不要只是改變，除掉他們。』右派的人認為我是丟炸彈的黑人軍人，左派的人則認為我像是『湯姆叔叔』（**譯注：激發南北戰爭的小說《黑奴籲天錄》（*Uncle Tom's Cabin*，或譯《湯姆叔叔的小屋》）裡的角色，在此代表「投靠白人的非裔美國人」**）。」

他們的抗爭模糊了種族隔離。約翰說：「聽到這麼多白人討論白人至上主義，是很重要的。非常、非常重要。」他們的白色皮膚讓他們免於被貼上給黑人貼的典型標籤。沒有人可以指責他們在利用種族議題、造成種族分裂。

最終，委員會投票，移除李公園（Lee Park）的雕像，夏洛特茲威爾市議會也同意了。法院的挑戰讓計畫慢了下來，雕像的未來仍不確定。雕像仍在原地，但是就在二〇一七年六月，公園建成百年之後，李公園終於被重新命名為解放公園（Emancipation Park）。

＊　＊　＊

新納粹來臨的前一晚，黛安（Diane）正在校園宿舍，打開行李。時值八月中，再一個星期就要開學了。她提早搬進來，因為她是少數抽中名額，可以住在校園中心地帶、沿著大草坪（Lawn）、充滿歷史的宿舍，她感到非常興奮。

晚上八點半，夜色開始暗了，手機閃過一則學校寄來的訊息。她記得直率的警告：「納粹九點會到這裡。」好像在宣告一個大家等待已久的訪客。

大家都知道右派團結（Unite the Right）第二天有遊行，會有幾百位新納粹和白人國家主義者到夏洛特茲威爾城中心。可是沒有人期待他們那個星期五晚上，會去離城中心有兩英里路的校園。

九點安靜地過去了，黛安開始放鬆。然後她聽到口號：「猶太人無法取代我們！你無法取代我們！」她往窗外看，一群暴民，幾百個人，喊著口號，拿著火炬，走過大草坪，往她的宿舍方向而來，近到可以看到他們身上刺的納粹圖騰。

她把身上每一件可能看出來她是猶太人的手飾都脫下來，然後從後門逃進後面巷子，到附近一間教授宿舍。那天晚上，她站在教授家的陽臺，看著底下的躁動。

後來，學校又傳了一條訊息：「『都清空了。他們在移動，他們不在這裡了。』像是在說：『好啦，回去你們的房間，上床睡覺吧。』但是我無法做到，我就是不想待在那裡。」那天晚上，黛安住在城裡一位朋友家。

這是她第一次成為攻擊目標的經驗。她是一位褐色皮膚的猶太女孩，母親是白人猶太人，父親是印度人，而且是天主教徒。她的家庭不談種族或宗教。她在馬里蘭州長大，是三個姐妹中的老二。她說：「我覺得我大部分是認同猶太人。我的爸媽都不了解身為有色人種是怎麼回事。」學校裡，黛安有多元的朋友。這是她第一次覺得自己是校園的外人，有危險，不安全。

在比這些元素更深的層次，我理解黛安的故事，不只是看到肢體危險的恐懼。她在高中花了三年的時間，準備來這裡上大學，現在卻感覺身為維吉尼亞大學一員的自己受到威脅。她是高三那一屆的副會長，參與舉辦幾十個活動，當大學校園嚮導，帶著訪客和未來的學生造訪歷史古蹟。這是她定義的自我。

我們的內在都有許多個自我。哪一個自我會冒出來——引導我們的思考、感覺和行動——部分來自於我們發現自己身處何處。任何時候冒出來的自我，都不是完完全全在我們的控制之中的。

那個星期五晚上，幾分鐘裡，黛安的自我就從「維吉尼亞大學生」變成了覺得沒有歸屬的猶太人。她從校園中心被丟到了邊緣。

＊＊＊

當黛安逃離遊行隊伍的呼喊時，華特．漢尼奇（Walt Heinecke）教授正往暴風中心跑去。

那個晚上，華特正在為另一個活動確定計畫，對抗許多當地居民覺得越來越迫近的極右派攻擊。他正要去校園對面的聖保羅紀念教堂（St. Paul's Memorial Church），看到「一群一群的白人極端主義者」拿著還沒點燃的火炬，走過大學校園。他趕快到教堂去，那裡有接近一千名各種種族和宗教的人，聚集起來，堅定自己。

禱告和演說正要結束的時候，有人抓住麥克風，告訴大家不要離開。「極端右派拿著火炬過來了。我們不知道他們有什麼計畫。」教堂鎖上門，感覺像是整個城市都被占領了。

華特走出來，回到校園。他發現，拿著火炬的暴民已經到了圓廳（Rotunda），靠近黛安的宿舍，正在騷擾學生。在創校的湯瑪斯．傑佛遜雕像底下，有一群學生手挽著手圍著雕像。華特告訴我：「有大約一百五十位拿著火炬的憤怒白人男性高喊：『你們無法取代我們！猶太人回家！』所有你想像得到的、難聽的種族髒話都罵出來了。」

「那時，事情正在惡化。你可以感覺到緊張和危險……我嚇個半死，我從來沒有處於這種種族仇恨和暴力之中。」

學生開始喊口號：「黑人的性命也很重要！黑人的性命也很重要！」遊行的人更為迫近，喊著：「白人的性命才重要！」

華特和艾倫．葛羅夫（Allen Groves）院長穿過遊行隊伍，到了大學生身邊。華特說：「我開始問四周的學生：『你還好嗎？你要不要離開？』任何想要離開的人，我都準備好了，要陪他離開。」但是沒有學生要放棄夥伴。

忽然，一個火炬從遊行隊伍裡飛出來，打到葛羅夫院長，傷了他的手臂。華特回憶到：「之後很快地，一切都發生了，轟轟轟。」

遊行的人開始對學生噴暫時性的毒氣。他說：「有幾個人開始打學生，對他們丟火炬。那時情況變得很肢體、很暴力。」

然後他們聽到警笛聲，警察出現了。他說：「新納粹開始離開，這個部分算是結束了。」

但是真正的恐怖才將開始。

現身

那個星期六早上，他們有聚會。這是猶太人的安息日，三十位新納粹成員圍著猶太教堂，一位從人行道喊著：「希特勒萬歲！」他的手臂伸直，模仿納粹的敬禮姿勢。祈禱結束時，大家被迫從側門離開。

吉奧夫（Geoff）鬆了一口氣，沒有發生更糟糕的事情。他是維吉尼亞大學法學院和商學院的學生，他的妻子是夏洛特茲威爾唯一的猶太教堂貝斯以色列聚會堂

（Congregation Beth Israel）的拉比（rabbi，猶太導師）。遊行前一天，他們才把來自捷克、神聖的十八世紀舊約聖經《妥拉》（*Torah*）從原來的地方安全地藏起來，避免被掠奪。

納粹在歐洲恐怖統治的那些年，沒收了成千上萬的宗教物品，這本聖經就是其中之一。第二次世界大戰結束後，幾百本捷克聖經被搶救下來，最後到了世界各地的猶太教堂裡。

痛苦的援救任務讓吉奧夫不安了好幾個月：「那些猶太社區裡的人都被殺了。現在聖經在我們手上，卻再一次受到納粹的威脅。」

吉奧夫解釋說：「大家都說：『別走。』這是我們在歐洲的祖先聽到的話。『就讓他們來……他們只是一小群人。他們不是認真的。如果我們忽略他們，他們就會走開。』我認為這個做法已經證實無效了，所以我們要出去。」

轉頭不看偏見的策略確實失敗了，無法消除歧視。即使人們覺得面對偏見才是正確的做法，但是有很強的力量把人們拉開，不去面對偏見。當大家看到歧視發生時，即使是很小的行動——站出來為受害者說話，責罵說種族髒話的人——都需要比許多人願意付出的能量更多的能量和冒險。

研究顯示，大家嚴重高估自己會為成見出面說話的程度，尤其當他們不是歧視的目標時。站出來對抗種族歧視可能有其危險，夏洛特茲威爾的海瑟．黑爾（Heather Heyer）的死亡就是一個例子。海瑟是一位三十二歲的女性，一輛示威者的車子衝進反示威群眾時，海瑟被撞死了，還有十幾個人受傷。十六個月後，二〇一八年十二月，二十一歲的駕駛詹姆斯．艾力克斯．菲爾德（James Alex Fields Jr.）——從俄亥俄州來，自命為新納粹分子——被夏洛特茲威爾的陪審團判了謀殺罪，入獄四百一十九年。

我去訪問時，痛苦仍然鮮明，尤其是跟我談話的每一個人都提到海瑟．黑爾悲劇般的死亡。她被菲爾德撞倒的地點，附近的磚造建築旁還寫著紀念文字：**一個人類。不再有仇恨。從不忘記。我們一旦停止抵抗，歧視就勝利了。**

＊＊＊

遊行那天早上，吉奧夫和妻子決心現身。他們到了解放公園，在那裡發現不同教派的神職人員跪著，對抗仇恨的激烈展現。一位觀察者後來告訴我，這些宗教領袖跪在那裡，被白人極端主義者辱罵、吐口水。

在這個南方城市，歷史的斷裂線是黑白的，猶太人不僅被迫目擊反猶主義如病毒般復活，語言攻擊更要讓所有人都知道，猶太人不算是白人了。他們的地位暫時有待觀察，在危險時刻會受到威脅。

白人至上論者的語言一向都用同樣的中古世紀方式醜化黑人和猶太人，靠著古老的刻板印象貶低和去人性化。夏洛特茲威爾的遊行和右派以及白人國家主義者聯合，想要動員新一代的仇恨者，回到美好的過去，當時的黑人和猶太人知道自己的位置。

根據反誣名同盟（Anti-Defamation League）的資料，二〇一六年到二〇一七年之間，美國的反猶事件增加了幾乎百分之六十，許多事件發生在大學校園內，白人極端主義團體增加了他們的活動。一年裡，學校和大學的反猶事件幾乎提高到兩倍。夏洛特茲威爾暴力事件被廣泛報導之後，幾個月內，全美各地對猶太符號和機構的威脅、破壞和攻擊達到高峰。

我去夏洛特茲威爾時，每個人都以不同的方式提到右派團結隊伍中的人，例如白人極端分子、納粹、新納粹、三K黨、白人國家主義者、白人分裂者、極端右派，或者說他們是一群與社會格格不入的人，懷著多年來在底下流竄的情緒。分裂的政治修辭和新的宣傳工具協助創造了動力，驅使他們的憤怒冒出地面。他們願意炫耀地揮舞露骨的歧視象徵——火炬、南軍旗幟、納粹符號——使得以前無法想像的景象成為尋常現象，減弱了平等主義看重（或至少容忍）多元社會的常態。常態改變，內在的偏見得以顯現。

右派團結的遊行，是幾世代以來最大的一次白人至上論者的公開集會。研究仇恨團體的專家說，他們的同類在社交媒體上正在成長，連結較為容易。過分的種族歧視表現開始受到更多的檢查管理。

白人至上論的研究發現，二〇一六年，在推特上獲得最多分享的標籤就是#WhiteGenocide（白人種族滅絕）和#DonaldTrump（川普）。

＊　＊　＊

坎貝爾（Campbell）來到夏洛特茲威爾，因為他熱愛南方。他是白人男孩，在納許維爾（Nashville）長大，對種族和政治有著開放的態度，想要學法律，才能改變不平等的法令。

他才剛剛開始維吉尼亞大學法學院的第二年，這群白人至上論者就拿著槍和南軍旗幟來了，對他的傳統提出堅持要求。

坎貝爾並不意外，他們的言辭醜陋，還對充滿歧視的徽章感到驕傲。他感覺到的情緒比較多是羞恥，還有一些責任。

他告訴我：「那些人來自我的社區。他們還可能是我的堂哥呢……在某些方面，這是我的責任和我的錯，我應該採取行動，撥亂反正。這是一件很重要的事。」

遊行前一晚，在城中心，坎貝爾和同學布蕾特妮（Brittany）——從紐澤西州普林斯頓（Princeton）來的黑人女性——正要去一個聚會。他們看到校園大草坪上好像有小小的火光，以為是學生在靜坐，準備第二天的反遊行。

布蕾特妮說，對於一位來自南方的男性與一位黑人女性，遠處的景象很像三K黨聚會。她和坎貝爾開玩笑說，這些學生一定非常無知，才會模仿「如此像三K黨」的景象。

然後他們發現，確實是三K黨。白人至上論者在他們的校園遊行，拿著火炬，喊著納粹口號，發出粗魯、沒禮貌的猴子叫聲。

布蕾特妮說：「我完全無法理解，他們拿的是真的火炬。」穿著白袍的種族歧視者燃燒十字架的恐怖景象似乎在校園中復活了。

那晚，坎貝爾和布蕾特妮沒有去參加聚會。布蕾特妮解釋著：「我們和一些人在外面，可是有納粹在大草坪上遊行的時候，還待在外面覺得很奇怪。簡直就是認知失調了。」

對於布蕾特妮，這是種族差異變得異常清楚、覺得被分類的時刻之一。她的白人同學可以聽到或看到這個景象，但是保持距離。她說：「他們可以說：『噢，真糟糕，但是我不要讓這件事影響我。』但是我沒有這種選擇。」

對於坎貝爾，不和諧的感覺還受到傳統和理想的影響，而更加複雜。

他說：「我覺得很怪，因為我知道第二天早上起來，我會去遊行，抗議種族歧視的反猶者，但是聚會中的大部分人都不會去抗議，他們其實根本不在乎。」

「我們對他們」的界線開始改變、模糊。火炬不是和平守夜的一部分，而是仇恨的工具。他希望和他站在一起對抗種族歧視的同學，看起來毫不在乎；他打算抗議的對象，看起來卻熟悉得令人恐怖。

星期六早上，坎貝爾到達抗議遊行現場。他走過一大群「帶著槍、穿著迷彩服走來走去的人……很難看出來誰是警察，誰是維吉尼亞州民兵，誰是軍事右派」。

衝突越來越炙熱，開始有騷動了，更難分得清楚壞人和好人。根據後來的估計，來抗議右派遊行的人有好幾千人，幾乎是遊行者的四倍人數。

坎貝爾並不害怕，但是有點擔心，打了電話給他父親：「我說：『嗨，只是讓你知道，我今天在城中心的商場。我會好好的，但是萬一事情發展不妙，你得知道我在現場。』」

他遇到的反遊行者都是折衷主義者：神職人員和教堂會眾、社會主義者、女性主義者、和平主義者、學生、「黑人的性命也重要」（Black Lives Matter）的社會運動者、反法西斯陣線（Antifa）的戰士、左派的紅頸反抗陣線（Redneck Revolt），以及一群受過訓練的調停者，站在對立的各方中間，試圖讓事情緩和下來。

另一邊，帶著長槍、穿著防彈衣和南軍標誌的，就是挑起種族對立的遊行者，他們的制服代表著坎貝爾深愛的家鄉。

他說：「有幾個人穿著田納西州的上衣，我女朋友指出來給我看。我從田納西來，非常愛田納西，看到有人和我來自共同的家鄉，拿著南軍旗幟遊行，並不讓我意外，但是看了著實很難過。」這時，「他們」似乎變成了他，好像坎貝爾在和自己對抗似的。

這能夠激起忠誠度和身分認同的問題，令人難受。坎貝爾無法切斷在家鄉成長的自己，但是他可以選擇他想要做怎樣的自己。

他說：「在南方，如果你是自由主義的白人，你無法一直掙扎思考種族議題，你必須保持距離，不去接近你不想做或無法做的事情。」

他說：「八月十二日被驚嚇到的人，我想大部分都不是當地人，全是白人。他們很容易可以說：『嗯，我明年會回紐約。這些南方人就只是一些鄉巴佬。』」

＊＊＊

當天下午，維吉尼亞大學心理學教授蘇菲．查華特（Sophie Trawalter）原本要在大學活動中演講。「本來是要對抗遊行的，但是也會思考民主議題。」

她希望自己的年幼兒子「留一點時間照常過日子」，所以他們早上在住家附近的室內遊樂場玩。回家的時候，她遇到這個場面：一群年輕人拿著衝鋒槍，站在她家附近的街角。

四歲的兒子很安靜，直到進了家門。他提出了母親最不想回答的問題：「他說：『媽，這些人為什麼拿著那些大大的槍？』」

蘇菲說出她想到的第一個念頭：「嗯，你知道，有些人今天來我們城裡。我想，他們很害怕，因此很生氣，他們在這裡是要嚇別人的。我想，他們來這裡想要打架。所以我們要躲得遠遠地，好嗎？」

她的丈夫對這個回答很不滿意。他覺得，對於這麼小的孩子，說得太多了。所以他們重新來過，把框架拉大，釋出孩子可以理解的教訓：「我們跟他談到，有些人不喜歡另外一些人，因為他們屬於不同的群組。但是如果你生氣，也不可以對他們壞。而且，也不可以對你根本不認識的人生氣，只是因為他長什麼樣子。好人會用別的方式看待別人。」

和小孩子討論歧視可能很尷尬，尤其是白人父母，在他們自己的生命中可能不需要面對種族議題。但是夏洛特茲威爾的醜陋景象，強迫全美家長和孩子不自在地討論仇恨、種族與歷史。

在正常情況下，很多白人父母的本能是不談這個議題，讓孩子看到，種族根本不成問題。色盲表示你是好父母，代表接納以及所有的好價值。但是對大部分的黑人父母，本能卻是做相反的事情：協助孩子了解種族議題，讓他們看到如何在可能有偏見的人們之間行動。這些對話可以保護他們，讓他們準備好面對世界。確實，研究顯示黑人父母比白人父母更早也更經常地跟孩子談到種族議題。

一個四歲的孩子，蘇菲的兒子還不懂種族的概念。她說：「他不懂這個如何運作。」但是孩子知道，他的保姆和她女兒是黑人，比起他家，她們的錢比較少，他們住在比較不好的社區。

蘇菲告訴我：「我們試著跟他談這些事情。」他們買了一本關於羅莎·帕克斯（Rosa Parks，譯注：**有名的民權運動者，堅持坐在公車上的白人座位**）的童書。「我們認為這是個好的起點。」但是她的兒子無法理解。「他嚇壞了，他以為他的保姆愛伯妮（Ebony）必須坐在公車後座。我們再解釋，他也無法理解那是過去的事。」每次想到因為愛伯妮是黑人，就可能有人對愛伯妮很壞，他就會哭起來。

蘇菲說，有時她的兒子會問，他算是白人還是黑人。附近的超市牆上貼著一張海報，上面黑人小男孩的笑容跟他很像。「每次他看到那張海報，都會說：『媽，你看！那是我！』」

很難告訴一個如此純真的男孩，喜歡激發種族紛爭的新納粹在他的城裡遊行，他們痛恨他的猶太父親和他的黑人保姆，然後他還可以覺得安全。蘇菲覺得自己必須和兒子談一談遊行的事，因為「他會看到所有正在發生的事。我們試著用某種角度對他解釋，讓他明白發生了什麼，卻同時又不讓他害怕。這很難。」

蘇菲自己都很難不害怕了。她在手機上看現場直播，看到「一位年輕人被一群白人至上論者用棍子和棒球棒毆打」，她必須忍住不尖叫。夏洛特茲威爾宣布進入緊急狀況。大學的演講取消了。蘇菲看到的攻擊事件就發生在離她家三條街以外。那個下午，他們決定收拾行李離開，直到遊行者都消失。

他們必須開車由另外一條路出城，而不是他們平常走的那條路，以避免經過遊行隊伍。她的猶太婆婆嚇壞了，她要他們上前線，和反猶人士對抗。「她說：『我無法相信你們還需要走另一條路逃離納粹，太瘋狂了。』」

蘇菲說：「我們都覺得如此，我們都很害怕。」她陷在雙重身分之中，必須保持微妙的平衡。身為母親，她同意留下來很危險，她需要保護孩子。但是身為心理學教授，她了解出現在現場的力量。

母親的角色贏了。三個月後，我見到蘇菲，她對那次的選擇依然存著猶豫。

＊　＊　＊

星期天遊行時，法學院教授安．考格林（Anne Coughlin）擔任醫療救護。對於她，那個週末的「災難」出乎預料地讓她的人生變得複雜。

她和丈夫都當了遊行的醫護志工。他們有一輛廂型車，載著水、紗布和一些醫療用品。他們照顧被噴了催淚彈、被揍的人，以及被所聞所見嚇到一直哭的人。好幾天，她的嘴裡仍然有催淚彈的化學味道，心裡一直想到那些受傷的身體和心靈。

她是一位刑法教授，偏向於社會正義，總是刺激學生思考制度化的種族偏見。遊行者和反遊行者在教堂外面的人行道上發生衝突時，這些種族動力變得不再只是學術議題了。

她看到「一輛又一輛的車子，載著新納粹和極端右派的人，你就是可以看得出來……真的很可怕的人」。太多納粹和南軍旗幟了，數都數不清。讓她澈底震驚的不是「看起來像《鴨子王朝》（*Duck Dynasty*，譯注：美國真人秀，主角一家是製造鴨鳴器的鄉巴佬）裡的傢伙」，而是像她刑法班上學生的熱情年輕人，只不過，他們拿著武器，臉上一副仇恨的表情。

四週之後，她說：「我每次看到一個白人男性，都會有嚇一跳的反應。我會看到一個大學生，想著，或許他也是極右派。……一個白人男子走過兄弟會的宿舍區，穿著藍色長褲，我也會嚇一跳。這是極端右派分子喜歡的穿著，喜歡看起來像是南方舉止和宜的年輕紳士。」

因為這次遊行，她開始將白皮膚聯想到了暴力——就像我們一輩子都受到文化暗示的影響，每次看到黑人男性就會想到暴力。就好像有人翻轉了她的人生劇本，這位善良的白人女士忽然開始以黑人的角度看待生活了。

反抗人士聚集在教堂裡，門口的人用金屬探測器檢查想要進來的人。安（Anne）告訴我：「他們讓每個人進去，但是要搜查我丈夫。他們跟他說：『對不起，但是每個白人男子都要檢查……』我們忽然意識到：『哇，你在種族剖析上被分類為白人了！』之後他們檢查了每一個人。我覺得很可笑。」

教堂外面出現了一個拿著槍的白人極端主義者，這件事情忽然不可笑了。安趕忙讓所有的年輕黑人男性進入教堂，以保安全。「其中一位黑人變得非常憤怒，他跟我站得很近，在我的個人空間裡，沒有看著我的眼睛，對我大喊：『我們也有槍！我們也有槍！』我心想：『好啦，快進去就是了。』」

然後，這位年輕人開始對著安和其他善心人士發火。「他開始說，世界上最糟糕的就是白人自由主義者。『你們這些人讓我們失望。你們沒有保護我們。他媽的！納粹，我們面對三K黨的時候，至少我們知道他們是怎麼一回事。但你們這些白人自由主義者……』」

「然後有一位戴著猶太小帽子的年輕人轉身面對這位黑人，說：『你說得對。我們做得太糟了，我們需要做得更好。』」

安說：「這就是我的故事，我要如何做，才能讓事情更好呢？」

之後

安嚇壞了。我來夏洛特茲威爾是為了收集資訊，但是我發現自己從安那邊收到的不只是資訊，也有她的痛苦。光是在事後目擊一切，都讓我比我想像的接收了更多。我近距離看到了人性的掙扎、暴力和其後果。

幾十年來，安一直支持提倡平等的運動。但是在那個仇恨的夏天，這一切都無所謂了。她告訴我：「我想要認為自己是同夥人，但是我不知道了……他們覺得我是假的盟友。噢，上帝啊！我不知道該怎麼做。我該怎麼做？」她在夏洛特茲威爾遭遇了這一切之後，最擔心的就是她半輩子的一切努力都走錯方向了——最終，他們還是失敗了。年輕黑人男子口中的「白人自由主義者」顯然刺穿了她。

我告訴她，但是黑人也在思考努力是否失敗了。民權運動時代站出來的黑人，他們遊行，遇到暴力時繼續堅持，覺得自己勝利了，世界即將整個開展了。我父母的家庭從南方逃出來，讓我們可以不用在《吉姆．克勞法》的暴政下長大。他們期待我們——他們的孩子——拿著旗幟，衝過終點線。現在，許多我這一代的人覺得自己好像在方向盤後面睡著了。在夏洛特茲威爾發生的事，是關於我們所有人的事。

我們一直在犯的錯誤——我們所有人一直在犯的錯誤——就是認為任務已經達成。我們以前所做過的偉大努力，將會推著我們繼續前進。我們看到的進步，會避免我們回到從前，不會再看到燃燒的十字架，不會再必須把《妥拉》聖經藏起來。

但是夏洛特茲威爾的這一刻，是我們的命運、我們的傳承。我們的歷史和我們的大腦讓我們觸礁了——一次又一次。往前進，意味著持續的警戒。我們需要一直注意自己是誰、如何成為這樣的人、我們可能成為的所有自我樣貌。

＊＊＊

那個仇恨的夏天之後，很難回到維吉尼亞大學的正常教學。學生感到擔憂，覺得受傷。教授想要用遊行當作教材，卻又不希望延長事件的影響，或是加深創傷。

蘇菲說：「教授真的很難知道，我們對這個事件的責任是什麼。我自己很掙扎，因為不清楚什麼行動可以造成差別。」

她教的課，很多都充滿特別難以逃避的議題。她告訴我：「所有我的課上都會談到種族、性別、社會階級和地位。今年更甚，非常有挑戰性。」

右派團結遊行之後一週，她開始對八十五位維吉尼亞大學主修公眾政策的大學生，教一門關於價值和偏見的課。學生似乎比以前各個學期的學生都更願意參與課堂討論，但是並非每一位學生都用同樣的觀點看待遊行以及遊行引起的議題。

有些學生會保持距離，想要用理性討論其意義，測試我們對於言論自由的堅持或是歷史循環的象徵。其他人則將事件視為對自己存在的挑戰，對他們而言，這個事件是無法抹滅地醜陋，是一個情緒上的經驗、一次像是恐怖襲擊的全面攻擊。

不過，她還是很高興學生願意跨越這些鴻溝。「我會說，這個學期比以前所有學期更明顯，課堂上會有一些狀況，討論十分熱烈，有時讓我感到不自在了。」

就像大部分大學，維吉尼亞大學的學生也傾向自由派。但是維吉尼亞大學比一般大學更為保守，維吉尼亞大學的學生中，保守的學生「非常保守……對於這些學生，討論種族議題特別困難，因為他們覺得很容易變成目標。不過，在我班上，這些學生發言很自在，我感到驕傲，這是一個勝利。」

事實上，很多學生爭相發言，課堂上的討論常常變成激烈的爭執。有些學生會氣得不得了，上課上到一半就走出去了。她說：「然後他們還會回來。我感覺得到，所有學生都在表面下波濤洶湧起伏，小小的事情就能讓他們爆炸。」

她的目標是讓他們處理遊行前、遊行時和遊行後發生的事情，創造一個允許情緒冒出來的空間。身為社會心理學家，她也想讓這些討論成為一個工具，讓學生理解科學的價值。她說：「我認為，讓他們辯論這些事情非常有用。這堂課的重點就是我們都有自己的價值觀和偏見，塑造了我們如何做出制定公共政策的決定。」通常，在討論過程中，學生會看到偏見扮演的角色，然後可以說：「好啦，跟我說這個現象背後的心理是什麼。」

但是遊行後的討論不一定如預期這樣進行。這次比以前都更難設下界限，讓學生大膽地探索其他觀點的角色，而不至於讓某些人覺得憤怒、受傷或被侮辱。

她的基本原則跟以前一樣，簡單、直接：發言的音調與內容都要尊重別人。但是這一次，她說：「很驚人地，學生真的有困難，做不到。」他們的爭辯太兩極化了，情緒也太強了。

＊＊＊

維吉尼亞大學法學院的學生也遇到困難。我在那裡的最後一天，見到兩個討論小組的十幾位學生。我們花了好幾個小時，談論發生了什麼事，以及事件之後需要做些什麼。他們一再提出的話題就是言論自由的概念，受到美國憲法第一條的保護。事實上，整個校園中，我最常聽到關於這次遊行的話就是：我們需要保護憲法第一條，即使我們瞧不起、也不同意我們聽到的話。在這個脈絡中，有些人覺得，學校是保衛憲法權利的首要機構，學生的情緒創傷只是必要的代價。

但是你可以譴責別人說的話，而不譴責他們說話的權力。許多改變歷史的校園運動能夠成功，就是靠著這一點。許多學生覺得，他們試圖澆滅遊行者的火焰，卻沒有獲得足夠的支持。似乎，道德正確的地位屬於運用言論自由的人，而不是屬於試圖保護別人有尊嚴地活著的權力的人。

學校和全美領袖試著找到平衡，但是經常擔心過於強調法律標準的價值，而不夠關心被壓低、貶損和去人性化的生命。大家急於保護法律，但是在保護校園中平等主義的準則時，卻拖泥帶水。

我理解教授在考量這一切時，內心一定有衝突，我可以理解大學為什麼不願意煽風點火，或鼓勵不文明的爭辯。但是許多學生告訴我，在班上，有些學生說了他們認為有偏見或不體貼的話，老師卻沒有挑戰這些同學，選擇忽視他們的話，錯過了教育大家的機會。

普林斯頓來的黑人法學院學生布蕾特妮與我分享一位朋友在憲法課上的經驗。討論反歧視法規時，一位同學指責黑人學生，認為班上的黑人學生沒資格占據法學院的學生位置。

她說：「教授完全忽視他講的話。他說學校裡的黑人學生沒資格在這裡上學，或是暗示他們在生理上較為劣等，事實上就是不正確。身為教師，其實不用直接說『我在表現我的偏見』或是『我在宣傳我的信念』，就可以斥回種族歧視的言論。」教授沒有這麼做，被邊緣化的學生只能靠自己防衛自己。布蕾特妮說：「這不是他們應該有的負擔。」

另外一個學生正在念法學院的最後一年，告訴我們：「只有從未在小學時身為班上唯一的黑人、坐著聽奴隸制度的歷史的人，才不了解那種狀況有多麼困難、多麼讓人不舒服。」

像這樣對身分認同的威脅，如果沒有處理，可能會影響學生對學校的依附關係，以及他們在學校的功能表現。如果別人挑戰你在那個空間的權力，你很難學習。成績會受損，靈魂也會受損。

布蕾特妮協助學校的招生事務，有很多朋友，她發現自己對維吉尼亞大學的一切事務都不再熱心。她說：「像以前一樣，繼續參與學校事務變得很困難。因為我只看到，對於這件非常、非常重要的事，大家紛紛表明與自己無關，可是我做不到，所以覺得非常孤立，因為我不會很快地忘記發生了什麼事。短期內，我不會覺得安全。」

＊　＊　＊

右派團結的遊行可能是這一代的白人至上論者最大的公開集會，但這不是忽然冒出來的。有人因此送命之前，原本是可以阻止的。

提姆．西菲（Tim Heaphy）為夏洛特茲威爾市政府進行調查，寫了報告。西菲是維吉尼亞大學的校友，以前擔任過美國檢察官。報告發現，警察花太長的時間才認真看待威脅。當他們走進人群，四處把打架的人分開時，也不願意讓人覺得他們下手太重。

這份報告肯定了許多夏洛特茲威爾居民的觀點。居民責怪警察不負責任，事前準備不夠。有些居民認為警察根本不在乎，其他人認為，警察站在種族分裂的恐怖分子那一邊。

八月十二日的遊行之前一個月，三K黨在夏洛特茲威爾舉行了一次遊行。四十位黨人參加，現場有一千人抗議他們出現。遊行只進行了四十五分鐘，警察就出面阻止，護送三K黨人離開，抗議的人群發出歡呼。但是當群眾沒有快速離開時，警察卻回來宣布他們是非法聚集，開始用催淚瓦斯驅散。

在會談中，提姆告訴我，這件事情在抗議的人心中變成了：「你們保護種族歧視的人，護送他們來參加遊行，又護送他們離開，然後對我們開催淚瓦斯。」警察局受到強烈指責，手段過於帶有攻擊性。

所以到了八月十二日那天，警察保持不動，似乎沒有任何計畫來保護任何人。遊行的人和抗議遊行的人之間缺乏有效的隔離，當人們開始受到騷擾、威脅、毆打時，在場的警察沒有任何干預。在這樣的缺口下，抗議群眾中的一群人，拿著反法西斯旗幟的武裝人員，採取行動了。對於有些人而言，那是整個事件的轉捩點，放大了一切混亂。

待在教堂裡的各種信仰的人遭到極端右派攻擊，猶太拉比的丈夫吉奧夫回憶著：「警察就在街角，完全沒有干預。我是商學院和法學院的學生，卻受到共產主義者和無政府主義者的保護。」

調查肯定了公共安全出現缺口。提姆告訴我：「錄影畫面令人震驚，警察就站在那裡，在路障後面，距離打架的人大約二十英尺遠，他們卻什麼都不做。我想，經過這件事，大家都覺得不安全。……這會有長遠的影響。」

報告在二〇一七年十二月一日發表。三週之內，夏洛特茲威爾警察首長下臺。提姆的位子也換了，他現在是母校維吉尼亞大學的顧問，急於為他相信的「全美最好的公立大學」服務。

提姆告訴我，直到那個夏天之前，大家都覺得夏洛特茲威爾是一個「理想的社區……安全的地方，現在比較難這麼想了」。

不安全的感覺充斥全城。許多抗議遊行的白人覺得不安全，遊行時沒有受到警察保護，他們感覺到了黑人面對世界的滋味。

事實上，華特．漢尼奇教授說，他「終於……有一點點了解，住在這個社會的非白人的感覺，總是要擔心自己的安全——心裡總是有那種擔心。那一天，我確實有那種感覺。」

＊＊＊

新納粹拿著火炬、喊著反猶口號，在黛安宿舍外面遊行之後，黛安有著一樣深刻的感覺。三個月後，她說：「還是很難過日子。有時候覺得一切正常，有時候，我在大草坪上走著，心裡還是會看到火炬。」

她覺得「心理和情緒上都疲倦極了，創傷很深」。即使是思想一致的同學一個無惡意的手勢，也可以激發慌張的感覺，讓她再次感到恐懼。不止一次，她看到守夜的燭光或聽到小聲的吟唱，以為侵略者又回來了，結果發現只不過是宣傳和平與正義的聚會。

恐懼也跟著她進入教室。她發現自己反射性地「忽然數著課堂上有多少有色人種……數班上有多少個猶太人」。

黛安一直知道，自己是白人為主的空間中的一位有色人種，但是現在，這個身分讓她感到受威脅。她說：「課堂上的心理安全確實是一件事情。」不只是焦慮而已。黛安讓我了解這對她的後續影響，像是：「在班上無法專注或集中注意力，因為我一直分心，一直想著這些白人同學可以照樣過日子，我卻必須面對事後的創傷。」

我試著想像無預警地失去安全感會是什麼感覺。我想到二十六年前，我父親的過世，他當時五十五歲，忽然過世。我還在念研究所，試著訓練我的大腦像心理學家那樣思考。他的過世深深地震撼了我。我發現，我生命中的安全感和我父親綁在一起。好像我這一生都有他的一股隱形力量，無論我在地球的何處，都可以保護我。他一過世，這個力量就消失了。黛安對我描述的感覺，我很熟悉。在某個角度，她的故事似乎是關於失去安全感與自由。

但是，黛安仍然對維吉尼亞大學保持依附與忠誠，她不要讓恐怖分子勝利。「我就是愛這個地方，愛到不願意看到大家只記得極端右派來了，而不知道這所大學有多棒。我心都碎了，因為我必須捍衛它。大家會說：『夏洛特茲威爾？維吉尼亞大學？

你為什麼要去那裡上學？那裡不是有很多非常壞的人嗎？」

黛安試著回去帶領大學參觀，學會如何談論仇恨的夏天。帶著未來可能申請入學的學生，她說：「我會直接、開放地說，那天，我在這裡，我很害怕。」但是她也會談到學校設計了新的、更好的安全政策，也談到校園中學生的勇氣和慈悲。

但是，她帶領的歷史小旅行更難進行。她的敘事曾經有一個「很棒的轉彎」，她會先談到夏洛特茲威爾和維吉尼亞大學的過去歷史——蓄奴、種族鎮壓、隔離、歧視——然後轉而專注於城市和大學進步了多少。現在呢，講到進步帶來的好現象時，感覺很空洞。她不得不指出我們仍然面對危險，不得不強調我們其實可能退步的事實。

* * *

當地居民喜歡說，夏洛特茲威爾是南方人願意往北走的最北邊，也是北方人願意往南走的最南邊。在這裡，不同的世界碰撞並共存。城中心是維吉尼亞大學——湯瑪斯．傑佛遜建立的學校。他的雕像至今仍然站在大理石座上，在美麗的大學圓廳前面，接受來訪者瞻仰。

我在校園裡可以感覺到他的存在，大家討論他、問他意見，他經常出現在演講、正式場合和日常對話中。我每天到了校園，就會看到他的影像、讀到他的名字、聽到他的思想。在這裡，傑佛遜還活著——他的精神得到支持和滋養，成為引導大家的明燈。這位《獨立宣言》的作者不但創建了維吉尼亞大學，也是一位有前瞻的智者和一位建築師。他建立了這個機構，以刺激與培養人類的進步。每一天，他的支持者讚美他、尊敬他。

傑佛遜建立的「學術村」在二〇一七年八月陷入掙扎。拿著火炬的新納粹走進來，踐踏大家珍愛的大草坪，和傑佛遜及他腳下手臂勾著手臂的學生們對峙時，維吉尼亞大學即將慶祝建校兩百年。

遊行的人來到這裡，開啟種族戰爭。但是在許多方面，種族戰爭在兩百多年之前就已經種下了種子。傑佛遜本人體現了戰爭的原則。他推崇獨立和平等，但是他名下的奴隸比維吉尼亞州的任何白人都更多。他寫到「人皆生而平等」，但是相信白人至上，認為黑人在身心兩方面都比白人低劣。身為知識分子的傑佛遜相信科學的力量可以讓人類進步，但是他也相信黑人無法在心智上進步。

傑佛遜用黑人勞力創建維吉尼亞大學。白人學生入學，學校的運作使用黑人奴隸的勞力。傑佛遜設計好了，大家看不見聚集在地下室、經由通路到工作地區的黑奴，他們住在彎曲的牆後面。傑佛遜在蒙蒂塞洛（Monticello）的家也用了類似的建築設計，奴隸居住和工作的區域建在主建築後面的圍堤裡，和主建築分開，一個地下的世界。眼中看不見黑人，自由人才可以安心生活。

在這個國家，即使我們試圖穩定地朝向傑佛遜的平等主義前進，遠離他的白人至上論，偏見還是在我們心裡。在夏洛特茲威爾，這個事件撕開了我們的約定，不再能夠假裝大膽的歧視已經過去了。真相是，偏見只是在我們的內在等待冒出來的時間——在這裡，我們不需要對自己或對別人承認，即便偏見碰觸到了我們的靈魂，驅動著我們的行為。

在這個國家，黑人提醒了我們拒絕看見的種族偏見。確實，黑人成為不要事物的象徵。甚至在大學校園，培養新一代的地方，都很明顯。維吉尼亞大學的約翰·梅森教授說：「非裔美國人學生一直覺得自己是外人，在這個大學裡不受歡迎。他們很難說是為什麼，我認為很大一部分來自我們的歷史。……這裡埋藏著蓄奴的過去。」

我和黑人學生談話，他們覺得非常疲倦，一直要抵抗質疑他們的聲音。這些去人性化的敘事可能在奴隸埋骨之處最為明顯，但是也仍然存在於全美國和全世界。偏見在我們心中流竄，驅動我們的文化。偏見仍然在保護自由人，讓他們活得心安理得。

第十章 底線

一九七六年，我學到經濟學的第一課。我當時只有十一歲，第一次試著賺錢，結果失敗了，於是父親教了我一課。

我在克里夫蘭社區找到了一個送報紙的工作，有十幾位客戶。每天，我的老板會把一綑用麻繩綁好的報紙，放在我家附近的街角。我放了學，直接去那裡，打開麻繩，把報紙放在頭上，雙手扶好，走路送報。我一旦掌握住了技巧，可以在一個小時內送完。

每週一次，我會收好報費交給老板。他會付我薪水，不超過美金十元，但是對我來說，是一筆財富。

我很驕傲自己有一份有薪水的工作，我自己找來的工作。感覺我在做大事——作紀錄、送報紙、處理金錢，以及面對各種困難，從積雪的人行道到吠叫的狗。

但是有一個困難，我克服不了。每個星期五，當地青少年會從我的報紙裡偷走電視週刊。那個時候，我們那裡有十幾家電視臺，如果你想知道各臺在何時播些什麼，電視週刊就是寶貝。

所以我沒有足夠的電視週刊送給客戶。我做了個自認為聰明的商業決定：我把手上有的電視週刊送給某些客戶，然後下一週再送給這週沒有收到週刊的客戶。但是，週一收報費的時候，沒收到電視週刊的客戶一分錢都不肯給。如果他們沒有收到電視週刊，我整個星期的工作都是白搭。

我還是需要付錢給老板，所以幾乎每個星期，我錢都不夠。為了彌補差額，我必須跟父親預支零用錢。

不久之後，父親叫我去坐下，談一談底線。他說：「讓我跟你解釋一下，這一切是如何運作的，工作的意思是什麼。工作是為了賺錢，不是欠錢。你必須想辦法，不然就辭職。」他不會再讓我預支零用錢了。

我不想辭職，所以我必須找出方法，保護我的報紙，讓我的客戶滿意。我發現，那捆報紙能夠安全的唯一地方，是我家後院。老板同意把報紙放在那裡，畢竟，他的收入靠著我這種小孩願意為他工作。

接下來幾個月，我繼續送報紙，顧客也很快樂——收入多到我可以在附近的小店裡買所有我想要的糖果。生意沒有赤字，我過上好日子了。

即使那時候，在一個很小的層次，我都明白了受僱可以成為重要機制，驅使我的生活往前，提高我的生活水準。我當時不知道的是，在我之後的年輕人會多麼困難。今天，年輕黑人的失業率是白人的兩倍。在這個生命階段，正在發展重要的工作習慣和生活技能，在低收入社區的黑人青少年缺乏工作機會——這裡的企業、餐廳和零售店都很少——等到成年時，卻要在缺乏準備的情況下面臨基層工作的競爭。

正如我們住在哪裡、去上哪個學校會決定我們的生命軌道，我們的工作不但提供經濟資源，同時也給我們機會延伸技能、設定目標、茁壯成長。我們做的工作成為我們是誰、我們如何體驗世界的一部分，但是聘僱的舞臺也有極大的種族鴻溝。

歷史上，黑人不但比白人更不容易被僱用，他們的工作也比較糟糕，賺的錢比較少。很多元素造成不平等，包括讓應徵者獲得僱用的社會網路，以及某些工作需要的教育程度、工作技能或經驗。

研究顯示得很清楚，種族偏見也是影響雇主選擇的元素，同時也會影響少數族裔者找工作以及在職場的表現。

在一項現在已成經典的美國勞工市場的歧視研究中，經濟學家瑪麗安·博燦德（Marianne Bertrand）和珊蒂·穆萊納坦（Sendhil Mullainahtan）記錄了應徵工作時，種族的影響。他們寫了虛構的履歷，符合芝加哥與波士頓報紙上的徵才廣告的條件。他們在履歷上使用聽起來像是黑人或白人的名字，暗示應徵者的種族，送出五千份履歷給一千三百個徵才廣告。

他們計算得到的回應，發現泰隆（Tyrone）、賈莫爾（Jamal）、凱莎（Keisha）和塔米卡（Tamika）得到的面談機會比傑弗瑞（Geoffrey）、布萊德（Brad）、艾蜜莉（Emily）和吉兒（Jill）少，雖然履歷中的資格和經驗都完全一樣。

雇主給有黑人名字的應徵者，比有白人名字的應徵者少了百分之五十的面談機會。無論應徵者的性別為何、無論廣告是在哪裡出現（芝加哥或波士頓）、無論工作種類（銷售、行政人員、店員或客服）、無論職位是基層或是管理者，都有同樣的種族差異。

即使有了「高品質」的履歷，具有更多經驗和技能，也不會提高雇主對黑人應徵者的興趣。事實上，資歷高的黑人應徵者比資歷不如他的白人更沒有機會。標榜「平等僱用機會」的公司也並沒有不同。

虛構的白人應徵者中，十次有一次收到面試機會。黑人應徵者需要十五次嘗試，才有一次機會。黑人在僱用程序的一開始就處於不利，很少黑人能夠有面試的機會。

這份研究發表於二〇〇三年，結果至今仍然一樣。獲得雇主回撥電話的機率有驚人的種族差異，且這個現象並不限於美國，在澳洲、歐洲、北美洲的雇主都有歧視有色人種的現象。在加拿大，研究者用類似的方法發現很強的證據，雇主會歧視有外國經驗的應徵者，或是有中國、印度、巴基斯坦和希臘名字的應徵者。在澳洲，有中東或東印度名字的履歷最容易受到忽視。

在美國，從過去二十六年進行的二十幾份研究中收集的數據顯示，尋找工作時，黑人和拉丁裔都處於不利。社會學家林肯．奇利安領導這個大型研究，牽涉到超過兩萬五千個工作。研究團隊發現，白人比黑人多收到百分之三十六的雇主回應電話，比拉丁裔多收到百分之二十四的電話。考慮了性別、教育程度、工作種類和勞工市場狀況後，差異仍存在。僱用員工時，種族偏見的角色在過去二十五年裡似乎變化很少。

* * *

在美國，我們花了幾十年討論平權法案，宣傳多元化。但是即使是我們國家最有展望的少數種族大學生，在試圖開展事業時，仍然被迫面對偏見。

二〇一三開始，一個研究團隊測試了大學生的觀點，面談了幾十位正在找工作的黑人和亞裔大學生。社會科學家桑尼亞．康（Sonia Kang）、凱瑟琳．狄謝爾斯（Katherine DeCelles）、安德拉斯．提爾克西克（András Tilcsik）和索拉．容（Sora Jun）想知道，他們在應徵過程中如何計畫呈現自己的方式。研究團隊追蹤之前的研究，顯示黑人和亞裔可能因為刻板印象，雇主會比較不喜歡僱用。

很意外地，他們面談的學生很自然地談到，他們擔心偏見會對他們不利。事實上，很多人在履歷上刪除了任何可能讓人注意到種族的資料，以免激起破壞性的種族刻板印象。

他們會使用白人的名字，或是用綽號、首字母縮寫，避免少數族裔的名字出現。他們簡化或是跳過族裔有關的組織和經驗，例如當過黑人學生會會長，或在韓國健康照顧組織當志工。有些人會加上白人典型的興趣，例如戶外健行。

一位在金融界找工作的年輕亞裔男性告訴研究者：「最終，我需要做最多的準備，讓自己（對雇主）顯得越熟悉越好，讓他能夠與我產生連結。」

融入的做法非常普遍，甚至有個名字：白化履歷。研究團隊面談的學生中，三分之二的人或是已經這麼做了，或是知道有人這麼做。就像網路租屋（Airbnb）的少數族裔一樣，為了提高租屋的成功率而調整介紹自己的文字，這些來自最好的私立大學的學生也會調整自己的履歷，以免在找工作的一開始就被剔除。

這些年輕男女正值一個應該充滿理想的年紀，但是這個年紀也夠長，足以讓他們知道種族確實有關係，歧視會以各種面貌出現。

任何人都可能受到偏見影響，尤其是關於親密的決定，例如誰可以住在你家或加入你的工作團隊。如果有人看起來像外國人，或是不熟悉、無法預期，你的本能反應就是會擔心。這時候，對外人的偏見就會自動冒出來了。

事實上，神經造影研究顯示，我們的大腦處理外人的正向資訊，比處理外人的負面資訊更慢、更困難，對於自己人則剛好相反。我有幾位同事，布蘭特．休斯、娜麗妮．安巴迪以及傑米爾．查基（Jamil Zaki）發現，偏見也延伸到金錢議題上。把錢給外人的團體，真的會讓大腦負責執行功能的部分特別注意，好像整個系統都開始對危險保持警戒：小心。

這些年輕人試著避開這個本能。一位年輕韓國女性對研究團隊直率地解釋她的恐懼：「我覺得他們確實認為我是外人，雖然我的英語說得很完美。就像是，我在美國長大，我是美國公民……但是，身為亞裔，還是被汙名化。」

對於亞裔學生，目標是看起來不那麼「外國」，文化上比較像美國白人。一位學生說：「要擁有更美國化或西方化的友善個性。」

一位男性大學生解釋說：「你必須美國化你的興趣。」他生長在美國，在中央政府工作。「你不能走多元文化的路線。……很多人會寫，你知道，爬山或滑雪，或美國或西方文化中常見的其他活動。」

黑人學生面對的挑戰則是不要顯得很激進，不能顯得像是一位煽動者，而是要呈現出對種族議題沒有興趣、非政治性人物的形象。

一位大四的黑人學生分享他對這種想法的觀點：「在真實的世界，我想人們……想要有一位很棒的黑人員工，但是他們想要的是一個他們覺得可以符合某種框架的黑人……會願意保持低調，就只要做長官期待他做的事情就好。」

學生用的是社會科學家爾文．高夫曼（Erving Goffman）說的「融入技巧」。你將自己身分的一部分——最容易引起歧視的部分——隱藏起來，降低少數族裔的調性，試圖「對白人多數送出願意從眾隨俗的訊息」。在二十一世紀，這些學生仍然需要扭曲自己，安撫白人多數。讀到這裡，我感到很難受。

一位黑人學生對投資金融有興趣，隱藏了他在全國黑人工程師協會（National Society of Black Engineers）的活動經歷，因為「他們會自動假設知道我是誰，或者我可能是黑人」。

大學黑人基督徒團體（Black Christian Fellowship）的一位領袖，乾脆只稱之為基督徒團體。

一位華裔學生在她履歷的興趣欄填滿各種危險的冒險活動，「為了區分我自己，我不是那種典型的完美亞洲人。」

一位志在教育的大四黑人學生甚至刪除一項他獲得的榮譽獎學金，因為大家都知道這個獎學金只發給少數族裔的學生。

他們面對的偏見如此深刻，即使是大學輔導老師和事業導師也勸他們，對自己的種族要保持低調。

一位年輕女性受到學校事業服務中心的輔導老師鼓勵，白化她的履歷。她說：

「大一的時候，我用我的法定名字，聽起來非常像華人。」事業輔導老師建議她改用她的美國綽號，因為「如果聽起來比較像美國名字，就會比較容易建立連結」。用她的中文名字的履歷得不到回應，改名之後，「我有面談機會了」。

另一位快要畢業的黑人學生獲得高盛集團（Goldman Sachs）的一位黑人員工建議，不要提起他教一群黑人中學生的工作，因為他教的「生活技能」課裡包括一堂課，教學生如何和威權型的警察打交道。他說：「他跟我說……拿掉履歷裡的這一段，因為看起來很有爭議性。」那個人並警告他，「不符合企業形象」的活動會對他不利。

他做了改變，但是對於付出的個人代價感到衝突：「這表示說……為了事業，我們種族的某些部分只能在某些時候提起。我的種族認同的某些部分需要壓下來，或是藏起來。」

抗拒衝動、不肯白化履歷的學生，有各種原因。有些人覺得虛偽，尤其是他們的職業生涯規畫牽涉到和邊緣化團體工作的時候。其他人則擔心，刪除了志工經歷或領導團體的經歷，會讓他們看起來比實際上更缺乏資歷。很多人說，他們不願意在忍受歧視的地方工作，所以不覺得需要隱藏真實的自己。有些人則相信美國是一個唯才是用的國家，他們的成就會受到公平的評估，種族不會有所影響。

他們試圖融入他們想像中的企業世界，我對他們的決心感到震懾。在他們出生之前，「多元」已經是企業口號了。這個口號原本應該反映了熱情擁抱新的觀點，願意聽見和容納之前被邊緣化的聲音，但是卻似乎成為了一個數字遊戲。公司想要符合僱用少數族裔的標準，卻不願意改變公司文化，所以年輕人努力讓自己符合這些框框。我懷疑，在過程中，被他們拋棄的自我會發生什麼事。

在僱用和管理方面，這種溫和的規避與欺騙使得內隱偏見的角色更為複雜。有僱用權力的雇主可能不是歧視者，不會丟掉黑人的履歷、劃掉亞裔的名字。但是他們是這個過程的一部分，傾向於重視舒適的配對，不重視差異。他們沒有貶抑圈外人，但是偏好圈內人，這種心態允許偏見恣意茁壯，卻不會被注意到。

研究團隊結束和學生的面談之後，他們做出自己的履歷，把白化和沒有白化的履歷兩兩一組地寄給徵才廣告上的雇主。虛構的履歷內容都符合雇主的要求。兩組都出現清楚的模式，白化的履歷比沒有白化的履歷獲得更多的雇主回應。如果同時白化名字和經歷，差距就特別大。不平等的現象顯示，在以白人為主的企業中，少數族裔試圖找工作的重要策略，就是表現出種族融入與從眾隨俗的態度。

即使雇主的徵才廣告表示尊重多元，研究者發現，這些公司也一樣會拒絕種族元素最明顯的應徵者。信任多元政策的學生最為不利。研究者的結論是，對少數族裔而言，白化「代表問題，而不是代表解決方法」。

研究發現，學生的實際經驗和多年來這個國家對於種族逐漸滲透主流社會的觀點相反：**大家以為平等權利法案已經改變社會了，少數族裔在所有的事情上都比較有利。白人在經濟上逐漸處於不利地位，因為社會不斷鼓勵多元。**

根據二〇一七年哈佛大學的公共健康學院（School of Public Health）、羅伯特·伍德·強森基金會（Robert Wood Johnson Foundation）和全國公共電臺（National Public Radio）的調查，超過一半（百分之五十五）的美國白人相信，今天的美國有歧視白人的現象。俄亥俄州一位中年白人男性告訴訪談者：「如果你申請工作，他們似乎把機會先給黑人。幾十年來都是如此，白人處境越來越糟糕。」他很不滿，因為一位黑人進入工作升等的最後評估階段，他卻沒有。最終，這份升等職位給了一位比他年輕很多的白人男性。

＊　＊　＊

白化履歷的學生試圖剷平競爭場域，除掉第一個障礙，以便留在競爭的隊伍中。即使他們走到了事業競爭的第二階段，偏見仍然可能滲入過程。再一次地，美國之外的地方也可能發生同樣的事情。例如，瑞典做的一項研究中，研究者發現，專業徵才者發展出來的面試問題，會因為應徵者的族裔不同而不同。徵才者對名字聽起來像是中東人的應徵者提出的問題，主要在他們是否「融入文化」。相對地，對名字像是瑞典人提出的問題，則專注於「是否適合這個工作」，例如，「你之前有什麼經驗對這個工作而言是最重要的？」。面談問什麼問題確實重要。在另一項研究中，徵才者指出，最有用的問題會是理解應徵者資歷是否合格的問題。

但有時候，光是有完美無瑕的資歷並不夠，無法保護不受職場偏見的影響。即使在高風險的創業市場，少數族裔和女性仍然需要比白人男性有更好的表現，才能競爭得到投資資金。

我的同事海柔．馬庫斯（Hazel Markus）和我一起領導「真實世界問題的社會心理答案」（Social Psychological Answers to Real-World Questions, SPARQ），這是設在史丹佛的一個研究中心，為了讓研究者和實務執行者聚在一起研究這些議題。最近，我們和擁有一家私人投資公司的戴林．德森（Daryn Dodson）合作，開始找出在投資市場上，種族扮演的角色。我們設計了一系列的研究，招募了一群資產分配專家，他們平日的工作就是決定投資和參與什麼企業。在一個研究中，我們給專家們看一個高度合格的創投團隊，用黑人或白人的照片當作團隊經理。我們發現，黑人領導的團隊的資格越好，面對的偏見越強。和資格相仿、白人領導的團隊相比，資產分配專家會比較負面地審查非常有資格、黑人領導的團隊的過去表現，覺得他們比較無法「執行策略」。投資的世界裡，有百分之九十九是白人男性，黑人無法進入這個圈子的原因，可能不是因為資格比白人男性差，而是資格和白人一樣好。

對女性的偏見也像是對少數族裔的偏見，用同樣的方式受到激發——無論是在事業一開始的時候，或是在事業到達巔峰的時候，無論她們是要找一個低薪或是高薪工作。研究顯示，男性的履歷比女性同樣的履歷獲得更多雇主的回應，因此，有些女性會在履歷上用中性的名字，就像黑人和亞裔學生試著看起來不那麼具有族裔色彩、比較不具威脅性。

對於女性，太聰明也可能讓人卻步。社會學家娜塔莎．垮德林（Natasha Quadlin）的一項研究發現，成績非常好的男性履歷獲得雇主回應的機會，幾乎是同等履歷的女性的兩倍。如果主修的都是數學，獲得回應的機會，男性對女性的比例擴大到三比一。垮德林調查追蹤徵才的經理，結論是「性別刻板印象」是罪魁禍首。

垮德林解釋說：「雇主喜歡有能力、決心投入工作的男性應徵者，而不喜歡優秀的女性應徵者。這個標準對成就一般的女性有利，因為她們往往被視為容易相處、個性外向。對於成就高的女性則不利，雇主會質疑她們的個性。」

職場期待男性成就高，但期待女性和別人相處得好。這些期待決定了大家的重點在哪裡，以及他們看到了什麼。

一大堆研究顯示，在勞工市場上，對女性的判斷會基於與專業能力無關的元素：體重、外貌、髮型、衣著、對於個性的推斷。男性的自信到了女人身上就是自大驕傲，意志強的男人是領袖，意見多的女性是麻煩。偏見決定誰會發光，誰會出頭，誰會被視為「破壞者」，誰會被罰站在旁邊。

最有意思的一個例子顯示，性別觀點可以影響專業能力的評估，這是關於美國最有名的交響樂團招募團員的研究。

二〇〇〇年，經濟學家克蘿蒂亞．高登（Claudia Goldin）和西西莉亞．勞斯（Cecilia Rouse）檢視了交響樂團僱用團員的性別偏見。歷史上，女性古典音樂家有著刻板印象，大家低估她們的才華，把她們當作不值得的女主角：她們「技巧比男性差」、「性情比較浮躁」、需要「特別注意或對待」，而且彈奏出「比較差的聲音」。

研究者好奇，這些普遍的觀點如何影響男性音樂家評價女性應徵者的徵才結果，以及如何改變才能消除偏見。

因為歷史因素，研究者擁有很理想的研究對象。一九七〇年代，因為受到批評，說樂團中缺少女性音樂家，許多樂團開始運用「盲目」試鏡，應徵著在帷幕後面演奏，遮住他們的身分。高登和勞斯取得美國各大樂團的試鏡錄影，檢查了超過七千位應徵者，總共有一萬四千次試鏡，以檢視這項做法是否有效。

可以透音的厚重簾幕從音樂廳的天花板上垂下來。為了小心起見，木地板上鋪了地毯，「吸收走路的聲音，以免聽出是男是女」。

研究者發現，盲目試鏡可以提高女性通過第一輪篩選的機會達百分之五十。到了最後篩選，在帷幕後面演奏的女性應徵者，比公開演奏的女性多出百分之三十三的機會被僱用。事實上，試鏡不只一次的女性——有帷幕或沒有帷幕——有帷幕時的結果幾乎總是比較好。最後，盲目試鏡過程提升了女性百分之二十五的機會獲得僱用、加入樂團。

這個過程不只是減弱偏見的影響，也提出了刺激思考的問題，延伸到音樂廳之外，讓我們思考刻板印象、表現和基本感官功能之間的互相影響。你看起來如何，可能影響你聽起來如何。

既然對女性的表現有普遍且堅持的刻板印象，如果觀眾知道樂器是由女人演奏的話，在他們耳中，協奏曲是否會聽起來會有所不同呢？音樂廳裡的觀眾對於女音樂家的獨奏，會覺得比較不精準、比較缺乏技巧、比較缺少共鳴、比較缺少情緒上的感動到何種地步？當女性音樂家知道，她的身分和她演奏的每一個音符都有關聯的話，她的演出會不同到什麼地步呢？

這些都是研究偏見時所提出來的問題，也是研究我們內心釋出的潛意識訊息與大腦處理主觀經驗之間複雜的關係時，所提出來的問題。我們要如何看待一個人的才華或特質，可能要看是誰擁有這些才華和特質。

例如，牽涉到企業領袖的角色，人們心智上會將白人和領袖二者做出連結，所以在企業機構中，權力圈很少有少數族裔的人。社會心理學家羅伯特．李文斯頓（Robert Livingston）和尼可拉斯．皮爾斯（Nicholas Pearce）認為，對白人男性在企業升職不利的同樣生理特質，卻可能協助黑人男性爬到企業的最高階級。

長久以來的研究顯示，有「嬰兒臉」的成年男子會被視為純真無知、服從或軟弱——並非合乎領袖潛力的特質。但是，對於專業黑人男性而言，嬰兒臉可能是優點而不是缺點。財富五百大（Fortune 500）的企業裡，黑人男性總裁比白人男性總裁更有平滑的圓臉、大大的眼睛、小鼻子、小下巴，更像個嬰兒。這些人比看起來更成熟的黑人總裁賺更多錢、帶領的公司更有地位。

大腦造影研究顯示，無論我們是在看嬰兒或是有嬰兒臉的成年男性，我們的神經元都以同樣模式受到激發。我們的原始心智將這些臉部特質解讀為可以信賴、溫和、溫暖。這個看法可以造成「令人不防備」的效果，消除了黑人男性被視為有攻擊性或有威脅性的偏見，打破了驅動種族偏見的觀點。

訓練衝動

我的二兒子艾佛瑞特給我看後來被稱為星巴克（Starbucks）事件的影片。兩位年輕黑人男子唐帝．羅賓森（Donte Robinson）和拉珊．尼爾森（Rashon Nelson）正在費城立頓屋廣場（Rittenhouse Square）附近的星巴克，等待一位生意上認識的人。警察來給他們上了手銬，逮捕他們。罪名呢？沒有購買任何東西就想用廁所。

我的十六歲兒子在手機上看著影片：警察請他們離開，趕到的白人生意合夥人堅持要知道為什麼：「他們做了什麼？」警察把他們領出咖啡店，進入巡邏車的後座。艾佛瑞特覺得一定是某種玩笑，他說：「我就是一直想，這不可能是真的。」這兩個人只是坐在那裡等人而已。「他們真的被趕出去，警察來就只是因為他們坐在那裡。」整件事情——從要求上廁所到公開逮捕——在不到十分鐘裡發生。我兒子說：「我就是覺得很意外。」

我不知道他覺得什麼很意外。好幾個月來，艾佛瑞特一直在跟我分享他在Instagram上面看到的有種族歧視意味的廣告。兩年前，我們兩個都看過一段直播影片，一位男性的車尾燈壞了，警察攔下他，結果射殺了這個人。我們都感到震驚。

或許，星巴克事件最讓他驚訝的是，那兩位黑人做的是一般人經常做的事：走進星巴克，坐下，等朋友。如此正常，所以如此令人震驚。

在各種企業、各種一般互動中，黑人經常遇到種族偏見。從銷售人員到保安人員，黑人經常吸引太多的注意。店員在零售店一直跟著他們。即使擁有一樣的消費信用，在汽車銷售店裡，黑人買車時也比白人付更多錢。在餐廳裡，黑人等得更久才獲得服務，獲得的服務品質也比較差。社群媒體生動地呈現了畫面，單獨出現的黑人顧客往往會遇到其他顧客帶有種族歧視的語言，被店員羞辱，被警察挑戰——有時直接被架著趕走。

星巴克事件很有代表性，因此很難忽視。影片在兩天內已經累積了三百萬人觀賞，這時，星巴克總裁才出面滅火。偏見的力量能夠賦權、激怒、分裂、團結、羞辱，這樣的畫面十分震撼，最後讓我們震驚、困惑。

咖啡師報警說有人非法入侵，因為他們還沒有買東西。威脅是她想像的，其實根本沒有威脅。年輕的黑人男子受到警察詢問、責備、上手銬時，一直很安靜、有禮貌。他們在那裡會面的白人生意夥伴也為他們辯護。黑人警察局長說，他們活該被捕，因為他們拒絕離開。幾位感到噁心的白人顧客出聲質問，為什麼他們就可以坐在星巴克裡好幾小時沒有消費，卻沒有人來找麻煩。錄影的白人女性對有線電視新聞網（CNN）說：「這種事情不會發生在白人身上。」

最後，抗議的聲浪迫使星巴克總裁飛到費城，親自向唐帝和拉珊道歉。公司政策改變了，每一位去星巴克的人都可以使用廁所。

星巴克也做了其他公司沒有做過的事：為全國十七萬五千名星巴克員工進行內隱偏見的訓練。二〇一八年五月二十九日，八千個星巴克店面暫時拉上窗簾四小時，進行內部訓練。訓練包括播放一系列短片，裡面各個年紀的黑人談到公共場合的歧視給他們的感覺。根據估計，暫時關閉店面的做法大約讓星巴克損失一千兩百萬美元的收入，但是被視為一項聰明的企業策略。

世界越來越透明，錯誤對待顧客的行為可以被人用手機錄下來，立即直播。社群媒體平臺可以讓不高興的員工對幾百萬人述說自己在公司遇到的性別歧視、種族歧視或其他不良行為。研究顯示，超過七千萬名千禧世代的人更重視企業責任和職場多元化，公司必須對這個社會新生代給的壓力做出反應。

千禧世代占了美國職場人力的百分之四十，已經要超過嬰兒潮人口，成為美國最大的世代了。他們是美國歷史上最多元的成年世代，三分之一生在外國，幾乎一半不是白人。對於他們，消除職場偏見有理想與個人的雙重重要性。

「偏見訓練」是人事部門的新口號。越來越多私人企業在創造並提倡訓練課程，從網路影片到週末的兩天課程都有。他們的顧客包括賺大錢的公司、缺乏現金的政府機構、私人的非營利機構、理想性高的慈善基金會。有些機構想了解偏見可能在機構做決策時扮演的角色，有些機構被顧客、成員或社區逼著訓練員工表現得更平等。有些企業則視內隱偏見訓練是一種宣示，證明他們在乎這些議題、重視平等的理想。

偏見訓練的承諾並不會魔法般地消除成見，而是讓我們覺察到我們的大腦如何運作。反射式的選擇可能受到刻板印象的驅動，遮蔽了我們看到和理解的一切。如果做得好，訊練可以讓員工更覺察到自己如何和同事與顧客互動。如果動機真誠，課程可能激起一些令人意外的反應，員工可能以前完全沒有覺察到自己的行為。

內隱偏見可以有很多層次，非常複雜，很容易解釋，但是不容易看到或改變。訓練的價值很難評估，因為有諸多變數。大部分的內隱偏見訓練從未經過嚴格評估，部分原因就是很難評估其價值。科學家沒有度量工具以評估訓練是否有效。訓練應該要讓內隱偏見立即減少嗎？考慮到這些內隱連結已經存在一輩子了，這個期待顯然太高。內隱偏見的減少到底看起來是什麼樣子？訓練應該導致員工做出更好的決定嗎？

導致顧客滿意度的提升嗎？我們要如何度量？如何指責或誇讚任何改變呢？

雖然這個部分應該有科學發現了，但是許多研究者都很猶豫，不想涉入。他們擔心訓練不是基於證據，擔心自己做出過多承諾，擔心他們甚至會讓我們狀況更糟。從這個觀點看，大家都覺得需要慢下來，直到我們有好的科學方法。

我有不同的觀點。不是社會科學家行動太快了，而是太慢。在我們有足夠的了解之前，我們對於採取行動有許多擔心，以至於我們永遠都沒有採取行動。因為科學研究是不斷累積的，我們永遠都不會覺得自己懂得夠多了。社會科學家如此在乎科學的純度和精準度，導致我們極少涉入複雜的世界問題。從我的觀點看，參與世界、處理困難的問題，可以打開科學發現之門。如果我們身為科學家，對問題的了解還不夠，有時候，那是因為我們不夠接近問題。

身為科學家，我對現狀沒有答案，我只有問題。我的目標是找到實際做事的人，鼓勵他們參與，一起將拼圖拼起來。

除了很難評估訓練效果之外，一旦宣布成功或失敗，都有很高的金融賭注。偏見訓練是一門成長迅速的營利事業，結果的失誤會影響訓練師的底線。最好就只是勾選「是的，我們有為員工提供訓練」，然後說這樣就是成功。

現在企業界的大部分訓練者都不是試圖解決心智神祕的科學家，而是試著傳達訊息、販售有高度需求的產品的創業者。事實上，因為有金錢上的賭注，可能不知道訓練是否有效或為什麼在某些狀況下會比較無效，還比較簡單。

想要做訓練的組織也不想花時間和金錢來測量效度，他們的主要動機是對股東和世界釋出訊息，表示他們有在努力消除偏見。訓練效果有限的報告是他們不需要的風險。

對企業而言，訓練有其好處，但也有壞處。首先，引導行為時，常態非常重要。大部分的內隱偏見訓練強調偏見有多麼普遍，偏見成為正常人類功能的一部分了。我在訓練警察時以及在本書裡，也經常強調這一點。這是真的，我們都有偏見。但是，這個觀點的危險在於，可能讓我們更不在乎偏見帶來的危險，而不是更在乎。

當一件事情被視為常態，大家就不再嚴格批判這件事情了。他們不但覺得常態「就是這樣的現狀」，他們還會覺得常態「就是應該有的狀態」。他們比較不會對問題感到急迫性，也比較沒有改變的動機。

對於不想要、不安全、不健康的行為，常態也有問題。例如，普林斯頓大學（Princeton University）的社會心理學家戴爾・米勒（Dale Miller）和戴博拉・普林特斯

（Deborah Prentice）進行校園中喝酒行為的經典研究中，他們發現，普林斯頓的學生認為別人喝的酒越多，他們自己就會喝得越多。他們自己的行為和他們認為的校園常態有關，即使他們認為的常態並不正確。同樣地，肯薩斯大學（University of Kansas）社會心理學家克里斯．克蘭戴爾（Chris Crandall）領導的研究團隊發現，如果大家相信對圈外人——種族歧視者、藥物濫用者、色情片明星、收垃圾的人——的刻板印象在社會中十分普遍的話，就比較會贊成刻板印象。

訓練師有很好的理由強調偏見很普遍：他們要受訓練的人以個人的角度參與議題。如果你聽到的都是針對你的責備和威脅的話，很難保持參與。種族是一個沉重的議題，如果你承認自己有偏見，覺得你就是壞人、是世界的邪惡源頭的話，你很容易關閉自己。因此，訓練師試著讓員工感覺好一些，或是至少不那麼孤單。畢竟，大家都可能這樣。但是太專注於「善良無辜的好人也可能不知不覺地有偏見」的觀點，可能讓人沒有動機做些什麼來改變現狀。所以，關於偏見的訓練和學習是一種平衡，必須仔細檢視調整，才會有好的影響。

偏見訓練可能出錯的第二個地方，就是社會心理學家稱的「道德信用證書」（moral credentialing）。社會心理學家班諾特．莫寧（Benoît Monin）和戴爾．米勒說：

「如果他們過去的行為已經讓他們被視為沒有成見的人，他們就會比較願意表現出有成見的態度。」這是「我有些好朋友是黑人」的通行證，如果你在平等銀行有足夠的信用，你就可以放心大膽地行為不良。

最近，兩位研究者，瑪格麗特．歐米斯敦（Margaret Ormiston）和依蓮．王（Elaine Wong）根據這個想法，想找出財富五百大公司是否依賴道德信用。確實，他們發現，在某方面——例如改善安全紀錄——聲稱重視「企業社會責任」的公司，之後更明顯地不負責任，可能會忽視安全警告。似乎，之前有責任心的行為給了許可，他們現在可以為所欲為了。這表示，提供偏見訓練的公司可能鬆懈、放縱成見。我們擔心，參加輕鬆的社會責任訓練的組織，之後可能比較不會試著消除偏見，或是處理不平等現象，尤其是遇到困難的時候——例如牽涉到文化和政策的改變時。

我們可能永遠不知道，星巴克提供給員工的訓練是否有效。費城一家分店的一位咖啡師所做的錯誤決定，造成了之後的訓練。在那家咖啡店發生的事，代表著比單一員工的個人偏見更大的社會現象。

當她打電話報警、請警察強迫唐帝和拉珊離開時，或許她只是在捍衛公司的底線——盡責地保護公司名聲。或許她覺得，如果這兩位黑人坐在那裡，別人會因此不願意上門，或是不願意久待。或許她猜對了。如果是這樣的話，她是根據自己的偏見還是我們的偏見而採取行動的呢？

＊＊＊

星巴克事件過了一個月後，另一個影片在艾佛瑞特的Instagram上冒了出來。這個影片的主角是凱文．摩爾（Kevin Moore），他是一位黑人消防隊員，正在執勤，穿著全套制服配備，在奧克蘭山丘（Oakland Hills）進行標準的住家戶外檢查。一位當地居民打了九一一檢舉他。這是州政府規定的夏季檢查，在每年的同一時間進行，以控制可能引起野火擴散的危險灌木。

同一天，另一位居民以電子郵件將他家監視器拍到的影片寄給警察局。影片中，摩爾做著他的工作：按門鈴，沒有人回應，他喊：「奧克蘭消防局！」然後進行戶外檢查，但是有居民覺得摩爾想要做壞事。

這不是摩爾第一次被盤問，還被不信任他出現在自己院子裡的居民錄影——即便他穿著消防員制服和配備，給居民看他的消防員證件，指給他們看街上停著的大消防車。負責檢查程序的上級說：「有人會誤解一名奧克蘭消防員有犯罪意圖，這令人遺憾。我們是專業人士，冒險保護市民。凱文在那裡好好做他的工作，以最高的正直操守代表奧克蘭消防局。」

警察局打電話給摩爾的一位同事，以證明他的身分。這位同事說，以後她會和摩爾一起出任務，因為穿著消防制服的白人女性不會引起懷疑。她和她的白人同事工作時，從未有人報警。

她告訴記者：「這是我們和其他白人的工作，檢查我們的內隱偏見以及種族歧視。對他很不公平，因為社會政治氛圍的關係，讓他去那些後院也不安全。」

現在，我的兒子艾佛瑞特在思考什麼才是安全的。他十六歲了，已經在擔心未來無論他選擇什麼職業，他的種族身分可能影響大家如何看待他、對待他：「有時候，我覺得如果我去大公司工作，或是去其他大部分是白人的地方工作，我會遇到更多困難。」

這個擔心讓他一直在看社群媒體，裡面有無止盡的種族歧視事件。他研究這些影片，好像它們是他獲得安全的關鍵似的。他在尋找線索，協助他理解如何管理自己的恐懼，以及消除別人看到他時可能感到的恐懼。

訓練之外

了解內隱偏見如何運作、它的影響是什麼，是很好的第一步。但是真正的挑戰——對公司與個人皆然——是學習如何覺察偏見。我們不會一直表現偏見，要看狀況。我們首先必須了解，在何種狀況下偏見最容易復活。

這些狀況中，速度和模糊是觸發偏見的兩個最強的板機。當我們被迫以主觀條件做出快速的決定時，偏見的潛力最強。常常，雇主需要在第一時間對應徵者做出決定時，就是處於這種狀態。有太多應徵者提出申請了，時間有限，經理可能平均只花六秒鐘看每個人的履歷，因此他們依賴直覺，依賴熟悉的模式，協助他們快速判斷應徵者是否適合這份工作。當應徵者的名字激起不利的潛意識刻板印象時，僱用的障礙就出現了。

女性和少數族裔可以使用一些已知有效的技巧，避免雇主因為成見而把他們丟到拒絕的籃子裡。為了提高有利的決定，專家建議應徵者寫到成就時要很具體，要提供數字以及和這個工作有關的特殊成就。例如，不要說你很會增加顧客群，要說你在六個月內提高了百分之五十的銷售額。使用客觀標準可以協助化解刻板印象的主觀影響。徵才者也可以盡量縮小偏見——使用結構性的面談，用一套標準化的問題詢問所有的應徵者。

如果我們的決定沒有人監督，如果我們當下做的決定沒有人檢查或提供平衡，偏見也容易發酵。有一個賭注特別高的狀況：職棒大聯盟（Major League Baseball）比賽負責判好壞球的裁判。

一項研究檢視了二〇〇四年到二〇〇八年間，職棒大聯盟正常賽季的裡的三百五十二萬四千六百二十四次投球。經濟學家克里斯多福．帕爾森（Christopher Parsons）和他的團隊發現，裁判通常會做出正確的判斷。但是，當球飛過本壘板，如果位置非常接近壞球區，情況曖昧不明時，裁判比較容易展現種族偏見——如果投手和裁判是同一個種族時，就是好球，種族不同時就是壞球。但是在裝設了錄影設備，可以立即倒帶重播的球場，鏡頭錄下每一個投出的球，可以協助裁判做判斷時，這個種族偏見就消失了。這表示，知道自己受到監視，會讓裁判做出更好的判斷——可以抵抗外在元素影響的判斷。這些外在元素威脅著滲入，以微妙的方式破壞他們做決定的過程。

監督確實有用，但是偏見在受到監督的狀況下，還是可以堅持下來——如果沒有好的動機和鼓勵的話。讓我們再次用棒球做例子。沒有任何棒球賽會以和局收場，任何看過大聯盟賽事的人都知道，一旦賽事進入延長賽，一定要分出勝負，大家完全不知道何時才會結束。球員和觀眾都可能非常疲倦，裁判也很累。延長賽並不會為裁判多賺一點錢。研究者麥克．羅佩茲（Michael Lopez）和布萊恩．米爾斯（Brian Mills）想要知道，裁判想要限制他們無薪工作時間的欲望，會不會影響他們的判斷。他們發現，在「非常難以判斷」的狀況時，裁判更容易做出讓球賽結束的判斷——無論是好球或壞球，無論是哪一個球隊會贏。偏見來自棒球企業給員工的動機。

＊　＊　＊

除了時間、金錢、責任等外在因素影響之外，個人的連結可以克服內隱偏見的力量，尤其當這些關係牽涉到親密、互相依賴、一起朝向共同目標努力的話。

我的姪女塔妮莎（Tanisha）在俄亥俄州一家猶太復原之家當護士，她在那裡工作超過十四年了。剛開始的時候，病患全是猶太人，大部分很傳統。護士是白人，助手、清潔工和廚工都是黑人。塔妮莎是助手，但是很喜歡她的工作，於是回到學校接受訓練，成為護士。

最近的十年裡，病患和員工都更為多元，但是塔妮莎的任務沒有改變。「當你做長期照護的護理工作時，必須讓病患保持良好狀態，確定他們有吃東西，確定他們每天的需要都得到照顧。」

因為大部分病患已經接近生命終點，她的工作混合了醫療專業和病患信任的交心者。她說：「如果你和這個人每天相處，一天八小時，一定會形成某種關係。到了他們這個階段，種族和宗教已經不重要了。他們面對的是生與死，所以已經不那樣看待事情了。」

研究顯示，不同族群的人建立的親密依附關係可以打破刻板印象和負面態度。病患和家屬會忽略照顧者的「他者」特質，因為他們依賴她，他們對她的需要把偏見往後推了。關係的開放可能留下超越當時的深刻印記，延伸到那個特定的人之外。

在病患的這個生命階段，塔妮莎的角色讓她進入病患家人的生命軌道中，模糊了原本可能有的分裂。她說：「比較像是一種團結的關係。你會很驚訝，有多少人和一個他們從不認識的人產生依附關係。」即便這個人屬於他們終身避開的群體。

塔妮莎承認，有些病患「多年來都是種族歧視者」，但是他們的心理或生理生病了。她說：「他們得了失智症，阿茲海默症……他們不知道自己已經不是活在一九五

○年代了。」他們用難聽的話罵塔妮莎，侮辱她，命令來命令去的：「『**你這個黑鬼，你知道嗎？去那邊給我摘些棉花來。**』但是我不在意，因為他們的腦筋根本糊塗了。即使他們以前是那個樣子，他們現在病了……你不能對他們壞。他們完全不知道，不知道現在是怎麼回事。」她願意忽視種族歧視的話語，因為她能夠做到忽視行為，只注意病患本身。

雖然她學會忽視病人的侮辱，下了班，她把聽診器掛在車子的後照鏡上，提醒自己她的身分不只是「黑人」。她發現工作時，膚色往往成為分類的工具，她不認識的人常常把她誤認為是助手或清潔工。

「直到現在，還是有家屬或不認識我的員工走過來說：『嘿，我需要和護士說話，這裡有護士嗎？』我會說：『有啊，就在這裡。』他們會說：『噢，真抱歉，我不知道你是護士。』我說：『我的名牌上寫的是護士，我坐在護士櫃臺，我在用電腦，我不知道你還需要知道什麼。』」

她還記得一位病患的女兒走過她身邊，直接去找一位年輕的白人助手，質問她關於病患的照顧。「可憐的白人小女孩說：『我不知道，塔妮莎，我不知道她為什麼來找我。你就坐在那裡，你穿的是護士的制服。』我不想告訴她『因為你是白人』。」

當病患的女兒發現自己搞錯了之後，她對塔妮莎道歉。「她說：『我不知道為什麼我走過你，自動假設她是護士。』我說：『是啊，這常常發生，沒關係。』經常發生，經常。」

但是同樣經常發生的是，對於照顧脆弱親人的人，那股自動冒出來的愛和感激。塔妮莎住處離復原之家不遠，經常遇到多年以前的病患家屬。他們會擁抱她，熱情招呼她，有時一起分享回憶時都哭了起來。「我會在店裡，然後他們說：『噢，我的天，塔妮莎，我好愛你。』」她說，這種場面既尷尬又滿足。

科學顯示，跨越種族、宗教或族裔界限的強烈關係，可以快速解除長年慢慢累積起來的基本連結。對於進入塔妮莎生命軌道的病患和家屬，黑人產生的連結不再是懶惰，而是盡心盡力；不再是愚蠢，而是有能力；不再是有攻擊性，而是溫柔；不再是恐懼，而是愛。

* * *

制度上的價值、常態和做法可以決定或反映塑造社會的文化力量，它們可以是社會改變的共鳴力量，協助改變偏見，但是不會簡單、便宜或一切順遂。

星巴克就是例子：三年前，費城星巴克有兩位黑人男子被逮捕使得「給每個人上偏見訓練」成為公司策略，世界上最知名的咖啡公司試圖讓種族成為比較容易討論的議題。

但是他們咖啡杯上的「種族團結」（Race Together）口號到處都受到取笑，只維持了一個星期就收起來了。這個設計本來是在二〇一四年，一系列警察槍擊沒有武裝的黑人男性之後，用來開啟全美關於種族的對話的做法。

批評的人認為，可能沒有人想聽，或是太表面了。但是白杯子上，咖啡師用黑色寫的「種族團結」確實傳遞了訊息：「嘿，大家，這件事情很重要。我們在乎，我們希望你也在乎。」即使大家不喜歡，這也是一個很強的價值宣言。幾年後，費城星巴克讓兩位年輕黑人男子無辜被捕，這個訊息為星巴克公司對該事件的反應建立了舞臺。

公司暫時關閉分店，訓練員工辨認和抗拒內隱偏見，成功獲得我們的注意。當然，四小時的課程和影片還不夠讓任何人毫無偏見。但是，企業領袖能夠使用這種大膽、廣泛的做法，試圖結束微妙、主觀、一直在我們身邊發生的歧視的努力，更廣為被人接受。

這就是把價值變成社會常態的做法。簡單地說，星巴克要求每個人參加偏見訓練，就是試圖在公司的常態和公司設立的價值二者之間取得一致。

無論是國家或公司，重建常態都不容易。下一步——重新檢視允許或維持偏見的公司做法——會變得極為複雜，包括從僱用員工到邀請誰跟老板一起打高爾夫球。

企業說他們在做的事情，一個世代之前還不可能發生。他們改變徵才內容，刪掉性別偏見的文字，用網路書寫工具建構新的文字。他們用影片平臺分析應徵者的面談——回答的內容、肢體語言、說話的音調——來評估傳統測驗很難測量的「軟實力」。這很像科技競爭，試著跑在偏見之前。

還有老式的方法，經過重新修改以服務新的模式，例如古典音樂家在厚重帷幕後面，遮住身分的試鏡。這些做法足以打敗偏見，頂尖交響樂團僱用女性的機率提高了很多。現在，帷幕試鏡已經成為常態，帷幕遮住了許多可能引起偏見的元素——體重、膚色、肢障——使得試鏡成為公平的競爭。對於很多交響樂團，這個做法導致更大的多元化，以及更寬廣的音樂色彩。

提高多元化一直被視為內隱偏見的解藥：一起工作一定會削弱刻板印象的力量，

消除我們已經不合時宜的思考模式。

結果發現，雖然多元化確實是一條路，但是多元化本身並非解藥，無法消除偏見。我們必須願意度過多元化帶來的、暫時的成長痛苦。我們學到了多元團體比較有創造力，做的決定也比較好，但是並不見得是最快樂的一群人。大家有更多差異，於是有更多不和。特權移轉，角色改變，新的聲音冒出來了。

成功需要我們願意忍受不舒適，學習溝通，認識彼此，更深刻地努力改變偏見和排外的文化。

並不只是「我有歧視嗎？我可以受訓練消除歧視嗎？」，偏見遍布全世界，連結著各種元素和狀況，我們必須努力一一理解和控制。這需要每個人都參與其中，全世界一起努力。

關於對抗偏見，不能只是警覺到白人至上論者和納粹，卻忽略了我們心中的刻板印象，將不熟悉的「他者」邊緣化。

一個世代以前，大家可能還會容忍外顯的偏見。現在，抗拒外顯偏見的戰爭已經在公共舞臺上展開，即使是偶像也可能被拉下來。

約翰爸爸（Papa John）披薩連鎖店的創建者被迫下臺，只因為二〇一八年的一通電話會議中，他說了一句種族侮辱的話。公司刪掉了商標和廣告中約翰．史奈特（John Schnatter）的臉，國家美式足球聯盟（NFL）不再讓約翰爸爸擔任官方指定的披薩。

在那之前的幾個月，美國廣播公司（ABC）突然中止全美最受歡迎的電視劇，因為主角蘿珊．巴爾（Roseanne Barr）深夜在推特上發言，將歐巴馬前總統的高級顧問薇樂里．傑瑞特（Valerie Jarrett）比喻為大猩猩。巴爾先是怪罪自己吃的安眠藥，然後又說她不知道傑瑞特是黑人。巴爾聲稱：「我以為她是白人。」讓人想到「我看不到膚色」的藉口。

但是廣告商威脅抵制，和巴爾一起演出的演員也開始在社群媒體上批評她。廣播公司高層只花了幾個小時，就決定取消巴爾的節目。

這個決定將使美國廣播公司損失幾千萬美元，但是公司領袖忽略這個金錢代價。他們了解，如果他們不站出來處理，將會無法避面地造成公司名聲的傷害。

公眾已經無法容忍公開的歧視和種族主義了，這個事件顯示了公眾的力量。內隱偏見可能不容易看出來、不容易抵抗，但是可以面對。結果顯示，「相信可以處理」是進步的重要元素。

結論

奧克蘭社區剛剛發生幫派槍擊，五人受傷，一人幾乎死亡。我在警局總部，正結束一場關於內隱偏見的演講。這時，一位警察衝進來，和正在離開大廳的人方向相反。

他是一位很高、膚色很深、穿著制服的黑人，直接朝著我站的舞臺走來。他走到我身邊，我可以看得出來，他開始說話時，揮手的樣子顯得很焦躁。他的聲音充滿了痛苦。

受害者被送到醫院治療，他描述醫院裡的騷亂。朋友和家屬都到了急診室——吵雜、憤怒、害怕。他們都在哭，對著醫護人員吼叫。但是當警察進去問問題，希望找出誰是槍手的時候，他們都安靜不說話。即便傷心欲絕，他們仍然不願意和警察有任何關係。

他說，他要我知道，面對暴力犯罪的受害者和倖存者，無法讓他們的生命再次完整，是怎麼一回事。當你試圖幫助這些人，卻被拒絕和侮辱，是什麼感覺。一直往上游，試著拯救生命，卻被無感和不信任打敗，是什麼感覺。

他告訴我，他聽到「有人射擊」的無線電訊息之後，到場發現一個九歲女孩，坐在客廳，子彈穿過牆壁，讓她終身癱瘓。警察到場時，一切已經太遲了。

他跟我分享一個經驗。他在擁擠的社區街上，看到一個黑人小女孩，抓著一條為了被謀殺的家人做的拼布紀念被子：**「願他安息。」**他開始和小女孩說話，表示同情，但是小女孩的長輩叫她一個字都不要說，好像他是殺了那位家人的人似的。

他跟我說的時候，我的眼睛看到他發亮的禿頭上，有一道很大的傷口。鮮血還是紅的，在縫合的外科手術線周圍凝結。

他的手在空中比劃，描述所有的槍擊和刺殺。我注意到另一個舊傷，他的小指有一部分從關節處被砍得快要斷了，其他手指移動時，小指吊在那裡搖晃著。他每天都冒著生命危險在工作，街道似乎一片一片地吞噬了他。

我可以感覺到他的挫折，但是也感覺到他的責任感。這些警察陷在任何訓練都無法解決的更大泥沼中。他們在街上的經驗是種族不平等的結果，反映了偏見，也造成了偏見，使得警察和社區分裂。

如果大家覺得受到不公義的對待，一旦有事的時候，他們就不會合作——不會報警以阻止犯罪，不會供出暴力罪犯。缺乏善意合作使得調查停滯、無法破案，警方和社區的形象都受損。

討論偏見時，通常會圍繞著我們的腦部如何整理、判斷和分類的過程，但是我們不能忽視明顯的種族不平等。犯罪司法系統的不平等結果——誰被攔下來盤查、嫌疑犯如何被提起公訴、誰待在監獄裡等待審判、誰被判入監——會塑造某種心態，導致思想上的偏見。當大眾看到不平等時，許多人會認為黑人就是更容易犯罪，因此活該受到負面對待。我們從不平等中建構敘事的材料，讓現實中的不平等得到合理化。

這些敘事不只是在犯罪司法的範圍中，用來合理化不平等的對待，而是在我們的社區、學校和職場中都是如此。這些敘事讓白人社區不歡迎黑人。少數族裔社區裡，學校持續忽視低收入戶的兒童，然而這些敘事讓大家無動於衷。這些敘事讓我們接受科技產業缺乏女性員工的現象，好像這是應該的。

不平等的敘事可以協助我們在一個令人煩惱的世界中較不煩惱地活著，但同時也窄化了我們的視野，將「他者」限制在機會的另一邊。當我們的舒適讓他們付出代價時，這是社會的損失，最終將危害每一個人。

面對偏見不但是個人的選擇，也是社會議題、道德立場。每個社會都有弱勢團體，受到偏見對待。當我們責備弱勢團體子虛烏有的錯，造成了他們的弱勢時，我們原有的偏見會得到肯定。這些偏見會持續成長，直到我們理解並挑戰造成偏見的不平等。為了終止不平等，第一步就是拋掉這一切無可避免的假設。

在奧克蘭，這一點再明顯不過了。長久以來，奧克蘭警方和大眾關係極為糟糕，直到法院命令警局大幅改變。過去十年，政策和做法都改變了，警方不但改善了警察和社區的關係，同時也更能約束警察的偏見。

根據新的政策，一旦嫌疑犯跑進後院或消失在死巷裡，警察就不能繼續追逐。警察必須後退、慢下來，用無線電要求支援，然後好好想一想對策。政策的改變不但導致較少的平民被警察射擊，同時也讓警察更為安全。警察值勤受傷的比例下降了百分之七十，警察開槍的數字大幅下降，從平均每年八次變成過去五年總共八次。同時，逮捕率保持一樣，犯罪率則是下降了。

這麼一個小小的政策改變，就減低了偏見對警察做決定的影響。無論我們是在職場、課堂、街上，偏見都是在高壓狀況下最可能影響我們的思考，因為我們會覺得選擇有限，需要迅速採取行動。

奧克蘭警察很早就開始在身上穿戴錄影機，現在幾乎大部分城市警局都使用穿戴式錄影機了。穿戴式錄影機確實會影響警察的行為，自從二〇一〇年開始使用穿戴式錄影機，奧克蘭人民的抱怨和警察使用武力的機率都大幅降低了。錄影機讓警察必須為自己的行為負責，提醒他們提高自己的行為標準。警方提供執勤時的視覺紀錄，讓社區感到賦權。

奧克蘭使用的科技不只是穿戴式錄影機。我們的史丹佛研究團隊協助創造了新的度量工具以及精密的計算方法，記錄警方的攔檢，分析穿戴式錄影機記錄的影片。進行一般性盤查時，度量工具促使警察倚賴可靠的資訊，而不是他們自己的直覺。直覺往往無法提供足夠資訊，不值得為此滋生進一步的衝突。錄影的分析讓警方進一步理解，社區關係可以因為警察看似無害的小小行為而受到破壞，例如例行性交通攔檢時使用的語言。

科技與數據協助警方朝向更透明的精準值勤。奧克蘭街上的警察受到鼓勵，更深刻地思考為什麼會攔查這個人，卻不攔查其他人。高級警官則在思考如何保護警察，不要陷入最容易運用偏見的狀況。

以往，全美的執法單位都鼓勵警察做越多的攔檢越好，不顧對社區的負面影響。那時候認為，這才是好的警察工作。現在——受到法庭命令、政府規定、昂貴的訴訟、社區成員的社會運動的驅使——他們開始擁抱「降低犯罪，但是不要危害社區關係」的原則。

和警察局合作的經驗讓我相信，即使在衝突最難對付的地區，還是可以發生重大的制度改變，這些改變可以讓偏見乖乖地不冒出來。

＊＊＊

我們都有能力做出改變——我們自己、世界和我們與世界的關係。

我的兒子艾佛瑞特現在是青少年了。前一個夏天，他在史丹佛大學校園，騎著腳踏車，從體育館回家。他看到很寬的小徑上，有一位亞裔女子朝著他跑過來。她抬頭看到他，改變了路線。

這個簡單的動作吸引了艾佛瑞特的注意。我們討論這件事的時候，艾佛瑞特說：「我覺得很奇怪，我不知道她是不是很怕我。」

我問：「你不認為她只是要讓點路，給你更多空間嗎？」

艾佛瑞特堅持：「不是，路還很寬。」

我建議：「或許她離開道路，以策安全，避免撞到。」

艾佛瑞特已經這麼考慮過了，他說：「看起來，在馬路上慢跑比留在小徑上更危險吧。即使我在小徑上。」

「這讓我覺得……」艾佛瑞特遲疑一下，試著找到合適的話，描述這個新的經驗，然後他說：「或許讓我對我的行動和別人看我的方式感到更不自在吧。」他停頓一下，又說：「也讓我有一點傷心。」

我也覺得傷心。無論是在犯罪率高的奧克蘭街頭，或是在史丹佛校園旁的綠蔭社區，我的兒子都必須注意自己的形象。他已經習慣了人們光是看到他就可能會害怕的事實，十六歲的他已經開始感覺得到他們的不安，雖然他很難用語言形容。

這是同一個兒子，五歲時不經意地假設飛機上唯一的黑人可能是危險的強盜。他根本不記得這件事了。現在，十一年之後，他成為了他自己的偏見觀點的對象。

慢跑女子改變路線，讓艾佛瑞特和我都想到了我們不想要想的景象。我們對於未來會發生什麼事的恐懼，冒了出來。

我想到奧克蘭那些害怕年輕黑人男子的中年中國婦女，她們無法分辨這些黑人的臉。我的兒子現在也變成了其中一分子，激起原始的恐懼，進一步加強了內隱偏見。

有了這個新的認知，我也明白，成長來自我們願意自省，尋找可以執行的行動與真相。

我想到我的姪女塔妮莎，她很清楚自己在世界上要當一個怎樣的人——一位療癒者——因此，她可以不受偏見影響，持續地改變她身邊的人。

我想到夏洛特茲威爾幾千位居民，站出來與種族歧視對抗，為社區抗爭，為民主的價值抗爭。我想到那個城市的出租車司機，看到了他自己血液中的歧視，對我吐露心事。我想到唐諾法官的代數老師，經過幾十年之後，為了自己的歧視而對她道歉。還有唐諾法官本人，忍受歧視、取得勝利、回到母校，面對幾乎把她限制在那裡的過去。

我想到犯罪司法系統面對的挑戰，以及身陷其中的人：聖昆丁監獄的囚犯，永遠在猜自由人怎麼想。阿姆斯壯副局長為了他所愛的城市，永遠不放棄奮鬥。我在訓練課上遇見的來自德國的警察，分享了他如何逐漸認為黑人很危險。還有蒂芬妮·克爾卻在她的雙胞胎弟弟被奧克拉荷馬州土沙鎮警察射殺之後，畢生努力理解偏見如何運作，改變警方的做法。

我們之中有這麼多的人，不斷探究、接近、追尋，以他們所知，想要做對的事情，想要當一個好人。只要肯反省，就有希望。這是力量之所在，過程就是從此開始。

我的兒子以他自己的方式，正在發現這一切。我們討論慢跑的女人如何避開他，最後，艾佛瑞特說：「我不確定，但是我認為她可能只是變得緊張了。」

女人跑過去了之後，艾佛瑞特回頭看，注意到她回到了小徑上。他繼續往前，踩著腳踏車，回到家裡，準備面對新的一天。

致謝

首先，我必須要感謝道格・阿布蘭斯（Doug Abrams）和他在點子設計者（Idea Architects）的整個團隊。謝謝你們找到了我，對我伸出手，知道世界已經準備好，可以看到這本書了。你們在我身上看到了說故事的人，也看到了社會科學家。你們堅信我可以為大眾書寫。經由你們，我學到如何以不同的眼光看世界，更能欣賞書籍改變生命的力量。我從未有過出書的經紀人，但是我無法想像任何人能夠跟你們一樣地棒。當這本書只是一個點子時，你們就在這裡了。你們一直留了下來，我永遠感恩。

當然，還有布萊恩・塔特（Brian Tart）領導的維京人（Viking）出版團隊，你們如此多方支持這本書的出版。我還記得我第一次見到各位時感受到的興奮。負責公關的卡洛琳・寇伯恩（Carolyn Coleburn）能幹極了。我的編輯溫蒂・吳爾芙（Wendy Wolf）在每一步都一直陪著我，推動著這本書向前、維持進展，即使我常常讓她的工作變得非常困難。謝謝你們的投入和指導。

我也要感謝我的英國編輯湯姆・艾佛里（Tom Avery），他是這本書一開始的擁護者，也是國外版權的經紀人——凱斯皮恩・丹尼斯（Caspian Dennis）和在阿伯諾・史坦（Abner Stein）的團隊，卡蜜莉亞・非里爾（Camilia Ferrier）以及在馬許經紀（Marsh Agency）的團隊——之一，他相信這本書可能在美國之外也能引起讀者的興趣。

我要感謝我的寫作指導，也是我丈夫的姊姊珊蒂・班克斯（Sandy Banks），你是上天給我的禮物，你多次拯救了我。因為有你，我找到了我的寫作聲音。你打開了一扇門，且一直站在我身邊。我花了幾十年，在我發表的文獻中刪除個人情緒，你教我如何把情緒重新放入。珊蒂是知名的《洛杉磯時報》（*Los Angeles Times*）記者，真的懂得種族議題，對科學有興趣，懂得我——和這麼棒的作者一起工作，我還能要求什麼呢？什麼都不用了，你帶來了一切。我非常感激有機會和你一起走了這一段旅程。

我要感謝書中參與創造科學知識的各位——我的社會心理學同事以及其他人，和我一起工作、努力把種族和種族偏見帶給世界的研究夥伴。從史丹佛研究室到加州奧克蘭的田野調查，我都有許多夥伴。我要特別提及兩位同事，他們做出了無價的貢獻。班諾特・莫寧（Benoît Monin）非常聰明地示範了如何用數據改變制度文化，丹・朱拉夫斯基（Dan Jurafsky）讓我們看到，如何用精密的語言工具分析警察值勤的影片，這兩位都無休無止地努力改善警方與社區的關係。

謝謝史丹佛的「真實世界問題的社會心理答案」（SPARQ）研究中心的員工。我們喜歡稱我們自己是「真正做事的人」，而不是「智庫」。我們是一群研究者，和執行實務的人直接合作，處理司法正義、教育、經濟發展和健康上的重要社會問題。我希望這本書可以對許多在這些場域工作、試圖改善社會的人有益。我也很感謝為「真實世界問題的社會心理答案」計畫及為書中提到的其他工作提供經費的人，例如約翰和凱薩琳·麥克阿瑟基金會（John D. and Catherine T. MacArthur Foundation）、保德信基金會（Prudential Foundation）以及威廉及芙蘿拉·休里特基金會（William and Flora Hewlett Foundation）。

要不是史丹佛的瑪姬·派瑞（Maggie Perry）提供研究協助，我無法寫出這本書。她非常注意細節。我開始為這本書收集資料時，她提供了無價的貢獻。她非常聰明、能幹、仔細，對於科學改變我們的日常生活有無限熱情。寫這本書的時候，她非常有耐性、冷靜，總是願意多做一點。謝謝你，瑪姬。

我要感謝海柔·馬庫斯（Hazel Markus）、克勞蒂·史帝爾（Claude Steele）、琳達·達林—海蒙德（Linda Darling-Hammond）、蕾貝卡·海提（Rebecca Hetey）、尼克·坎普（Nick Camp）、達芙娜·史匹維克（Daphna Spivack）和安姆里塔·麥崔伊（Amrita

Maitreyi）閱讀初稿，謝謝你們的智慧和鼓勵。我親愛的朋友希瑪（Syma），感謝你一路陪伴，閱讀並傾聽。每次我們一起說話，我都學到更多關於世界和關於我自己的事情，你永遠是我仰賴的朋友。

我要特別謝謝和我分享故事、讓我將故事分享給世界的人們。你們啟發了我，你們是吵雜時代裡的寧靜力量。

謝謝我的手足小哈蘭（Harlan Jr.）、凱文（Kevin）、賈斯汀（Justin）和史黛芙妮（Stephanie）。成長時，我總是以不同的方式敬愛你們，現在還是如此。感謝我的父母，哈蘭·艾柏哈特（Harlan Eberhardt）和瑪麗·艾柏哈特（Mary Eberhardt），你們的愛與犧牲改變了一切。我好希望你們如今還在人世，我好想念你們。

我的兒子們，艾比（Ebbie）、艾佛瑞特（Everett）和哈蘭（Harlan），謝謝你們跟我說的故事和一起擁有的回憶。特別謝謝艾佛瑞特對媽媽的書展現的興趣，總是想著要如何對這本書做出貢獻。

最後，我要謝謝我的生命夥伴、我的愛，里克（Rick）。謝謝你對我的付出、指導、支持和耐性，無論是這本書，還是一輩子。你太棒了！

圖片來源：

Page 25: Otto H. MacLin and Roy S. Malpass. "Racial Categorization of Faces: The Ambiguous Race Face Effect." *Psychology, Public Policy, and Law* 7, no.1 (2001): 98-118. Published by the American Psychological Association. Reprinted with permission.

Page 28: Jennifer L. Eberhardt, Nilanjana Dasgupta, and Tracy L. Banaszynski. "Believing Is Seeing: The Effects of Racial Labels and Implicit Beliefs on Face Perception." *Personality and Social Psychology Bulletin* 29, no.3 (2003): 360-70. Published by the American Psychological Association. Reprinted with Permission.

Page 59: By the author.

Page 65: Jennifer L. Eberhardt, Phillip Atiba Goff, Valerie J. Purdie, and Paul G. Davies. "Seeing Black: Race, Crime, and Visual Processing." *Journal of Personality and Social Psychology* 87, no.6 (2004): 876-93. Published by the American Psychological Association. Reprinted with permission.

Page 67: Joshua Correll, Bernadette Park, Charles M. Judd, and Bernd Wittenbrink. "The Police Office's Dilemma: Using Ethnicity to Disambiguate Potentially Threatening Individuals." *Journal of Personality and Social Psychology* 83, no.6 (2002): 1314-29. Published by the American Psychological Association. Reprinted with permission.

Page 86: Figure provided by Daniel Simons. D. J. Simons. and C. F. Chabris. "Gorillas in Our Midst: Sustained Inattentional Blindness for Dynamic Events." *Perception* 28 (1999), 1059-74.

Page 130: By the author.

Page 137, 139: Josiah Clark Nott and George R. Gliddon. *Types of Mankind*. Philadelphia: Lippincott, Grambo,1854.

Page 161: Courtney M. Bonam, Hillary B. Bergsieker, and Jennifer L. Eberhardt. "Polluting Black Space." *Journal of Experimental Psychology : General* 145, no.11 (2016): 1561-82. Published by the American Psychological Association. Reprinted with permission.

國家圖書館出版品預行編目 (CIP) 資料

偏見的力量 / 珍妮佛・艾柏哈特 (Jennifer Eberhardt)
著 ; 丁凡 譯 .
-- 初版 . -- 臺北市 : 遠流 , 2019.09
面 ; 　公分 . -- (大眾心理館 ; A3356)

譯自 : Biased : uncovering the hidden prejudice that
shapes what we see, think, and do

ISBN 978-957-32-8624-0 (平裝)

1. 種族偏見 2. 社會心理學

546.52　　108012754

大眾心理館 A3356

偏見的力量 BIASED

作　　者／Jennifer Eberhardt 珍妮佛・艾柏哈特
譯　　者／丁凡
副總編輯／陳莉苓
特約編輯／丁宥榆
封面設計／黃淑雅
行　　銷／陳苑如
排　　版／陳佩君

發行人／王榮文
出版發行／遠流出版事業股份有限公司
100 臺北市南昌路二段 81 號 6 樓
郵撥／ 0189456-1
電話／ 2392-6899　傳真／ 2392-6658
著作權顧問／蕭雄淋律師

2019 年 9 月 1 日 初版一刷
售價新台幣 350 元（缺頁或破損的書，請寄回更換）

遠流博識網
http://www.ylib.com
e-mail:ylib@ylib.com

BIASED